全国乡村建设评价

（2021 年）

住房和城乡建设部乡村建设评价专家组　编著

U0330784

中国建筑工业出版社

图书在版编目（CIP）数据

全国乡村建设评价.2021年／住房和城乡建设部乡
村建设评价专家组编著.—北京：中国建筑工业出版社，
2023.6

ISBN 978-7-112-28657-7

Ⅰ.①全… Ⅱ.①住… Ⅲ.①城乡建设－评价－中国
－2021 Ⅳ.①F299.21

中国国家版本馆CIP数据核字（2023）第071205号

　　2021年，住房和城乡建设部在全国28个省份选择了81个样本县开展乡村建设评价，基本实现省级全覆盖。评价工作紧紧围绕农民群众所需所盼，从发展水平、农房建设、村庄建设和县城建设等4个方面构建71项评价指标，聚焦与农民群众生产生活密切相关的内容，量化反映乡村建设情况和城乡差距。

　　2021年乡村建设评价，摸清了全国乡村建设发展状况和成效，也查找出乡村建设中存在的问题和短板，针对评价发现的问题，提出了对策建议，指导各地积极采取措施补齐乡村建设短板，推动建立"开展评价、发现问题、推动解决"的工作机制，将乡村建设评价作为贯彻新发展理念和推动乡村建设高质量发展的常态化、制度化工作。

责任编辑：葛又畅　李　杰
书籍设计：锋尚设计　杨延涛
责任校对：张　颖

全国乡村建设评价（2021年）
住房和城乡建设部乡村建设评价专家组　编著
＊
中国建筑工业出版社出版、发行（北京海淀三里河路9号）
各地新华书店、建筑书店经销
北京锋尚制版有限公司制版
北京中科印刷有限公司印刷
＊
开本：787毫米×1092毫米　1/16　印张：20½　字数：440千字
2023年7月第一版　　2023年7月第一次印刷
定价：148.00元
ISBN 978-7-112-28657-7
（41087）

前　言

/

习近平总书记高度重视乡村建设工作，作出一系列重要指示批示，要求把乡村建设摆在社会主义现代化建设的重要位置，实施乡村建设行动，推进农村人居环境整治，建设美丽宜居乡村。党的二十大报告指出，全面建设社会主义现代化国家，最艰巨最繁重的任务仍然在农村。全面推进乡村振兴，要坚持农业农村优先发展，坚持城乡融合发展，畅通城乡要素流动。统筹乡村基础设施和公共服务布局，建设宜居宜业和美乡村。

近年来，各地将乡村建设作为实施乡村振兴战略的重要任务和建设中国式现代化的重要内容，持续推进乡村建设，取得了积极进展。住房和城乡建设部从 2020 年开始推进乡村建设评价工作，由点及面、逐步深入，旨在摸清全国乡村建设发展状况和成效，查找问题短板，提出有针对性的对策建议，使乡村建设评价成为尊重乡村发展规律、落实新发展理念、科学推进乡村建设的重要平台和抓手。2021 年，中共中央办公厅、国务院办公厅印发《关于推动城乡建设绿色发展的意见》明确提出，建立乡村建设评价机制，探索县域乡村发展路径。2022 年，中共中央办公厅、国务院办公厅印发《乡村建设行动实施方案》明确提出，实施乡村建设评价，查找和解决乡村建设中的短板和问题。

2021 年，住房和城乡建设部在全国 28 个省份选择了 81 个样本县开展乡村建设评价，基本实现省级全覆盖。评价工作紧紧围绕农民群众所需所盼，从发展水平、农房建设、村庄建设和县城建设等 4 个方面构建 71 项评价指标，聚焦与农民群众生产生活密切相关的内容，量化反映乡村建设情况和城乡差距。组织 58 家技术团队实地了解乡村建设现状，共调研乡镇 259 个、村庄 783 个，面对面访谈村干部 776 名、村民 2417 名，收集村民有效调查问卷 14.7 万份、村干部有效调查问卷 3847 份，实地采集村庄照片 7.8 万张，形成了丰富的一手调研访谈数据。评价工作充分运用信息化手段，通过手机信令大数据分析人口流动的情况和趋势，通过乡村建设评价信息系统汇总分析历年评价数据，通过"村景拍拍"小程序采集农房和村景照片 12 万张，构建全国农房风貌和村庄实景数据库。评价技术团队综合运用数据对比、归纳、分析等方式，从城乡差距、农民群众满意度等维度进行研究。

2021年乡村建设评价摸清了全国乡村建设发展状况和成效：一是农民可支配收入持续增加，对生活水平满意度不断提高；二是农房及配套设施建设不断加强，基本实现供水入户、供电稳定；三是村庄基本干净整洁，道路、网络等基础设施覆盖率不断提高；四是农村教育和医疗等公共服务满足基本需求；五是县城集聚县域人口趋势明显，对返乡人口特别是年轻人的吸引力增强；六是农民群众获得感和幸福感不断提升等。

2021年乡村建设评价也查找出乡村建设中存在的问题和短板：一是城乡收入差距依然较大，县域人口外流现象明显；二是农房品质不高，农房建设管理不到位；三是农村生活污水治理仍存在短板，人居环境有待进一步改善；四是农民在乡村建设中的参与度低；五是城乡公共服务水平差距大；六是县城照搬城市开发建设方式问题较为普遍，基础设施和公共服务设施建设存在短板；七是乡村建设区域发展不均衡等。

针对评价发现的问题，报告提出了对策建议，指导各地积极采取措施补齐乡村建设短板，推动建立"开展评价、发现问题、推动解决"的工作机制，将乡村建设评价作为贯彻新发展理念和推动乡村建设高质量发展的常态化、制度化工作。

现将2021年乡村建设评价成果汇编成册，为地方谋划乡村建设工作，建设宜居宜业和美乡村提供参考借鉴。

目 录

第一章

全国乡村建设评价结果

根据第七次全国人口普查数据，我国常住人口城镇化率约为64%，农村常住人口约为5.1亿人。现阶段我国城乡发展不平衡，农村发展不充分的问题依然突出，要实现中华民族伟大复兴，最艰巨最繁重的任务依然在农村，最广泛最深厚的基础依然在农村。

乡村建设评价是推动乡村建设的重要平台和抓手。2021年，住房和城乡建设部在全国28个省份选择了81个样本县开展乡村建设评价工作，从发展水平、农房建设、村庄建设和县城建设等4个方面设置评价指标，从城乡差距、农民群众满意度2个维度总结分析我国乡村建设的成效和问题。

第一节　乡村建设成效评价

总体上看，乡村建设取得积极进展，样本县农民收入增加，农房和配套设施建设不断加强，村庄基本实现干净整洁有序，农村基础设施和公共服务设施覆盖面不断扩大，县城综合服务能力有效提升。农民群众对生活水平、医疗服务、村庄整体环境等方面的满意度都有所提高，获得感和幸福感进一步提升。

一、农民可支配收入持续增加，对生活水平满意度不断提高

（一）农村居民人均可支配收入稳步增加，城乡收入差距不断缩小

地方上报数据显示，2020年全国样本县农村居民人均可支配收入为16680元，近5年全国农村居民人均可支配收入年均增速8.5%，快于城镇居民增速，全国城乡居民收入比从2015年的2.73∶1下降到2020年的2.56∶1。

（二）农民群众对生活水平满意度不断提高

村民问卷调查显示，全国样本县农民对当前生活水平的整体满意度从2020年的36%提高到2021年的44.8%。近70%的农民认为近3年家庭生活水平不断提高（图1-1）。

二、农房及配套设施建设不断加强，基本实现供水入户、供电稳定

（一）农房建设水平提升

各地通过开展农村房屋安全隐患排查整治，持续推进农村危房改造，消除了一批农村房

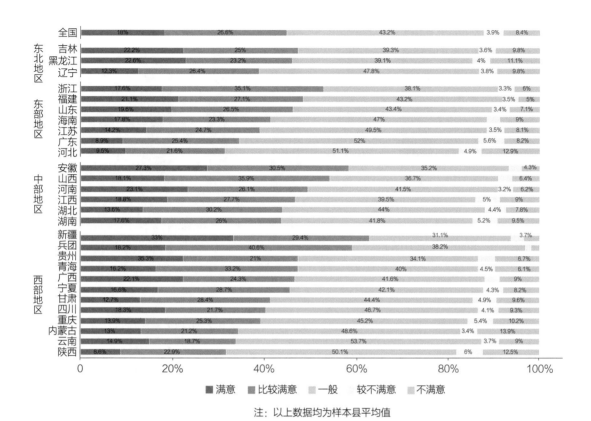

注：以上数据均为样本县平均值

图1-1　当前家庭整体生活水平满意度

数据来源：村民问卷调查

屋安全隐患。全国样本县鉴定为危房的农房占比为0.57%。样本县2020年建设的农房占既有农房总量的3.83%，其中新建的占1.67%、翻建的占2.16%。村民问卷调查显示，砖混结构、钢筋混凝土结构农房占比不断提高。样本县1981~1990年建设的农房中，砖混结构的占54.3%，钢筋混凝土结构的占2.9%，在2011年以后建设的农房中，相应比例增加至76.6%、8.9%（图1-2）。

（二）农村集中供水覆盖率较高

村民问卷调查显示，全国样本县集中供水入房率平均为85.6%。其中，37个样本县超过90%。此外，村干部问卷调查显示，全国样本县实现集中供水的自然村占比为93.3%，其中，山东、黑龙江、浙江、河北、江苏、安徽、山西、湖南、陕西、青海、内蒙古、贵州、宁夏、甘肃、新疆和新疆生产建设兵团等16个地区超过95%，20个样本县达到100%（图1-3）。

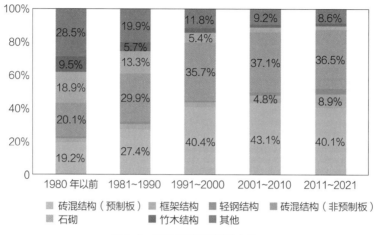

图 1-2　不同年代农房结构占比

数据来源：村民问卷调查

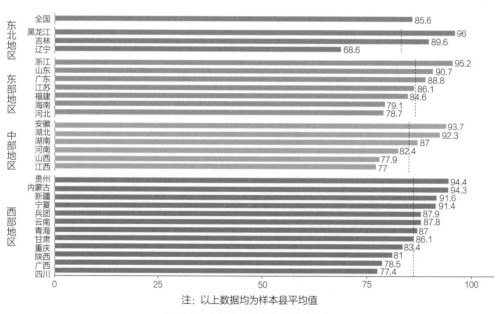

注：以上数据均为样本县平均值

图 1-3　农村集中供水入房率（%）

数据来源：地方上报

（三）电力成为村民最主要的生活用能

村民问卷调查显示，全国样本县平均 68.8% 的村民使用电力做饭、烧水等。40.7% 的村民冬季使用电暖器或空调等设施取暖，其中东部和中部地区分别为 56.5%、53.5%。村民反映农房供电稳定，较少出现电源不稳、断电等现象（图 1-4）。

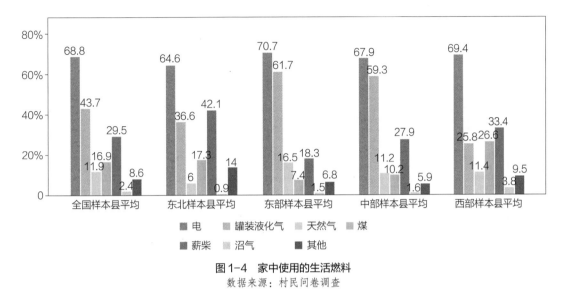

图 1-4 家中使用的生活燃料
数据来源：村民问卷调查

三、村庄基本干净整洁，道路、网络等基础设施覆盖率不断提高

（一）农村生活垃圾收运处置体系基本建成

全国样本县普遍建成农村生活垃圾收运处置体系，农村生活垃圾进行收运处置的自然村占比达到 94.5%。其中，黑龙江、吉林、辽宁、广东、海南、河北、江苏、山东、浙江、福建、安徽、湖北、湖南、河南、重庆、四川、宁夏、甘肃、新疆和新疆生产建设兵团等 20 个地区占比在 90% 以上，其中有 15 个省份、60 个样本县占比达到 100%，实现了《乡村振兴战略规划（2018~2020 年）》提出的"2020 年对生活垃圾进行处理的村占比达到 90%"的目标。村干部问卷调查显示，样本县 90.9% 的行政村有保洁人员。村民对垃圾治理满意度从 2020 年的 50% 提高到 2021 年的 59.1%，对村庄整体环境满意度从 51% 提高到 58%（图 1-5）。

（二）村内道路硬化比例较高

村民问卷调查显示，样本县村内通户道路硬化比例达 84.5%，山西、贵州、浙江、江西 4 省超过 90%。硬化方式以水泥路（68.4%）和柏油路（16.4%）为主（图 1-6）。样本县道路安装有路灯的行政村占比 75%，15 分钟能到达公交站、巴士站的行政村占比 51.7%，近 30% 的村民搭乘公交或巴士前往县城。

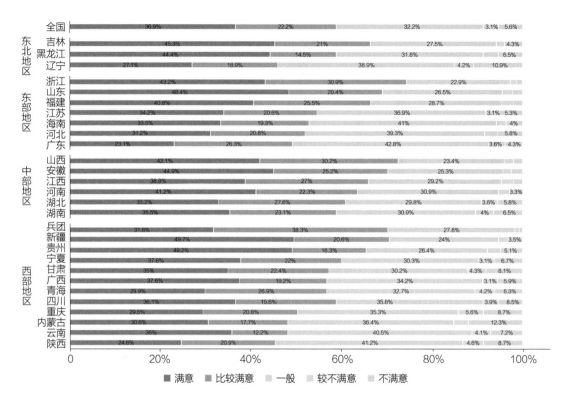

注：以上数据均为样本县平均值

图1-5 村内的垃圾收集转运处理情况满意度

数据来源：村民问卷调查

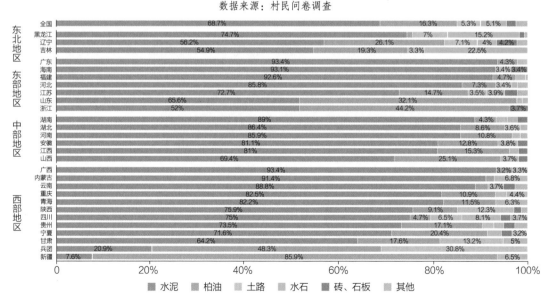

注：以上数据均为样本县平均值

图1-6 村内主要道路路面状况

数据来源：村干部问卷调查

（三）网络设施覆盖广

网络基础设施建设成效明显。村民问卷调查显示，样本县农村宽带入户率达到 59.9%。根据联通大数据分析结果，样本县百人智能手机数为 82.6 台（图 1-7）。乡村物流设施不断完善，68.5% 的村民表示 15 分钟内能到达快递点，90.5% 的村民会网购，其中，39.8% 的村民每月网购 3 次及以上。

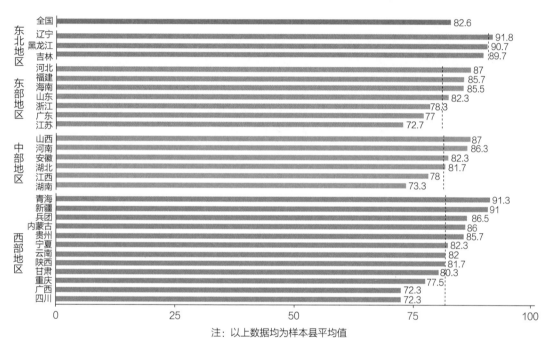

注：以上数据均为样本县平均值

图 1-7　百人智能手机数（台 / 百人）
数据来源：联通大数据分析

四、农村教育、医疗等公共服务满足基本需求

（一）超过一半的村 15 分钟可到达幼儿园、小学

村民问卷调查显示，样本县村庄 15 分钟生活圈内幼儿园覆盖率 55.4%、小学覆盖率 55.5%，农村儿童就近上幼儿园、小学较为便利（图 1-8）。

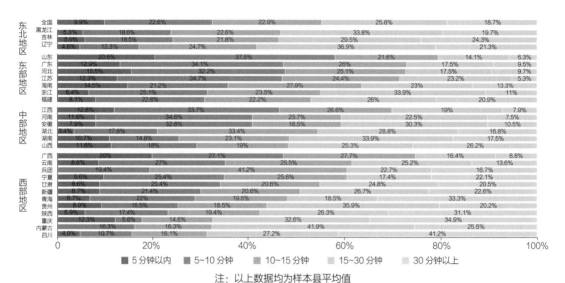

注：以上数据均为样本县平均值

图1-8　到达小学的时间

数据来源：村干部问卷调查

（二）村级卫生室覆盖率较高

根据地方上报数据，样本县95.4%的行政村有卫生室，其中，59个样本县实现行政村卫生室全覆盖，辽宁、黑龙江、广东、河南、湖北、湖南、江西、陕西、云南、四川、青海、广西、甘肃和新疆生产建设兵团等14个地区样本县的行政村卫生室覆盖率达到100%（图1-9）。

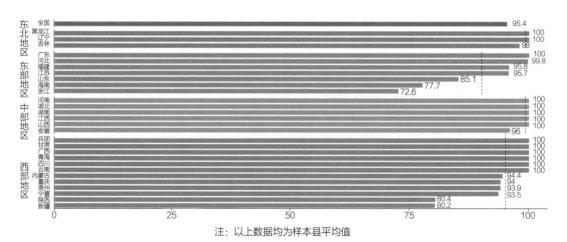

注：以上数据均为样本县平均值

图1-9　行政村卫生室覆盖率（%）

数据来源：地方上报

（三）乡镇为农村地区提供教育、医疗服务的作用增强

超过一半的农村儿童在乡镇上小学。村民问卷调查显示，2021年样本县农村居民子女在乡镇上小学的比例为51.5%，相较于2020年44.9%的水平明显增加；在村内上小学的比例从31.7%下降至26.5%。

乡镇卫生院为农民群众提供诊疗与防疫服务作用增强。村民问卷调查显示，2021年样本县农村居民选择到乡镇卫生院看小病的比例为33.8%，相较于2020年26.5%的水平明显增加。调研发现，在疫情防控中，乡镇卫生院承担了农村地区疫苗接种、核酸检测等工作，发挥了重要作用。

五、县城集聚县域人口趋势明显，对返乡人口特别是年轻人的吸引力增强

（一）县城发挥了就地城镇化重要载体作用

根据地方上报数据，样本县县城平均常住人口为11.9万人，集聚了县域32.5%的人口。县城平均人口密度为7755人/平方公里，半数样本县的县城人口密度在0.6~1.0万人/平方公里（图1-10）。

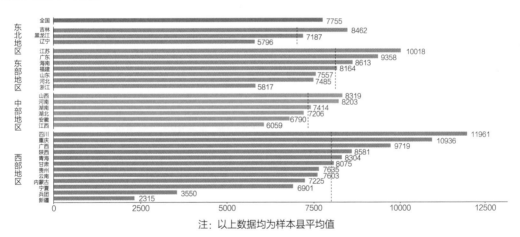

注：以上数据均为样本县平均值

图1-10　县城人口密度（人/平方公里）

数据来源：地方上报

（二）县城吸引返乡人口特别是返乡年轻人定居

返乡人口首选到县城安家定居。手机信令大数据分析结果显示，样本县返乡人口中40.5%选择到县城定居，内蒙古、浙江、海南、云南4省份超过50%。来自于省内的返乡人口（48.5%）更倾向到县城定居。

西部地区县城对返乡人口的吸引力更为突出。西部地区返乡人口到县城定居的比例为42.8%，高于其他三个地区（图1-11）。

县城返乡人口中，年轻人占较大比例。2020~2021年全国样本县的县城返乡人口中，19~29岁的人群占比为34.6%。其中，西部地区样本县的这一占比为37.8%。

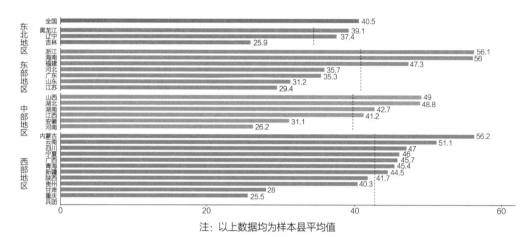

注：以上数据均为样本县平均值

图1-11 返乡人口回县城占比（%）

数据来源：手机信令数据

（三）部分县城新建建筑中绿色建筑占比较高

根据地方上报数据，2020年全国样本县县城新建民用建筑中绿色建筑占比为64.1%，其中，江苏、河北、福建、浙江、辽宁、江西、云南、山东、安徽等9个省份样本县平均占比超过2020年全国新建城镇民用建筑中的绿色建筑占比（77%）（图1-12）。

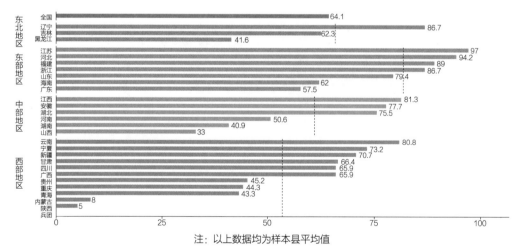

注：以上数据均为样本县平均值

图1-12 2020年度县城新建建筑中基本级及以上的绿色建筑占比（%）

数据来源：地方上报

（四）县城成为农村居民购房首选地

村民问卷调查显示，34.7% 的农村居民购买了商品房。在购房地点选择上，45.5% 的村民愿意选择在县城购房。

样本县抽样调查结果显示，县城购房者中 50.7% 为农村居民，其中中部地区该比例为 57.7%。河北、广西、陕西、湖南、山西、甘肃、江西、黑龙江、山东、湖北等 10 个省份样本县的县城购房者中农村居民占比平均超过 60%。

六、农民群众获得感和幸福感不断提升

与 2020 年相比，2021 年样本县村民对乡村建设的满意度普遍提升。其中，对农房总体居住条件、村内垃圾处理情况、村庄水体水质的满意度提升最为明显，分别提高了 9.3%、9.3% 和 9.2%（图 1-13）。

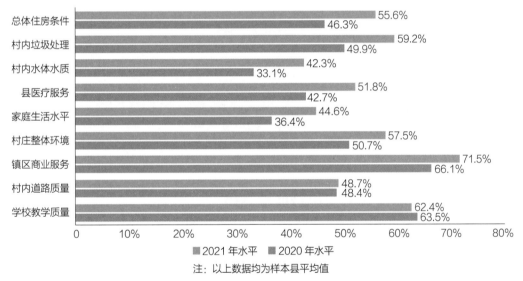

图 1-13　2020 年和 2021 年样本县村民满意度对比

数据来源：村民问卷调查

第二节　乡村建设问题评价

样本县在人口吸引力、农房品质、村庄人居环境和公共服务水平、县城开发建设方式和综合服务能力等方面还存在一些问题和短板。

一、县域人口外流现象明显

根据地方上报数据，样本县常住人口与户籍人口比值平均为 0.82，总体呈现人口外流的趋势。其中陕西、重庆、福建、贵州、安徽、广东、黑龙江、河南、吉林、广西、甘肃等 11 个省份样本县平均值低于 0.8。村干部问卷调查显示，在村庄层面这一比例为 0.65，人口外流现象更为严重。

手机信令数据分析显示，2020~2021 年全国样本县共有 195 万人返乡，占外出总人口的 10%，返乡人口总体较少（图 1-14）。

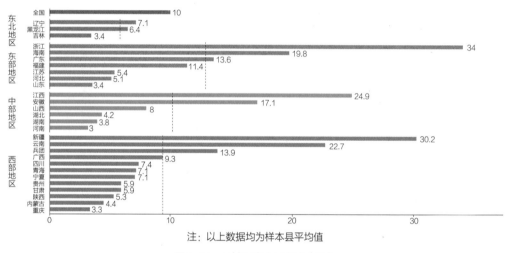

注：以上数据均为样本县平均值

图 1-14 县域返乡人口占比（%）
数据来源：手机信令分析

二、农房品质不高，农房建设管理不到位

村民问卷调查显示，44.2% 的村民对自己的农村住房不满意，其中青年村民（18~35 岁）不满意占比达到 52.7%，当前的农房现代化水平不能满足年轻人的生活方式和需求，年轻人不愿意回农村居住（图 1-15）。

（一）农村供水水质不稳定

虽然样本县集中供水入房率整体较高，但供水质量有待提高。村民问卷调查显示，农房内集中供水水源是自来水厂的仅占 45.3%，井水（24.4%）和山泉水（21.3%）仍是农村集中供水的重要水源。地区存在差异，江苏、山东、浙江、安徽、新疆、宁夏和新疆生产建设兵团等 7 个地区样本县自来水厂水源占比超过 60%，而广西、青海、重庆、云南、陕西、山西、

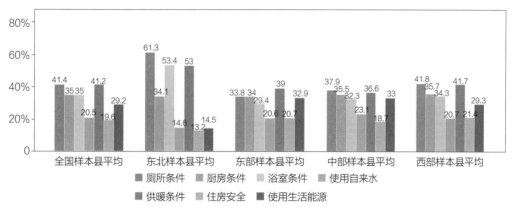

图1-15　跟城市相比，村民认为其自建房哪些方面存在差距

数据来源：村民问卷调查

湖南、江西、河南、海南、河北、福建等12个省份样本县自来水厂水源占比低于40%，广西、山西、青海占比低于30%。村民问卷调查显示，实现农房内稳定供水、极少出现问题的仅占45.1%，有15.9%的村民反映家中自来水经常出现浑浊、异味等供水问题。

（二）具有独立厨房、浴室的农房占比不高

村民问卷调查显示，全国样本县有独立厨房的农房占比为66.5%，山西、青海、海南、陕西、黑龙江、宁夏6省份占比不足60%。调研发现，不少村民特别是老年人习惯在院中做饭，愿意保留传统院落式功能布局和流线组织方式，将炉灶设置在院落中（图1-16）。

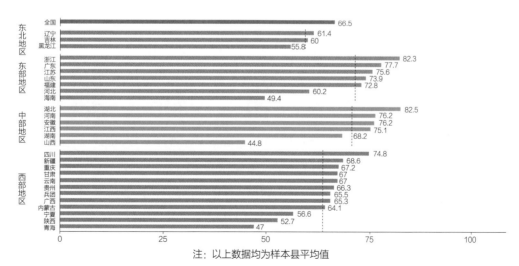

注：以上数据均为样本县平均值

图1-16　有独立厨房的农房占比（%）

数据来源：村民问卷调查

村民问卷调查显示，日常可热水淋浴的农房占比为 55.9%。黑龙江、吉林、青海、山西、辽宁、内蒙古、甘肃、河北等 8 个省份样本县的平均占比不足 50%（图 1-17）。

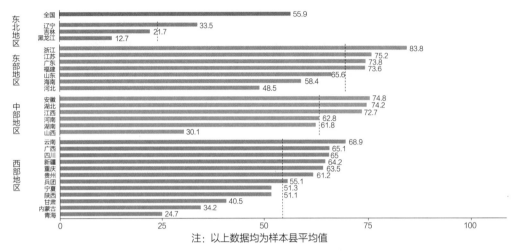

图 1-17　日常可热水淋浴的农房占比（%）

数据来源：村民问卷调查

（三）仍有一定比例农户使用煤、薪柴、秸秆等传统能源

村民调查问卷显示，日常生活用能方面，完全不使用煤、薪柴或秸秆的村民仅占 37.5%，20.1% 的村民表示使用煤，24.8% 的村民表示使用薪柴或秸秆，17.6% 的村民表示两种都用。

冬季取暖用能方面，有 36.1% 的村民表示会使用煤，26.2% 的村民使用薪柴或秸秆。其中，东北地区样本县使用煤、薪柴或秸秆的比例分别达到 43.4% 和 52.5%，西部地区用煤的比例则达 53%。

（四）青年人和中老年人对农房满意度存在差异，东北地区村民对农房的满意度总体较低

村民问卷调查显示，村民对自己的农村住房条件总体满意度为 55.8%。分年龄段来看，老年人（65 以上）的满意度最高，为 72.5%；中年人（36~65 岁）次之，为 54.2%；青年人（18~35 岁）最低，仅为 46.3%。此外，青年人对于农房的厨房、厕所条件的满意度也是最低的，仅为 44.3% 和 44%，低于全国 53.5% 和 53.5% 的平均水平。

村民问卷调查显示，东北地区 3 个省份农房拥有水冲式厕所、独立厨房的比例低于全国平均水平，农民群众对农房的总体住房条件以及厨房、厕所的满意度分别为 49.6%、44.8% 和 39.6%，均低于全国 55.6%、53.5% 和 53.5% 的平均水平（图 1-18）。

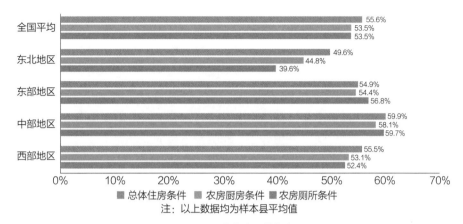

图 1-18　农房建设满意度

数据来源：村民问卷调查

（五）农房和乡村风貌缺少管理和引导

根据 2022 年全国农村房屋安全隐患排查整治数据，81 个样本县已建农民自建房中，没有宅基地审批的占 29.8%，没有规划建设手续的占 58.2%。

根据全国各地网友对样本县的村景照片的打分（满分 10 分），样本县风貌协调度平均为 6.02 分。内蒙古、云南、吉林、青海、辽宁、广西、河北、广东、甘肃、四川、海南等 11 个省份均不足 6 分（图 1-19）。

农房是乡村风貌塑造的主体和重点，目前农村建房普遍缺少对风貌的管理。村干部问卷调查显示，60% 的村干部认为本村对农民建房有要求，但主要集中在农房占地面积、高度等方面，对建筑样式、风格、色彩等方面的要求较少。不少样本县通过农房图集对农房风貌进行引导，但调研发现，图集使用比例不高。村民表示农房图集设计不符合自身需求，许多村民以及乡村建设工匠对农房图集不了解，部分工匠达不到图集的建房技术要求。

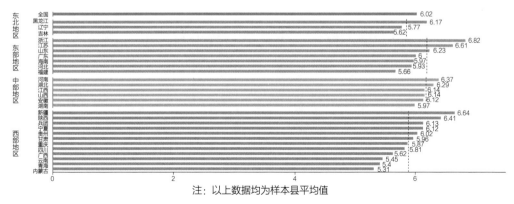

注：以上数据均为样本县平均值

图 1-19　风貌协调度

数据来源：专家打分

（六）乡村建设工匠培训不足，技能水平有待提升

我国农村住宅以农民自建为主。村民问卷调查显示，93.3% 的农房由村民自己或乡村建设工匠设计建造，78.7% 的行政村有乡村建设工匠。乡村建设工匠是农村建房的主力军，在保证农房质量安全、提高建房水平、塑造农房风貌等方面发挥着重要作用（图 1-20）。但由于培训不足，工匠关于建造技术、质量安全、风貌塑造等方面的知识储备不够、技能水平不高。地方上报数据显示，全国样本县 2020 年度平均培训乡村建设工匠 507 人次，其中，内蒙古、广东、黑龙江、山西、吉林、重庆等 6 个省份样本县培训次数不足 200 人次。13 个样本县去年未开展工匠培训。

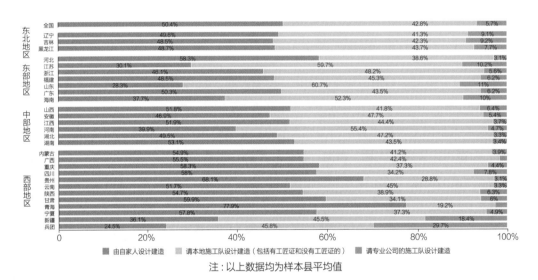

图 1-20　自建房建设方式
数据来源：村民问卷调查

三、农村生活污水治理仍存在短板，人居环境有待进一步改善

（一）农村污水处理设施覆盖率低，已建设施使用效果不佳

根据地方上报数据，样本县对污水进行处理的自然村占比仅为 28%。地区差异大，浙江、福建 2 个省的比例超过 75%，辽宁、黑龙江、山西、江西、陕西、重庆、贵州、甘肃、青海、内蒙古和新疆生产建设兵团等 11 个地区不足 15%，其中，江西、山西、内蒙古、青海等地不足 10%（图 1-21）。

村民问卷调查显示，40.5% 的村民将生活污水直接排入村庄沟渠或污水井。村民对生活污水处理的满意度仅为 46.3%，对村内河流水质的满意度仅为 42.3%。村民满意度与污水处

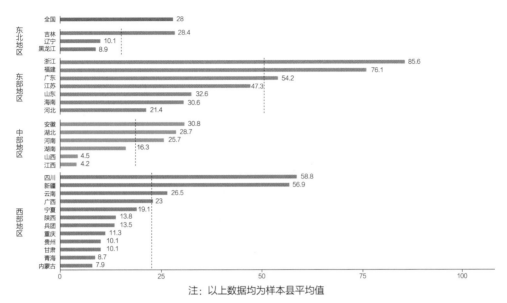

图 1-21 对污水进行处理的自然村占比（%）

注：以上数据均为样本县平均值

数据来源：地方上报

理工作进展情况密切相关。如，东北地区样本县对污水处理的自然村占比整体较低，村民对村内污水处理、水体水质和村庄整体环境的满意度分别为 42.2%、38.1% 和 52%，均低于全国 46.1%、42.3% 和 57.5% 的平均水平。

（二）农村生活垃圾分类进展缓慢

村民问卷调查显示，74.8% 村民有垃圾分类意识，但大部分样本县没有推进农村生活垃圾分类工作。根据地方上报数据，样本县实施垃圾分类的自然村占比为 23.1%。仅浙江、辽宁、海南和重庆等 4 个省份的样本县平均占比超过 50%，广东、广西、青海、贵州、安徽、江西、河北、湖北、云南和新疆生产建设兵团等 10 个地区的样本县平均占比不足 10%，其中，广西、青海、贵州、安徽等地不足 5%（图 1-22、图 1-23）。

（三）农村基础设施维护资金和人员不足

调研发现，样本县普遍存在基础设施"重建设、轻管护"的问题。如供水方面，广东省样本县按照"政府主导、市场运作"的原则，引进社会主体参与农村供水设施运营，但农村供水地域范围大，而不少乡镇实际上只有 1~2 个管理人员，且多为没有经过专业培训的农民，无法满足供水工程的管理需要。再如农村公厕方面，村干部问卷调查显示，样本县公厕有专人管护的行政村占比平均仅为 53.2%，超过 45% 的农村公厕平时无人维护。内蒙古、黑龙江、广

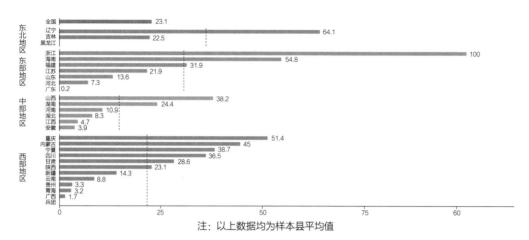

图 1-22　实施垃圾分类的自然村占比（%）
数据来源：地方上报

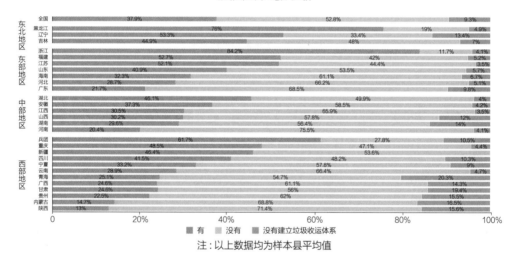

图 1-23　村内垃圾转运走时有没有分类装好
数据来源：村干部问卷调查

西、青海、吉林、湖南、辽宁、河北、宁夏、重庆、新疆和四川等 12 个省份样本县的公厕有专人管护的行政村占比平均低于 50%。由于缺少管护，不少公厕建好后未能有效使用（图 1-24）。

（四）青年人群对村庄环境满意度较低

村民问卷调查显示，不同年龄的人群中，青年人群体对村庄整体环境以及污水、垃圾处理的满意度均为最低。村庄整体环境方面，样本县青年人群的满意度为 47.9%，低于全国 57.5% 的水平，也低于中年人群（55.8%）、老年人群（74.1%）的满意度。污水处理方面，青年人群的满意度为 37.1%，低于全国平均 46.1% 的水平。垃圾处理方面，青年人群的满意度为 49.6%，低于全国平均 59.2% 的水平（图 1-25）。

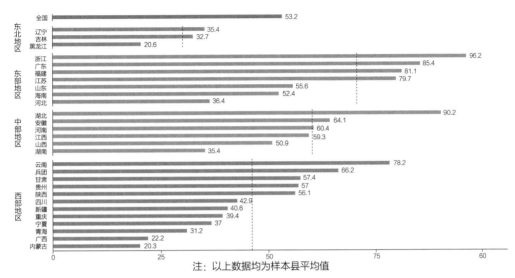

图 1-24　公厕有专人管护的行政村占比（%）
数据来源：村干部问卷调查

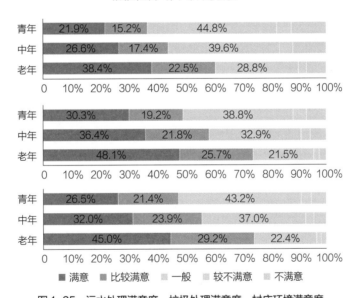

图 1-25　污水处理满意度、垃圾处理满意度、村庄环境满意度
数据来源：村民问卷调查

四、农民在乡村建设中的参与度低

（一）村民参与集体活动的积极性不高

村民调查问卷显示，样本县仅 31.7% 村民表示会积极参与村集体活动，只有 20.3% 的村民对村庄事务非常熟悉，经常参加村庄事务讨论（图 1-26、图 1-27）。

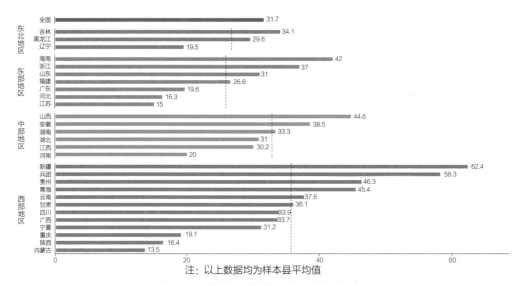

图1-26　村民参与集体活动的积极性（%）

数据来源：村民问卷调查

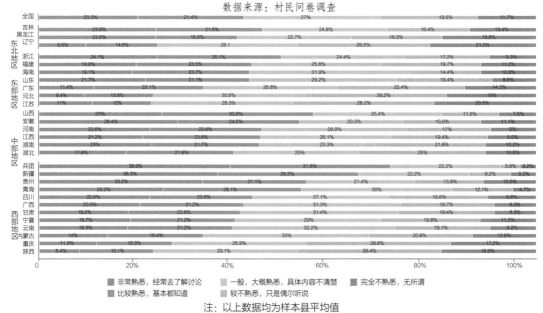

图1-27　对村内的各项事务的熟悉情况

数据来源：村民问卷调查

（二）村民投工投劳的人次较少

村干部问卷调查显示，2020年度平均每个行政村农民投工投劳参与村庄建设的仅为79人次。仅广西、云南的样本县超过200人次，黑龙江、吉林、山东、湖北、海南、辽宁、山西、河北、陕西、浙江、江苏等11个省份样本县平均都低于50人次。

五、城乡公共服务水平差距较大

（一）农村教育质量不高

村民问卷调查显示，50.8%的村民希望子女就读的学校聘请优秀教师，48.0%的村民希望改善学校教学设施设备，34.5%的村民希望提供营养校餐，29.8%的村民希望完善宿舍配套设施，改善住宿条件（图1-28）。

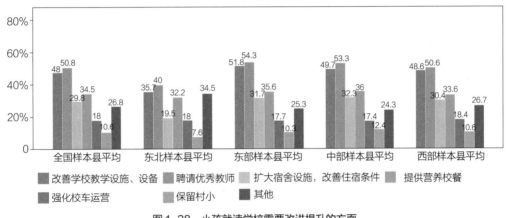

图1-28　小孩就读学校需要改进提升的方面
数据来源：村民问卷调查

（二）村卫生室服务水平不高

村干部问卷调查显示，样本县村卫生室的医护人员到岗率为88.1%，陕西、广东、青海、河北、海南和新疆生产建设兵团等6个地区样本县的平均到岗率不足85.0%。

村民选择到村卫生室就诊的比例不高。村民问卷调查显示，患小病时，仅有33.9%的村民选择到村卫生室就诊，有33.8%的村民选择到乡镇卫生院，27.6%的村民选择到县城医院就诊。村民对村卫生室的医疗服务质量满意度仅为56.1%（图1-29）。

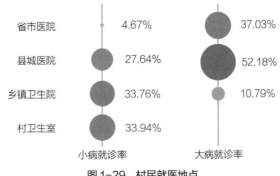

图1-29　村民就医地点
数据来源：村民问卷调查

（三）农村老龄化问题明显，养老设施未有效使用

　　村干部问卷调查显示，样本县村庄常住人口中 65 岁以上的老年人口占比为 25.8%，是第七次全国人口普查数据中 65 岁以上人口占比 13.5% 的近两倍，农村存在老龄化现象。

　　根据地方上报数据，样本县村级养老设施行政村覆盖率为 43.9%。地区差异较大，浙江实现村级养老设施行政村全覆盖，江苏省覆盖率达 93.4%，福建省达 81.4%，而海南、辽宁、山东、青海、甘肃、山西、黑龙江、湖南、安徽、内蒙古、广西、贵州、河南、广东和新疆生产建设兵团等 15 个地区样本县平均覆盖率不足 40%，其中，中西部青海、甘肃、山西、湖南和东北地区辽宁、黑龙江等地不足 30%。除覆盖率偏低外，农村养老服务设施的实际使用效果也不好。村民问卷调查显示，81.8% 的村民认为村里的养老服务设施使用率不高或一般（图 1-30、图 1-31）。

　　此外，县域养老机构护理型床位占比为 35.9%。重庆、江苏、福建、浙江 4 个省份提前实现了民政部 2019 年印发《进一步扩大养老服务供给促进养老服务消费的实施意见》提出的"到 2022 年养老机构护理型床位占比不低于 50%"的目标，但广西、山西、贵州、陕西、黑龙江、内蒙古、吉林、新疆等 8 个省份不足 30%，存在较大差距。

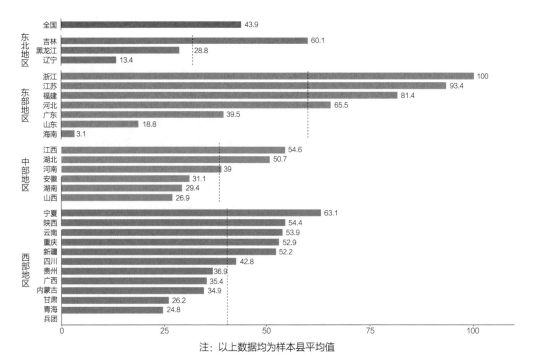

注：以上数据均为样本县平均值

图 1-30　村级养老服务设施覆盖率（%）
数据来源：地方上报

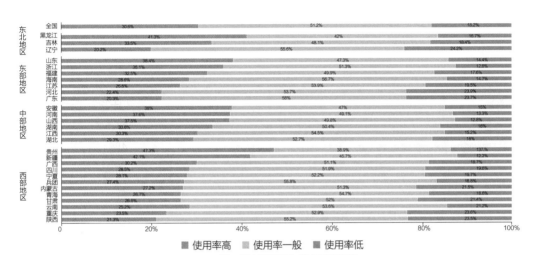

图1-31　村级养老服务设施使用情况

数据来源：村民问卷调查

六、县镇基础设施和公共服务设施建设存在短板

（一）县城绿色低碳发展水平不高

县城高层建筑比例过高。2020 年样本县县城新建住宅中 6 层以下的占比仅为 19.8%，与《住房和城乡建设部等 15 部门关于加强县城绿色低碳建设的意见》中 70% 的要求差距大。山西、江苏、青海、河北、广东、重庆、河南、黑龙江、吉林、山东、甘肃、贵州等 12 个省份的样本县平均值不到 10%，其中，山西、江苏、河北、广东、重庆不到 3%（图 1-32）。

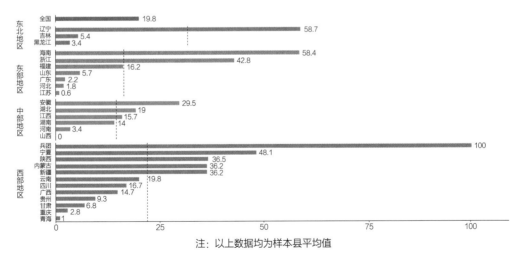

图1-32　2020 年度县城新建 6 层及以下住宅占比（%）

数据来源：地方上报

根据地方上报数据，全国样本县 2020 年度县城新建红线小于 40 米的道路占比平均为 83%（图 1-33）。

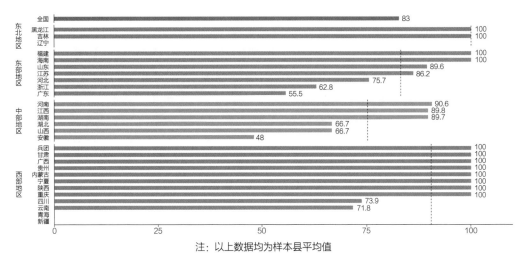

注：以上数据均为样本县平均值

图 1-33　2020 年度县城新建红线小于 40 米的道路占比（%）

数据来源：地方上报

（二）县城和建制镇基础设施建设存在短板

根据地方上报数据，样本县县城污水收集率平均为 47.8%。湖南、广西、云南、江西、陕西、福建、湖北、江苏、四川、海南、宁夏和新疆生产建设兵团等 12 个地区样本县县城污水收集率不足 40%，其中，中西部云南、陕西、江西、湖南等地低于 35%（图 1-34）。

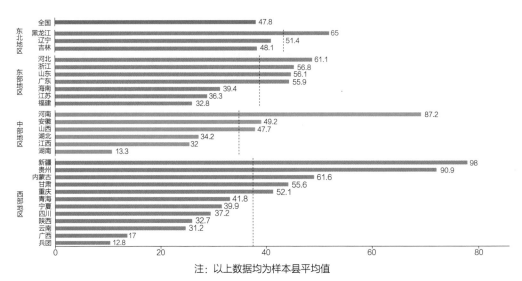

注：以上数据均为样本县平均值

图 1-34　县城污水集中收集率（%）

数据来源：地方上报

建制镇方面，样本县建制镇污水处理率仅为 59.6%。其中，云南、山西、黑龙江、内蒙古、辽宁、安徽、江西、河北、陕西、湖南、吉林等 11 省份样本县建制镇污水处理率不足 50%（图 1-35）。

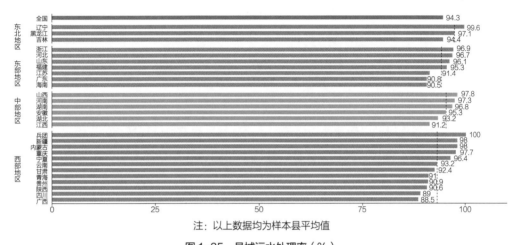

注：以上数据均为样本县平均值

图 1-35　县城污水处理率（%）

数据来源：地方上报

（三）县城教育资源相对紧张

根据地方上报数据，样本县县城义务教育学校中有 53.8% 的学生来自农村。其中，县城小学生有 52.1% 来自农村，初中生有 58.5% 来自农村。甘肃、宁夏、贵州、海南、青海、湖南、四川等 7 个省份样本县县城义务教育学校中农村学生占比超过 60%。村民问卷调查显示，县城成为农村居民子女就读的主要选择地，在县城购买商品房的农村居民中 70.4% 是为了子女接受更好的教育（图 1-36、图 1-37）。

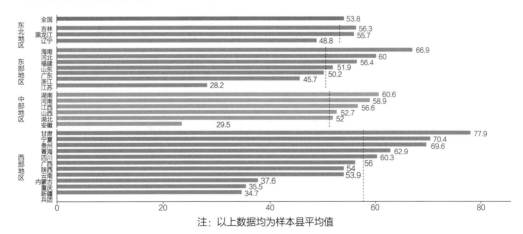

注：以上数据均为样本县平均值

图 1-36　县城义务教育学校中农村学生占比（%）

数据来源：地方上报

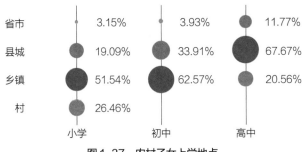

图 1-37　农村子女上学地点
数据来源：村民问卷调查

开展远程教育是提升教学质量的重要手段。全国样本县开展远程教育的学校占比为 34%。地区差异较大，山西、浙江、陕西、江西、新疆、甘肃等 6 个中西部省份开展远程教育的学校比例超过 60%，而广东、海南、山东、四川、辽宁、广西、江苏、福建和新疆生产建设兵团等 9 个地区样本县开展远程教育的学校比例不足 10%。

（四）县城医疗资源、医生水平等方面质量不高

根据地方上报数据，样本县千人医疗机构床位数平均为 5.5 张，吉林、广东和黑龙江 3 省的城乡差距大于 50%。样本县千人执业（助理）医师数平均为 2.4 人，新疆、吉林、广东、内蒙古和福建 5 省的城乡差距大于 50%。村民问卷调查显示，患大病时，仅 52.2% 的村民选择县城医院，37% 选择去省市医院就医（图 1-38）。

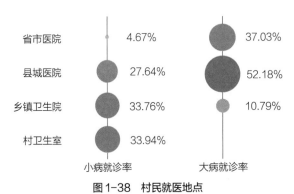

图 1-38　村民就医地点
数据来源：村民问卷调查

（五）县城服务农业生产设施不足

根据地方上报数据，全国样本县县域 10 万吨以上的农产品批发市场数量较少，平均为 0.6 个，其中坐落在县城的平均为 0.4 个。50 个样本县没有 10 万吨以上的农产品批发市场，黑龙江、福建、海南、山西、广西、贵州、重庆等 7 个省份样本县全县域没有 10 万吨以上的

农产品批发市场（图1-39）。

　　根据地方上报，全国样本县县域1万平方米及以上物流货仓数平均为0.8个，其中坐落在县城的平均为0.4个。51个样本县没有1万平方米及以上的物流货仓。黑龙江、河南、安徽、山西、广西、青海、新疆、重庆和新疆生产建设兵团等9个地区样本县全县域没有1万平方米及以上的物流货仓（图1-40）。

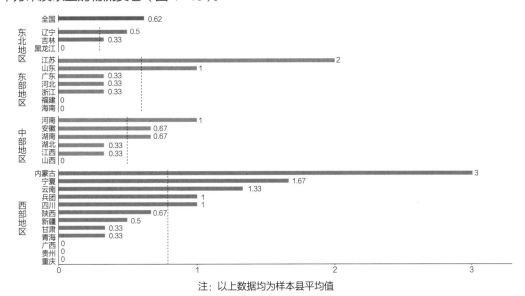

图1-39　县域农产品批发市场数量（个）

数据来源：地方上报

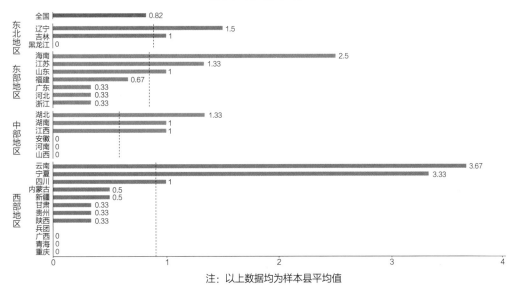

图1-40　县域物流货仓数量（个）

数据来源：地方上报

村民问卷调查显示，样本县农民群众对县内提供的农业生产服务满意度仅为 51.2%。

七、乡村建设区域发展不均衡

发展水平上，东部地区的水平总体更高，城乡居民可支配收入等方面均高于其他三个地区，就业更为充分，对外出人口返乡更具吸引力。如，东部地区返乡人口比例 12.9%，是东北地区（5.8%）的 2.2 倍，是西部地区（9.4%）的 1.4 倍。

农房品质方面，东北地区的厕所、厨房、浴室、能源使用等方面的条件与其他三个地区存在明显差距。如，东北地区样本县有水冲式厕所的农房占比仅为 19%，约是东部地区（58.4%）的三分之一；东北地区样本县日常可热水淋浴的农房占比仅为 23.7%，约是东部地区（68.9%）和中部地区（62.7%）的三分之一。

村庄人居环境和建设方面，东部地区在生活污水治理、基础设施建设等方面比其他三个地区更为完善。如，东部地区对污水进行处理的自然村占比 50.6%，其他三个地区这一比例则在 15%~25% 之间。

村庄公共服务设施方面，全国均实现教育、医疗设施基本覆盖，东部地区养老服务设施覆盖率更高。如，东部地区村级养老设施覆盖率为 60.1%，其他三个地区则均低于或接近 40%。

县城建设方面，全国县城的生活污水收集率、污水处理率、生活垃圾无害化处理率等整体较为均衡。如，县城污水收集率均在 50% 左右，污水处理率均在 95% 左右，生活垃圾无害化处理率均超过 99%。相对而言，中部和西部地区样本县县城服务农业生产的作用更为突出，拥有 10 万吨以上的农产品批发市场、1 万平方米及以上物流货仓的平均数量比东部和东北地区样本县更多。

村民参与乡村建设方面，西部地区样本县村民的积极性更高，村民积极参与村集体活动、对各项村庄事务比较熟悉的比例均高于其他三个地区，农民群众主动参与乡村建设、共同建设美好家园的意识和愿望更为强烈。

第三节　对策建议

针对评价发现的问题和短板，建议建立完善乡村建设评价机制，优化评价指标体系和方法，常态化开展评价工作；把乡村建设评价作为推进乡村建设的重要平台和抓手，强化成果应用，指导地方采取有针对性的措施，解决评价发现的问题和短板。

一、推进农房和村庄建设现代化，改善农村住房条件和生活环境

针对评价发现的农房和村庄建设中存在的问题，一是指导各地从选址布局、村庄环境、基础设施和公共服务设施等方面落实乡村建设的基本要求，积极开展试点，推进农房和村庄建设现代化。二是实施农房质量安全提升工程，强化农房建设管理，建立健全农村工程建设项目管理制度，充实基层管理力量，落实监管责任。推进现代宜居农房建设，探索建立和完善乡村建设工匠制度，加强培训和管理，提高农房设计和建造水平，推广装配式钢结构等新型建造方式，研究制定农房建设标准，完善农房功能，提升农房品质。三是完善农房配套设施建设，实施的农村供水保障工程和农村改厕工程，改善农村供水水质，推进供水入农房，推广卫生厕所入室。四是开展村容村貌提升行动，保护村庄自然和人文景观，保持乡土风貌和地域特色，营造留住"乡愁"的村庄环境。

二、整治提升农村人居环境，完善基础设施运行管护机制

针对评价发现的农村生活污水治理、垃圾分类、设施维护等方面的短板问题，一是完善农村生活污水治理相关政策和标准，探索符合农村实际的低成本、易维护污水处理模式，因地制宜推广小型化、生态化、分散化的处理技术和工艺，逐步提高农村生活污水处理设施覆盖率和运行效果。二是推进农村生活垃圾分类和资源化利用，推广适宜分类方法，配套建设分类收运处置体系，减少农村垃圾外运处理量。三是建立完善乡村基础设施运行管护机制，组织村民参与管护工作，探索村委会组织村民管护、"专业公司 + 本地管护人员"等机制和模式。

三、提高乡村公共服务水平，缩小城乡公共服务差距

针对评价发现的农村教育、医疗水平不高，养老服务设施覆盖率和使用率低的问题，建议相关部门推进解决。一是推进义务教育薄弱环节改善与能力提升工作，改善农村学校办学条件，发展远程教育，推动城市优质教育资源向农村延伸；加强乡镇寄宿制学校建设，提高寄宿制学校服务设施水平，改善学生住宿、学习等条件。二是结合优质均衡医疗服务体系建设工程，加快发展远程医疗，推进县域医共体建设，实现优质医疗资源下沉和区域内资源共享；探索推动医疗资源下乡，为农民提供上门诊疗服务。三是结合养老服务设施建设工程，逐步提高农村养老服务设施的建设和运营补贴水平，盘活利用闲置农房提供养老服务，降低建设成本；

提升村级养老设施服务水平，提供符合农村老人实际需要的服务，提高设施使用率，鼓励社会组织等上门提供养老服务，探索农村互助养老模式。

四、加强县城绿色低碳建设，推进以县城为载体以县域为单元的就地城镇化

针对县城照搬城市开发建设方式、基础设施和公共服务设施建设存在短板等问题，一是加强县城建设管控。二是倡导大分散与小区域集中相结合的布局方式，建设绿色节约型基础设施，减少输配管线建设和运行成本，大力发展绿色建筑和建筑节能。三是探索以街区为单元配置公共服务、商业服务、文化体育等设施的统筹建设方式，打造尺度适宜、配套完善的生活街区。四是为返乡创业年轻人到县城定居创造条件，加强对返乡人口的技能培训，创造更多当地就业岗位。五是构建统筹县城、乡镇、村庄的发展体系、服务体系、治理体系，推动一二三产业融合发展，统筹布局基础设施和公共服务设施，推进政府、社会、村民共建共治共享，缩小城乡差距。

五、推进共建共治共享，组织动员农民群众全过程参与乡村建设

针对农民在乡村建设中参与度低的问题，持续开展美好环境与幸福生活共同缔造活动。一是深入总结各地经验做法，将共建共治共享的理念和方法运用到乡村建设各项工作中，实现乡村建设与乡村治理有机结合、相互促进。二是创新方式方法，以农房和村庄建设等为载体，以改善群众身边、房前屋后人居环境的实事、小事为切入点，组织动员农民群众共同建设美好家园。

六、加大资金投入，补齐乡村建设短板

针对评价发现的问题和短板，结合实施乡村建设行动和农村人居环境整治提升五年行动，加大对农房安全隐患排查整治、现代宜居农房建设、农村房屋综合信息管理平台建设、生活垃圾收运处置、人居环境整治、农村基础设施和公共服务设施建设管护等工作的资金支持。指导地方加大乡村建设投入，加强涉农资金统筹整合使用，通过政府投资、金融支持、社会参与等多渠道筹措资金，并运用以奖代补、以工代赈等方式，调动多方力量参与。

第二章

河北省乡村建设评价成果

第一节 河北省

河北省位于我国东部地区，2020 年全年地区生产总值 36206.9 亿元，全省常住人口 7461 万人，其中农村常住人口 2979.4 万人，城镇化率约为 60%。

2021 年河北省乡村建设评价由河北工业大学牵头，与河北省城乡规划设计研究院、河北工程大学共同作为第三方评价机构开展。评价综合运用部门访谈、问卷调查、实地调研、大数据分析等多种方式，全面收集和采集数据。共收回村民有效调查问卷 3475 份，村干部有效调查问卷 364 份；通过村景拍拍小程序拍摄村容村貌，使用无人机对村庄进行俯视与鸟瞰拍摄，实地查看农房建设、村容村貌、人居环境、基础设施建设运行等情况，共采集村景照片 2873 张，无人机照片 116 张。

一、乡村建设成效评价

（一）农民收入逐步提升

河北省城乡居民人均可支配收入近五年来稳定增长，从 2016 年的 19725 元增长至 2020 年的 27136 元。2020 年全省农村居民人均可支配收入 16467 元，比上年增长 7.1%。

（二）农房安全性得到保障

河北省样本县鉴定为危房的农房占比仅为 0.03%，远低于 0.57% 的全国水平。河北省在 2020 年的脱贫攻坚工作中，全面排查并解决了 1596.7 万户农村住房的安全问题。此外，按平原、山区、坝上、沿海四个区域分别设计整合形成《河北省农房设计方案集》，并形成《农村住宅设计标准》等"五个一"技术支持标准体系保障农房质量。

（三）教育、医疗、养老公共服务设施建设水平较高

教育设施体系基本满足学生就读需求。河北省样本县平均拥有市重点及以上高中数为 1.3 个，样本县行政村幼儿园覆盖率平均水平达到 47.2%，高于全国 35.7% 的平均水平。

县、镇、村三级医疗服务设施体系较为完善。河北省各样本县拥有至少 1 家二甲及以上医院，县域千人医疗卫生机构床位数为 5.8 张，县域千人执业（助理）医师数为 3 人，均高于全国样平均水平。河北省样本县乡镇卫生院覆盖率达 100%，行政村卫生室覆盖率高达 99.8%。

村级养老设施建设取得明显进展。河北省样本县村级养老服务设施覆盖率平均为 65.5%，样本县县域养老机构护理型床位占比平均为 44.0%。

（四）农村基础设施覆盖率高，生活垃圾得到有效治理

集中供水入房率较高，河北省集中供水的自然村占比达到 97.1%，超过全国 93.3% 的平均水平。燃气入户工程效果较好，河北省样本县平均使用燃气的农户占比为 64.8%，高于全国样本县 53.2% 的平均水平。城乡客运一体化建设初显成效，52.8% 的村民可以在 15 分钟内到达公共交通站点，26.2% 的村民会乘坐公共交通前往县城。农村全面建成网格化物流系统，76.7% 的农村居民可以在 15 分钟内到达快递取货点。农村生活垃圾处理体系基本全覆盖，河北省样本县农村生活垃圾收运至县、镇处理的自然村占比均达到 100%，超过全国样本县 94.5% 的平均水平，各样本县县城生活垃圾无害化处理率均达到 100%。

（五）县城承载能力较强，宜居性好

县城成为村民购房首选，河北省样本县县城购房者中农村居民占比为 78.2%，高于全国样本县 50.7% 的平均水平。县域污水集中收集和处理水平较高，河北省样本县平均县城污水处理率达到了 96.1%，县城污水集中收集率为 61.1%，超过全国平均水平。绿色建筑占比较高，装配式技术进一步推广。河北省样本县 2020 年度县城新建建筑中基本级及以上的绿色建筑平均占比为 94.2%，高于全国样本县 64.1% 的平均水平。

二、乡村建设问题评价

（一）农村住房现代化水平有待加强，村容村貌有待提升

有水冲式厕所、可热水淋浴的农房占比较低，河北省样本县平均有水冲式厕所、可热水淋浴的农房占比分别为 21.5%、55.9%，均低于全国平均水平。根据村景照片打分，河北省样本县农村风貌的平均得分仅为 5.9 分（满分为 10 分）。

（二）农村污水处理水平有待增强

河北省样本县污水处理设施在运行的自然村占比 64.2%，低于全国样本县平均水平。

（三）村庄基础设施管护不足，村民参与村庄建设积极性不高

河北省样本县公厕有专人管护的行政村占比为 36.4%，样本县仅有 16.3% 的村民经常参加村里举行的集体活动。

三、有关建议

（一）推进农村农房现代化建设，改善农村住房条件和生活环境

一是从选址布局、村庄环境、基础设施和公共服务设施等方面研究本地区推进农房和村庄建设现代化的具体实施方案。二是实施农房质量安全提升工程，推进现代宜居农房建设，探索建立和完善乡村建设工匠制度，加强培训和管理，开展农村住房建设试点示范，继续完善加强技术指导。三是完善农房配套设施建设，推进供水入农房，因地制宜推广卫生厕所入室，充分考虑适老化功能需求。

（二）加强农村污水处理设施建设，整治提升农村人居环境

指导完善地方农村污水处理等设施运行维护机制。指导地方定期开展设施运行日常巡查、检测、维修和设备更换等工作。完善村规民约，引导、督促新建房屋接入污水处理管道。

（三）深入开展共同缔造活动，提升乡村治理水平

一是发挥农村基层党支部在乡村建设中的带头示范作用，带动村民参与村庄建设，动员村民投工投劳。二是健全基层党支部、村民委员会、村务监督委员会、综合服务站、专业合作社、保洁队伍等"六位一体"组织，规范管理运行，更好组织带领群众参与乡村建设。

第二节　平山县

平山县地处河北省西部，总面积 2648 平方公里，地形包括了平原、丘陵、山地等。2020 年全年地区生产总值 219 亿元。全县常住人口 42.4 万人，城镇化率约为 42%。

一、乡村建设成效评价

（一）农村居民人均可支配收入增幅明显

平山县农村人均可支配收入达到 11229 元，较 2016 年净增长 3959 元，58.0% 的受访者表示对生活整体满意。

（二）教育、医疗、养老三级服务体系初步建成

教育资源配置不断优化。县城在校寄宿的中学生占比 71.7%，有 57.3% 的村民对寄宿制学校的建设水平感到满意。平山县高中高级教师及以上的教师占比为 30.1%。卫生机构公共服务能力稳步提升。县城区有三家二甲医院，有 52.5% 的村民在县城医院进行大病治疗。行政村卫生室覆盖率为 99.3%，超过全国样本县 95.3% 的平均水平，基本实现县域内行政村卫生室全覆盖。建立养老服务体系，47.4% 的村民对养老服务感到满意。

（三）县镇承载能力提升，基础设施条件不断改善

县城道路网建设发展快速，路网密度 10.1 公里 / 平方公里，高于全国样本县 6.5 公里 / 平方公里的平均水平。县城污水、垃圾处理水平明显提升，县城污水集中收集率 63.8%，污水处理率 98.0%，建制镇污水处理率 65.8%，均高于全国样本县平均水平。县城生活垃圾无害化处理率 100%。建制镇生活垃圾无害化处理率 100%。

二、乡村建设问题评价

（一）农房风貌特色性不足，协调度较低

平山县只有 34.7% 的行政村对房屋建设有风貌要求，平山县的农村风貌协调度评分为 5.8 分（满分为 10 分）。

（二）农村生活污水处理仍存在短板

农村生活污水处理率低，对污水进行处理的自然村仅占 6.2%，其中有污水处理设施的自然村在运行设施占比为 76.9%，仍有部分设施处于闲置状态。

（三）传统建筑手工技艺缺乏传承

农村内有传统工匠的村落仅占 61.0%，村内传统工匠人数较少且多为老年人，也未提供相关培训，传统建筑手工艺缺乏传承。

三、有关建议

开展农房现代化建设，改善居住条件。完善农房功能，促进节能减排。鼓励选用装配式钢结构等安全可靠的新型建造方式。建立农村房屋全过程管理制度，按照谁审批、谁监管、谁负

责的原则，确保房屋质量安全。探索建立乡村建设工匠培养和管理制度，充实乡村建设队伍。

加强农村人居环境整治，提升宜居性。以农房为主体，营造具有本土特色的村容村貌。推进村庄生活垃圾分类。鼓励将县城近郊村庄污水纳入县污水处理厂管网覆盖范围，由县城污水处理厂提供污水处理一体化设施，同时加强设施设备质量评估及监管。推动农村户厕改造与污水治理相结合，探索采用以奖代补的方式提高村民参与污水设施建设和运行管理的积极性。

第三节　涉县

涉县地处河北省西南部、晋冀豫三省交界处，是邯郸市唯一的全山区县，太行余脉盘亘全境，全县总面积 1509 平方公里。2020 年全年地区生产总值 172.8 亿元，县农村居民人均可支配收入 15676 元。全县常住人口 43.1 万人，城镇化率约为 63%。

一、乡村建设成效评价

（一）推进农村危房改造工程，农村住房安全条件提高

涉县制定了农村住房安全问题动态监测长效机制，危房改造取得了阶段性成果。地方上报数据显示，涉县鉴定为危房的农房占比为 0。

（二）农村教育和医疗服务设施满足农民群众基本需求

县城教育服务水平高。涉县市重点及以上高中 2 所，县城义务教育学校中农村学生占比为 76.4%，高于全国样本县 53.8% 的平均水平。涉县有幼儿园的行政村占比为 72.4%，幼儿园基本满足行政村学生就读需求。涉县行政村卫生室覆盖率达 100%。

二、乡村建设问题评价

（一）农房现代化宜居水平不高，居住条件有待改善

涉县有水冲式厕所的农房占比仅 10.7%，大多数农房厕所采用旱厕或公共厕所，72.3%的村民对于厕所条件不满意。拥有浴室的农房占比为 52.7%。供水入户率不高，涉县农村集中供水入房率为 71.4%。有独立厨房的农房占比 62.4%，67.3% 的村民对于现在住房的厨房条件不满意。

（二）村级养老设施覆盖率不高，村民满意度较低

涉县村庄 60 岁以上常住人口约占 18.0%，老龄化问题日益明显。村级养老服务设施覆盖率仅为 45.8%，且使用率较低。涉县村民对养老服务的满意度仅为 33.5%。

（三）污水处理仍是人居环境提升的短板

部分农村污水处理设施存在"只建设不运行"的情况，污水处理设施在运行的自然村占比仅为 55.6%。

（四）公交运营水平有待提高

村民调查问卷显示，有 36.8% 的村民选择公共交通去县城，但只有 38.6% 的村民对县公共交通满意，低于河北省和全国样本县的平均水平。

三、有关建议

加强农房现代化建设，提升村民居住水平。推进农村饮水工程建设，实施管网改造。结合实际情况分步优化实施厕所改造。更新改造农房厨房。

加强污水处理设施建设，提高运营管理能力。加大资金力量整合，建立健全资金保障机制，积极探索鼓励社会资金参与到农村污水治理中。加强对污水处理设施的运维管理，探索合理的运行模式。继续加强农民群众环保意识，提升村民参与度。

推进城乡公共服务均等化，提升农村公共服务水平。提升全县养老服务整体质量，探索引进"智慧养老平台"，创新"互联网 + 养老"模式。开展农村公交站点需求响应式服务，在固定线路周围预先设置若干需求响应站点，采用灵活预约功能，居民可通过手机 APP、电话、短信等方式进行提前预约。

第四节　柏乡县

柏乡县位于河北省南部，地处太行山东麓，总面积 268 平方公里，95.0% 以上为平原。2020 年全年地区生产总值 47.4 亿元。全县常住人口 16.9 万人，城镇化率约为 46%。

一、乡村建设成效评价

（一）农民收入稳步增长

农村居民人均可支配收入从 2015 年的 10805 元增长到 2020 年的 16280 元。

（二）农村住房安全得到保障

县域内鉴定为危房的农房占比为 0.1%，低于全国样本县 0.57% 的平均水平。

（三）农村饮用水安全水平较高，生活垃圾治理体系形成

全县农村集中供水入房率 89.7%，高于河北省样本县 78.7% 的平均水平，高于全国样本县 85.6% 的平均水平。农村生活垃圾得到收运处理的行政村比例达 100%。

（四）县—镇—村三级公共服务能力稳步提升

教育设施基本满足农村学生就读需求。60.1% 的农村高中生在县城就读，72.2% 的农村初中生在县城就读，80.6% 的农村子女在村内及乡镇就读小学。79.0% 的行政村 15 分钟生活圈范围内有小学。66.4% 的农村子女在村内就读幼儿园。

村民对农村医疗服务满意度较高，60% 的村民表示对村卫生室医疗服务水平满意。57.5% 的村民患大病时选择在县城就诊，71.9% 的村民患小病时选择在村卫生室就诊。

城乡养老设施配置较高。县域养老机构护理型床位数占比 67.7%，村级养老服务设施覆盖率达 100%。

县—镇—村三级快递物流服务体系基本形成，69.8% 的村庄内设置快递收集点。

（五）县城承载能力逐步提升

县城集聚能力不断提升，2020 年县城购房者中农村居民占比 93.0%，高于河北省样本县 78.2% 的平均水平，高于全国样本县 50.7% 的平均水平。县城现有 3 个工业产业园，为返乡回流劳动力和周边村民提供就业机会。

二、乡村建设问题评价

（一）农房现代化建设水平有待提升

农村住房现代化功能尚待完善，仅 21.4% 的农房有水冲式厕所，仅 48.7% 的村民可在家中热水淋浴。农房建设管理有待加强，履行审批手续的农房占比 31.0%。

（二）村庄人居环境质量不高

全县对污水进行处理的行政村占比为 14.9%，污水处理设施在运行的行政村占比仅为 60.0%，村民对村内污水收集处理的满意度为 36.7%。实施垃圾分类的行政村占比仅为 5.0%，村民普遍缺乏生活垃圾分类意识。村内通户道路硬化占比 81.5%，46.1% 的村民认为村庄道路质量一般。

（三）农村教育设施有待加强

村民问卷调查显示，60.12% 的农村高中生在县城就读，72.15% 的农村初中生在县城就读，村民对孩子就读学校的寄宿条件满意度为 49.4%，低于河北省平均 52.3% 的满意度，也低于全国样本县平均 59.0% 的满意度。

三、有关建议

加强农房现代化建设，提升村民居住水平。加强乡村农房风貌的管控和引导，探索制定柏乡县农房建设指南，建立农房建设基本标准和技术导则。

加强农村人居环境整治，加强农村污水处理设施建设，完善乡村设施管护长效机制。

实施"小县大县城"战略，加强基础设施和公共服务设施建设。

第三章

山西省乡村建设评价成果

第一节　山西省

山西省位于我国中部地区，2020 年全年地区生产总值 17651.9 亿元。全省常住人口 3491.6 万人，其中农村常住人口 1308.4 万人，城镇化率约为 63%。

2021 年山西省乡村建设评价由太原理工大学建筑学院作为第三方评价机构开展。评价机构与 3 个样本县有关部门开展座谈，收集了相关数据；广泛开展问卷调查，共收回村民有效调查问卷 2799 份，村委会有效调查问卷 462 份；走访 15 个镇，27 个村庄，与村干部、村民开展深入访谈，深入客观了解样本县乡村建设情况，采集村景照片 2070 张，无人机照片 178 张。

一、乡村建设成效评价

（一）农民生活水平不断提高

农村居民收入稳步增长。山西省样本县农民人均可支配收入 13878 元。城乡居民收入差距由 3.21∶1 缩小到 2.51∶1。村民问卷调查显示，山西省样本县接近八成村民反映近三年生活水平得到提高，54% 的村民对当前的家庭整体生活水平表示满意。

（二）农房质量安全水平较高

山西省样本县内农房危房比例为 0.19%，低于全国样本县 0.57% 的平均值，样本县农房安全性高。村民问卷调查显示，村民对于总体住房满意度达 63.0%。

（三）农村人居环境有效提升，村内道路硬化比例较高

到 2020 年底，全省农村生活垃圾收运处置体系覆盖行政村比例达到 95.3%。村民问卷调查显示，93.1% 的村民反映家门口的道路基本实现硬化，60.2% 的村民认为村内道路质量较好。超七成的村民对村庄整体环境表示满意。

（四）农村医疗服务满足基本需求

村级卫生室覆盖率均达到 100%，村民问卷调查显示，90.5% 的村民反映去村卫生室看病时，随时都有医生在。近七成村民对村卫生室的医疗水平表示满意。

（五）县城公共服务水平基本满足需求，宜居性较高

县城教育、医疗等公共服务基本满足县域需求。样本县县域内超过八成学生在县城读高

中。开展远程教育的学校占比为 80.77%，高于全国样本县 33.96% 的平均水平。样本县县城至少都有 1 所二甲及以上的医院，千人医疗卫生机构床位数高于全国 5.53 张 / 千人的平均值，千人执业（助理）医师数为 2.98 人，高于全国样本县 2.35 人 / 千人的平均值。可为县域提供较高水平的医疗服务。超六成村民生大病会首先选择去县城看病，56.8% 的村民对县级医疗水平表示满意。

县城基础设施不断完善，成为县域内村民购房首选地。山西省样本县县城污水处理率达到 97.84%，高于全国样本县 94.35% 的平均水平。县城生活垃圾无害化处理率达到 100%。县城中购买商品房的农村居民占比 64.68%，主要为出于子女教育和结婚的考虑。

二、乡村建设问题评价

（一）农房现代化程度较低，建设缺乏有效监管审批

山西省样本县有水冲式厕所的农房平均占比为 19.67%，低于全国样本县 46.53% 的平均值。农房多为自行设计建造，缺乏有效监管审批。村民问卷中，51.8% 家中的自建房为自家人设计建造。在农房建设中，样本县履行审批手续的农房占比为 45.57%，低于全国样本县 52.13% 的平均值。

（二）农村污水和生活垃圾处理存在明显短板

农村污水处理设施不完善。村干部问卷调查显示，山西省样本县有村级独立污水处理设施的自然村占比 3.1%。已有村级污水处理设施运行效果不佳。农村垃圾处理仍存在短板。超过 1/3 村内没有建立垃圾收运体系，实施垃圾分类的行政村占比为 42.6%，低于全国样本县平均水平。

（三）农村地区教育、养老服务设施覆盖率不高

山西省样本县行政村小学覆盖率平均仅为 24.2%，低于全国样本县 38.1% 的平均水平。据村干部问卷，63.4% 村内没有小学，农村孩子到达最近的幼儿园、小学超过 30 分钟的占比较多。样本县村级养老设施覆盖率为 26.9%，较全国 43.9% 的平均值仍有差距。

（四）县城绿色低碳建设水平不高

样本县县城 2020 年度县城新建建筑中基本级及以上的绿色建筑占比为 33.0%，低于全国样本县 64.1% 的平均水平。

三、有关建议

（一）完善农房建设管理机制，建设现代宜居农房

建立健全农房审批建设管理制度，规范村庄设计与农房设计、建设、使用的行政程序管理，明确责任主体，做到有人管、有条件管、有办法管，确保房屋质量安全。加强对农民建房的技术指导服务，健全乡村建设工匠制度，加强管理和技术人员培训，充实乡村建设队伍。

（二）加强污水和垃圾治理，改善农村人居环境

一是因地制宜推进污水治理，对于偏远和人口数量较低的乡村采用分散式污水处理设施。二是加大农村生活垃圾治理。完善农村生活垃圾收运处置体系建设，有序开展农村生活垃圾分类，加强垃圾分类宣传。

（三）推动县城绿色低碳发展

深入落实住房和城乡建设部等 15 部门《关于加强县城绿色低碳建设的意见》，提高县城开发建设的底线思维、系统思维，推行以街区为单元的统筹建设方式，转变县城开发建设模式，推广绿色节能建筑，实现低碳绿色发展。

（四）开展美好环境与幸福生活共同缔造活动

加强基层党建引领，发挥村民议事会、村民理事会等自治组织作用，以人居环境建设和整治、农房和村庄建设等为载体，以改善群众身边、房前屋后人居环境的实事、小事为切入点，组织农民群众全过程参与乡村建设和管理。

第二节　灵丘县

灵丘县位于晋东北，总面积 2731.7 平方公里，地形以山地为主，素有"九分山水一分田"之说。2020 年全年地区生产总值 50.5 亿元。全县常住人口 21.3 万人，城镇化率约为 34%。

一、乡村建设成效评价

（一）农村居民收入稳步增长

灵丘县农村常住居民人均可支配收入达到 9530 元，增速 10.5%。人均城乡居民储蓄存款余额 5.4 万元 / 人，超过全国样本县平均水平。村民问卷显示，41.7% 的村民认为整体生活水平变好很多。

（二）农房建设管理趋于规范

通过村民调查问卷显示，灵丘县 96.7% 的农房履行了审批手续，高于全国样本县平均值。

（三）农房供水、电、网设施较为完善

据村干部调查问卷，95.1% 的自然村实现集中供水，略高于全国样本县 93.3% 的平均水平，家中宽带网络和电路也很少发生中断现象。

（四）教育、医疗服务体系初步形成保障

基础教育基本满足农村学生需求。行政村幼儿园覆盖率为 44.6%，行政村小学覆盖率为 34.7%，均高于山西省样本县平均值。教学质量近年来逐步提高，高中高级教师及以上的教师占比达到 35.3%，高于全国样本县平均水平。灵丘县 71.4% 的村民对小孩就读学校的教学质量表示满意。

县域医疗设施基本能满足村民就医需求。64.6% 村民大病就医选择县城医院，97.9% 的行政村经常有村医值守。

二、乡村建设问题评价

（一）农房现代宜居水平有待提升

日常可热水淋浴的农房占比为 12.5%，远远低于全国 56.4% 的平均水平；使用燃气占比为 9.1%，有水冲式厕所的农房占比为 9.3%，均低于全国平均水平；有独立厨房的农房占比，仅为 26.9%，远低于山西省样本县 44.8% 和全国样本县 66.8% 的平均水平。

（二）农村生活垃圾设施配置不足

农村生活垃圾运至县、镇处理的自然村占 47.4%，与山西省样本县 75.9% 的平均水平仍然有很大的差距。

（三）村庄建设宜居水平不高

有将近半数的居民认为村内道路质量有待改善。灵丘县公厕有专人管护的行政村占 35.8%，低于山西省样本县 50.8% 和全国样本县 53.5% 的平均水平。

三、有关建议

提高农房现代化宜居水平。农房设计结合灵丘县普遍缺水、冬季易冻的实际，合理选择不同的改厕模式。

加强农村生活垃圾收运处置体系建设，逐步补充完善垃圾分类投放及回收设施，改造或购置符合标准规范的分类运输车辆，优化源头垃圾分类投放管理模式，因地制宜确定清运模式，提高农村生活垃圾处理质量。

深入开展美好环境与幸福生活共同缔造活动。坚持党建引领，发挥乡贤作用，适当引入专业团队，积极培养本地规划师，鼓励村民表达诉求、参与规划，探索建立村民投工投劳、以奖代补等机制。

第三节　岢岚县

岢岚县位于晋西北黄土高原中部，总面积 1984 平方公里，地形以山地和丘陵为主。2020 年全年地区生产总值 33.1 亿元，县农村居民人均可支配收入 8820 元。全县常住人口8.7 万人，城镇化率约为 53%。

一、乡村建设成效评价

（一）农村基础设施建设推进良好

农村水电气设施覆盖率不断提高。全县 85.9% 的村庄接通了自来水。96.0% 的村民选用灌装液化气、电力作为日常生活主要燃料。

（二）农村生活垃圾转运处理体系基本建立

村干部问卷调查显示，岢岚县有保洁人员的行政村占比为 100%。

（三）县域医疗服务水平满足村民需求

岢岚县县城拥有 1 座二甲医院，乡镇卫生院覆盖率达 100%，行政村均建有标准卫生室。村医值守率达 94%。村民问卷调查显示，88.3% 的村民患大病时选择在县内就诊。

二、乡村建设问题评价

（一）农房建设品质不高

仅 11.1% 的农房有独立浴室，33.0% 的农房有独立厨房，均低于全国样本县 55.9%、66.5% 的平均水平。

（二）农村供水、污水处理、燃气等存在短板

岢岚县农村集中供水入房率 77.0%，低于全国样本县平均水平。岢岚县对污水进行处理的自然村占比为 9.8%，低于全国样本县 28.0% 的平均水平。使用燃气的农户占比 6.3%，远低于山西省样本县 27.0% 和全国样本县 53.2% 的平均水平。

三、有关建议

提高农房建设水平，深入落实住房和城乡建设部等部门《关于加快农房和村庄建设现代化的指导意见》，加强农房设计，编制推广符合地方实际需求的农房设计图集，严格按图施工建造。

加强乡村生活垃圾与污水治理。倡导农村生活垃圾分类处理，推行农村垃圾减量化和资源化利用。因地制宜推进农村生活污水处理，根据实际情况实行与镇区共同处理、联村合建、单村建设、农户分散处理的不同治理方式。

深入开展美好环境与幸福生活共同缔造活动。从村民关心的农房建设与人居环境建设出发，动员村民投工投劳参与乡村建设，激发村民参与积极性。

第四节　曲沃县

曲沃县位于山西省中南部，总面积 437.9 平方公里，地貌主要为平原和丘陵。2020 年全

年地区生产总值 115.8 亿元，县农村居民人均可支配收入 17668 元。全县常住人口约 25 万人，城镇化率约为 47%。

一、乡村建设成效评价

（一）居民收入不断提高

全县居民人均可支配收入达到 24420 元，比上年增长 5.5%。

（二）农村危房改造基本完成

地方上报数据显示，曲沃县鉴定为危房的农房占比为 0.38%，低于全国样本县 0.57% 的平均水平。

（三）农村基本建立生活垃圾处理体系

曲沃县已形成"村收集—镇转运—县处理"的垃圾收运机制，县域农村生活垃圾收运至县镇处理的自然村占比达到 100%。

（四）公共服务体系初步建成

县域医疗基本满足农民就医需求。93.3% 村民反馈去村卫生室看病时随时都有医生在；55.5% 的村民对村卫生室的服务质量表示满意。村民生小病时，72.3% 的村民选择在村或乡镇级医疗机构就医。生大病时，69.1% 的村民选择在县城医院就医。

（五）县城成为农村居民购房的首选地

县城中购房者中农村居民占比达到 71.6%。在县城购房的村民中，61.2% 是为了子女接受更好教育。

二、乡村建设问题评价

（一）水冲式厕所普及率不高

曲沃县有水冲式厕所的农房占比为 35.6%，与全国样本县 46.5% 的平均水平相比有较大差距。

（二）镇村污水处理存在突出短板，农村生活垃圾分类推进较慢

农村污水处理系统覆盖率偏低。对污水进行处理的自然村占比为 3.8%；建制镇污水处理率为 21.7%，低于全国平均水平。

实施垃圾分类的自然村占比仅为 2.5%，低于全国样本县平均水平。

（三）农村供水、用能、道路等设施不完善

村民问卷调查显示，曲沃县农村集中供水入房率 68.7%，低于山西省样本县 77.9% 的平均水平和全国样本县 85.6% 的平均水平。曲沃县使用燃气的农户占比 65.5%，实地调研中发现仍有较多的农户使用薪柴作为生活燃料。农村道路质量有待提升。55.7% 的村民表示村内道路质量存在破损、凹陷等现象。

（四）农村养老服务有待提升

村级养老服务设施覆盖率较低。仅 24.2% 的行政村有村级养老服务设施，低于全国样本县平均水平，且 71.2% 的村民认为村级养老服务设施使用率低。

三、有关建议

加强农房建设管理，落实住房和城乡建设部等部门《关于加快农房和村庄建设现代化的指导意见》，完善农房功能，提高农房现代化宜居水平。

因地制宜推进农村生活污水处理，考虑建设和运营成本，根据当地人口规模、居住点的分布模式等因素合理选择村级污水处理模式，逐步提高建制镇和村庄污水处理率。

开展美好环境与幸福生活共同缔造活动。以农房建设、垃圾分类、公共空间建设、公共服务设施建设为主要内容，动员群众积极参与乡村建设。

第四章

内蒙古自治区
乡村建设评价成果

第一节　内蒙古自治区

内蒙古自治区位于我国西部地区，2020 年全年地区生产总值 17359.8 亿元。

2021 年内蒙古自治区乡村建设评价由内蒙古城市规划市政设计研究院、内蒙古师范大学作为第三方评价机构开展。评价综合运用部门访谈、问卷调查、实地调研等方式采集数据，分别与 2 个样本旗县有关部门开展座谈，收集了指标体系相关数据；广泛开展问卷调查，共收回村民有效调查问卷 1783 份，村委会有效调查问卷 235 份；分别选取代表不同经济发展水平的乡镇开展实地调研，共走访 6 个镇 18 个村庄，与 18 位村干部、54 位村民面对面开展访谈；通过村景拍拍小程序拍摄村容村貌，通过无人机对村庄进行俯视与鸟瞰拍摄，采集村景照片 920 张，无人机照片 127 张。

一、乡村建设成效评价

（一）农民可支配收入不断提高

内蒙古样本旗县农民人均可支配收入从 2015 年的 7833 元增加到 2020 年的 21570.5 元，高于全国样本县 16680.3 元的平均水平。同时，村民问卷调查显示，60.7% 的村民认为家庭生活水平越来越好。

（二）农村危房改造成效显著

内蒙古样本旗县鉴定为危房的农房占比为 0.18%，低于全国样本县平均水平。

（三）农村医疗服务体系覆盖面广

每个乡镇至少拥有 1 家卫生院，行政村卫生室覆盖率达到 93.5%，医疗服务设施基本健全，覆盖全旗县域。

二、乡村建设问题评价

（一）村庄风貌不佳，缺乏特色

第三方数据显示，内蒙古样本旗县风貌协调度平均得分仅为 5.3 分（满分为 10 分）。村庄风貌未能很好地保留并体现本土特色。

（二）污水处理短板突出，垃圾收运体系覆盖率低

内蒙古样本旗县对污水进行处理的自然村占比仅为 7.9%，阿荣旗没有对污水进行处理的自然村。农村生活垃圾收运至县、镇处理的自然村占比为 87.2%，低于全国样本县 94.5% 的平均水平，阿荣旗仅为 78.1%。

（三）农村公共服务设施质量有待提升

农民对医疗服务满意度不高。村民问卷调查显示，内蒙古样本旗县村民对医疗服务满意度仅为 47.8%。

村级养老设施短缺。内蒙古样本旗县村级养老设施覆盖率平均为 34.9%。问卷调查显示，村民对旗县域养老的满意度为 49.1%。

三、有关建议

（一）提升农房建设品质，建立健全农房建设的长效机制

按照内蒙古自治区 2021 年印发的《关于加快农房和村庄建设现代化的实施方案》要求，推进农村牧区危房改造，建立农房建设管理长效机制，充分尊重农民意愿，满足村民多样化的居住需求，分类有序推进农房建设工作。

（二）加强农村污水垃圾治理，完善运行管护长效机制

推进农村牧区生活垃圾收运处置体系与再生资源回收利用体系的融合，总结推广样本旗县在可腐烂垃圾就地处理上的经验，提高垃圾就地消纳比例。将生活垃圾分类写入村规民约。因地制宜建设乡村污水处理设施，优先治理乡镇政府驻地、人口集聚区、生态敏感区等地区农村牧区生活污水，探索建设生态沟渠、人工湿地等，推广低能耗、易维护的户用处理装置。探索多渠道融资的基础设施运维机制，确保基础设施后期的运维养护可以正常进行。

（三）持续完善公共服务体系，提高乡村公共服务质量

教育方面，优化教师资源配置，轮岗流动，切实解决农村教师的食宿、交通等生活保障问题。医疗方面，充分利用现有资源，通过重建、维修、整合等方式，推进规范化村卫生室建设，满足群众就近就医需求。养老服务方面，完善居家养老的基础设施和制度保障，加大家庭适老化改造覆盖力度，为困难老人购买养老家政和机构上门养老服务。

（四）加强县城绿色低碳建设，提高县城承载力和综合服务能力

加强县城建设密度、强度和建筑高度等方面的管控。建设绿色节约型基础设施，大力发展绿色建筑和建筑节能。在县城探索以街区为单元配置公共服务、商业服务、文化体育等设施的统筹建设方式，打造尺度适宜、配套完善的生活街区，增强县城活力。

（五）深入开展共同缔造活动，提升乡村治理水平

在农村人居环境建设和整治中持续开展美好环境与幸福生活共同缔造活动。发挥农村基层党支部在乡村建设中的引领作用，动员村民投工投劳，激发村民参与积极性，共同建设美好家园。

第二节　阿荣旗

阿荣旗位于大兴安岭东麓，全旗总面积 13641 平方公里。2020 年，阿荣旗地区生产总值为 94.8 亿元，全旗常住人口 32 万人，城镇化率约为 51%。

一、乡村建设成效评价

（一）城乡收入差距不断减小，农村居民收入稳步提升

2020 年阿荣旗城镇常住居民人均可支配收入 34208 元，农村牧区人均可支配收入 21480 元，城乡收入差距比 1.59∶1，优于全国样本县 2.26∶1 的平均水平。

（二）农房质量安全得到保障

阿荣旗乡村住房条件普遍较好，农房普遍无开裂、渗水等质量问题与安全隐患，48.5%的村民对总体住房条件感到满意，高于内蒙古自治区平均水平。

（三）村庄医疗卫生设施满足基本需求

阿荣旗村庄医疗卫生服务设施覆盖率达 100%，能够满足村民小病治疗、购买常用药品等日常需求。

（四）县城辐射带动能力增强

阿荣旗中心城区人口集聚程度较高。根据第七次全国人口普查数据，阿荣旗中心城区那吉镇 2020 年常住人口 12.1 万人，占城镇人口总量的 96.7%。其中 2016~2019 年阿荣旗中心城区人口增长 2.9%。

县城教育服务能力水平提升。阿荣旗县城高中为乡村居民子女高中就学阶段的主要地点。根据问卷调查，41.0% 的乡村居民子女高中在县城就学。

二、乡村建设问题评价

（一）农村人居环境质量有待提高

生活污水处理配套不足。阿荣旗接入城镇污水管网的自然村占比为 0.8%，部分水冲厕所难以进驻室内、新改厕所使用率低。垃圾分类进展缓慢。阿荣旗的垃圾收集方式仍然是传统的混合收集方式，75.9% 的乡村没有开展垃圾分类。

（二）公共服务设施质量有待提升

阿荣旗行政村小学的覆盖率为 7.4%，农村小学数量不足，大部分村民子女从小外出就学。养老服务设施建设滞后。有村级养老服务设施的自然村占比仅为 47.8%。

三、有关建议

改善农村人居环境。探索适宜的农村污水治理模式，推进垃圾分类和资源化利用，完善相关设施的运行维护机制。

提高乡村公共服务水平。在县域层面研究确定村级公共服务设施的配套标准、布局、数量及施工要求，在乡村公共服务设施工程施工方面健全监督管理体制机制。

开展共同缔造活动，健全乡村治理体系。发挥农村基层党支部在乡村建设中的带头示范作用，带动村民参与到村庄建设中。

第三节　五原县

五原县地处内蒙古自治区西部，河套平原腹地，县域面积 2492 平方公里。2020 年，县地区生产总值为 103.8 亿元，全县常住人口 22.5 万人，城镇化率约为 51%。

一、乡村建设成效评价

（一）农村居民收入提升

五原县 2020 年城乡常住居民人均可支配收入比为 1.55∶1，农村人均可支配收入 21658 元，高于全国样本县平均水平。

（二）农房质量水平提升

五原县乡村住房条件普遍较好，农房普遍无开裂、渗水等质量问题与安全隐患，鉴定为危房的农房占比为 0.37%，低于全国样本县 0.57% 的平均水平。

（三）人居环境稳步改善

五原县深入开展农村人居环境整治行动，积极引导和鼓励农户改建无害化卫生厕所。经过"厕所革命"的全面推进，超过 37.4% 的家庭对厕所环境表示满意。

二、乡村建设问题评价

（一）农房建设现代化水平有待提高

农房施工队伍不专业。五原县村民自建房占比超过半数，建设农房时缺乏足够的质量意识和安全意识。

（二）教育、养老设施质量有待提升

教育设施覆盖率不足。村干部问卷调查显示，行政村幼儿园覆盖率为 8.6%，仅 40% 左右的行政村 15 分钟生活圈范围内有小学。村民问卷调查显示，93.5% 的农村子女在镇上就读小学。养老服务设施利用率不高。

三、有关建议

实施农房质量安全提升工程,加快农房和村庄建设现代化。完善村民住房定期巡查制度,探索农房、院落功能化改造与人居品质提升的路径。

提升农村人居环境。探索适宜的农村污水治理模式,推进垃圾分类和资源化利用,完善相关设施的运行维护机制。

加强县城绿色低碳建设。县城建设落实疏密有度、错落有致、合理布局的要求,防止盲目进行高密度高强度开发和摊大饼式无序蔓延。新建建筑落实基本级绿色建筑要求,鼓励发展星级绿色建筑。

第五章

辽宁省乡村建设评价成果

第一节 辽宁省

辽宁省位于我国东北地区，2020 年全年地区生产总值 25115 亿元。全省常住人口 4259.1 万人，其中农村常住人口 1186.5 万人，城镇化率约为 72%。

2021 年辽宁省乡村建设评价工作由东北大学、大连理工大学、沈阳建筑大学、辽宁省城乡规划设计研究院作为第三方评价机构开展。第三方评价机构与 4 个样本县有关部门开展座谈，收集相关数据；广泛开展问卷调查，共收回村民有效调查问卷 8040 份，收回村干部有效调查问卷 47 份；分别选取代表不同经济发展水平的乡镇开展实地调研，共走访 13 个镇、42 个村，广泛开展现场访谈，进行村民访谈 165 次，村干部访谈 42 次，深入客观了解样本县乡村建设情况。

一、乡村建设成效评价

（一）农民收入稳步提升

农民生活水平不断提高。辽宁省样本县人均城乡居民储蓄存款余额平均 6.9 万元 / 人，高于全国样本县 4.6 万元 / 人的平均水平；村民问卷调查显示，60.1% 的村民认为近三年来家庭生活水平越来越好。城乡居民收入差距逐渐缩小。辽宁省样本县城乡居民人均可支配收入比为 1.81 : 1，小于全国样本县 2.25 : 1 的平均水平。

（二）生态环境持续向好

水资源环境、空气质量保持良好。2020 年全省样本县地表水水质优良（Ⅰ～Ⅲ类水质）占比 100%，优于全国样本县 87.7% 的平均水平，环境空气质量达标率达到 88.7%，优于全国样本县 87.7% 的平均水平。

（三）农房建设不断加强，乡村风貌保持良好

辽宁省从 2016 年开始进行建档立卡贫困户农村危房改造工作，到 2020 年底已经完成 87432 户危房改造任务，样本县鉴定为危房的农房占比为 0.6%，住房安全问题得到基本解决。

乡村风貌整体协调。根据村干部问卷调查，辽宁省样本县平均房屋空置率为 6.5%，房屋空置率低，乱搭乱建、垃圾乱埋乱倒现象减少，柴火杂物无乱堆乱放。样本县乡村风貌保持良好，街巷与周边建筑整体协调，树池、围墙等基本采用乡土化铺装材料，村民房前屋后种植果树、蔬菜和花草，路面少见杂草、垃圾或浮土。

（四）基础设施逐渐完善

农村供电情况稳定。辽宁省不断增强农村电网供电保障能力，持续提升农村供电服务水平。村民问卷调查结果显示，91.0% 的村民表示家中不会经常出现电压不稳定、断电等情况。

宽带网络建设逐步完善。样本县村民问卷调查结果显示，仅 5.5% 的村民家中没有接通宽带网络，69.0% 的村民表示家中的宽带网络运行稳定。

道路硬化和亮化工程覆盖范围广。根据村干部问卷调查，辽宁省样本县村内主要道路 93.0% 为柏油路和水泥路，79.8% 的村内主要道路安有路灯，村内通户道路硬化占比达到 76.5%。

（五）社会事业健康发展

医疗服务设施基本健全。辽宁省样本县行政村卫生室覆盖率达到 100%；县域千人医疗卫生机构床位数达到 5.8 张，高于全国样本县 5.5 张 / 千人的平均水平；县域千人执业（助理）医师数高于全国样本县的平均水平。

县镇村的教育服务设施体系形成。村民问卷调查结果显示，小学生于本村内和本镇区就读的比例为 9.0% 和 65.0%，镇区就读率超过全国样本县 44.9% 的平均水平。

二、乡村建设问题评价

（一）农房宜居性水平不高

农房基础设施有待加强。辽宁省样本县有独立厨房的农房占比仅为 61.4%，有可洗热水澡独立浴室的农房占比仅为 33.5%，有水冲式厕所的农房占比仅为 23%。

（二）养老服务设施不完善

村级养老服务设施短缺。辽宁省样本县村级养老服务设施（包括居家养老中心、日间照料中心、幸福院等）覆盖率仅 13.4%；同时，农村养老服务设施的可达性有待提高，70.2% 的村民到达最近的养老服务设施需要 15 分钟以上。

（三）人居环境有待进一步改善

污水处理仍存在短板。根据村干部问卷结果，79.4% 的村庄没有污水处理设施，仅有 6.8% 和 11.8% 的生活污水接入城镇污水处理管网和村内污水处理设施。

村内生活垃圾处理水平低。辽宁省样本县仅有 44.4% 的村庄村内的生活垃圾全部收运到县镇垃圾处理设施处理。

村民对村内环境整治满意度不高。辽宁省样本县问卷调查结果显示，仅 26.0% 的村民对村内污水收集处理情况感到满意。

三、有关建议

（一）开展农房现代化建设，改善农村居住条件

一是完善农房功能，提高农房品质。提炼传统建筑智慧，因地制宜解决日照间距、供暖保温、通风采光等问题，促进节能减排。二是适应村民现代生活需要，逐步实现寝居分离、食寝分离和净污分离。三是新建农房同步设计卫生厕所，推动卫生厕所入室。四是鼓励设计建设无障碍设施，充分考虑适老化功能需求。五是鼓励选用装配式钢结构等安全可靠的新型建造方式。

（二）加强农村人居环境整治，提升村庄宜居性

一是加强农村生活污水治理。推广易维护、低成本、低能耗的污水处理技术和设施，支持具备条件的乡镇和村建设农村生活污水治理设施。二是优化垃圾收运处置设施布局，推进乡镇垃圾转运站和填埋场等项目建设，推行农村生活垃圾就地分类、源头减量，农村生活垃圾处置体系覆盖所有行政村。三是抓好农村"厕所革命"，立足自身实际和客观条件，合理确定改厕目标，科学选择改厕模式，分类推进农村"厕所革命"。

（三）提升基本公共服务水平，增强民生保障

一是提高农村教育质量，多渠道增加农村普惠性学前教育资源供给，保留乡村小规模学校，改善乡镇寄宿制学校办学条件，在县城和中心镇新建、改扩建一批高中和中等职业学校，支持建设城乡学校共同体。二是全面推进健康乡村建设，提升村卫生室标准化建设和健康管理水平，采取派驻、巡诊等方式提高基层卫生服务水平。提升乡镇卫生院医疗服务能力，选建一批中心卫生院。加强县级医院建设，加强县域紧密型医共体建设。三是健全县乡村衔接的三级养老服务网络，推动村级幸福院、日间照料中心等养老服务设施建设，发展农村普惠型养老服务和互助性养老。

（四）推进共建共治共享，组织动员农民群众全过程参与乡村建设

在农村人居环境建设和整治中持续开展美好环境与幸福生活共同缔造活动。一是将共建共

治共享的理念和方法运用到乡村建设各项工作中，实现乡村建设与乡村治理有机结合、相互促进。二是创新方式方法，以人居环境建设和整治、农房和村庄建设等为载体，以改善群众身边、房前屋后人居环境的实事、小事为切入点，发动群众共谋、共建、共管、共评、共享，共同建设美好家园。

第二节　长海县

长海县是东北地区唯一海岛县，位于辽东半岛东侧黄海北部海域，陆域面积 142 平方公里，海域面积 10324 平方公里。2020 年全年地区生产总值 86.1 亿元，农村居民人均可支配收入 34900 元。全县常住人口 7.1 万人，城镇化率约为 72%。

一、乡村建设成效评价

（一）农民经济收入高，生活满意度较高

村民经济收入高，城乡差距小。根据问卷调查结果，22.1% 的村民年收入在 10 万元以上，30.1% 的村民年收入在 6~10 万元，农民收入水平较高。城乡居民人均可支配收入比为 1.37：1，低于全国的平均水平 2.25：1。

村民收入满意度高，整体幸福感较好。村民问卷调查显示，59.2% 的村民对自己工作状况表示满意，42.9% 的村民对当前家庭收入水平表示满意，49.8% 的村民对家庭整体生活水平表示满意，高于辽宁省平均值。

（二）村庄人居环境质量得到改善

地表水质优良，环境空气质量高。长海县地表水水质优良占比达到 100%，环境空气质量达标率 96.7%。

长海县实行垃圾分类的行政村占比为 100%。同时，77.8% 的垃圾在转运走时会进行垃圾分类，远高于全国样本县 37.9% 的平均水平。

（三）村民积极参与公共活动积极性高

问卷调查显示，64.6% 的村民积极参与到村里组织的村集体活动，其中经常参加的占比达到 38.2%。41.3% 的村民对于村民选举、成立合作社等组织、集资修路等村庄公共事务比

较熟悉和了解。

（四）乡村学前教育及医疗设施覆盖率高

乡村学前教育布点覆盖度高。长海县行政村幼儿园覆盖率达到43.5%，高于全国样本县35.7%的平均水平。

乡村医疗建设稳步推进。长海县执行并规范乡村"一村一所"的建设标准，行政村卫生室覆盖率达到100%。

（五）县城绿色建筑占比高，教育服务质量高

县城绿色建筑占比高。2020年度县城新建建筑中基本级及以上的绿色建筑占比为100%，远高于全国样本县平均值63.8%。

县城高中教育质量较高。长海县县城拥有1所市重点及以上高中、1所中等职业高中。县城拥有副高级职称及以上的教师占比为55.4%，高于全国样本县31.5%的平均水平。

二、乡村建设问题评价

（一）农房现代化宜居水平不高

农房配套设施水平落后。村民问卷显示，有44.3%的村民对厨房条件不满意，可热水淋浴的农房占比仅为42.9%，有水冲式厕所的农房占比仅为38.0%。

（二）养老和医疗服务水平有待提升

养老服务设施仍存在短板。村庄养老服务设施覆盖率仅为8.7%，在长海县县域23个行政村中，仅有2个行政村具备养老服务设施（包括幸福院、日间照料中心等）。

医疗服务水平不高。长海县没有二甲及以上医院，县域千人医疗卫生机构床位数为5.0张。而且医疗专业人才缺乏，县域千人执业（助理）医师数仅为1.9人。

三、有关建议

实施农房质量安全提升工程，加快农房和村庄建设现代化。推进现代宜居农房建设，编制推广符合地方实际需求的农房设计图集，严格按图施工建造。完善农房配套设施建设，推进供水入农房，推广卫生厕所入室，鼓励使用清洁能源，推动农村用能革新。

完善乡村公共服务设施与基础设施建设。进一步优化乡村的生活、生产、生态空间，优化

人口布局，实施"大岛建、小岛迁"，将小岛居民搬迁至大岛，再逐步加强大岛公共资源建设、补齐短板，真正发挥出资源集聚共享的效果，最大限度惠及民生。

第三节 本溪满族自治县

本溪满族自治县位于辽宁省东部山区，总面积 3344 平方公里，地貌为"八山一水一分田"。2020 年全年地区生产总值 122 亿元，县农村居民人均可支配收入 18281 元。全县常住人口 23.1 万人，城镇化率约为 52%。

一、乡村建设成效评价

（一）农房质量安全水平较高

本溪满族自治县全县危房占比 0.58%，基本解决农村居民的住房安全问题。

（二）农村人居环境质量提升

农村生活垃圾转运处理体系基本建成。本溪满族自治县县域农村生活垃圾运至县、镇处理的自然村占比为 100%。

厕所改革取得初步成效。村干部问卷调查显示，84.2% 的村庄已经配备保洁员或专人负责村公共厕所的日常管理。

水质优良，环境空气质量高。2020 年本溪满族自治县地表水水质优良（Ⅰ～Ⅲ类水质）占比 100%，高于全国样本县的平均水平 87.7%；环境空气质量达标率 89.1%，高于全国样本县 87.7% 的平均水平。

（三）农村交通设施不断完善

40.6% 的村民选择搭乘公交前往县城，高于全国样本县 29.7% 的平均水平。

（四）县城建设水平提高，人口吸引力持续增强

县城教育服务质量较高。本溪满族自治县县域拥有市重点及以上的高中数 2 个，高于全国样本县 1.6 个的平均水平。县城高中高级教师及以上的教师占比为 40.8%，高于全国样本县 31.6% 的平均水平。

（五）县域医疗服务设施覆盖度高

本溪满族自治县县城二甲及以上医院数为 4 个，高于全国样本县 2.2 个的平均水平。本溪满族自治县行政村卫生室覆盖率为 100%，高于全国样本县 95.4% 的平均水平。

二、乡村建设问题评价

（一）农房宜居水平不高

农房配套设施功能不完善。根据调查问卷统计，本溪满族自治县拥有水冲式厕所的农房占比仅为 30.4%；拥有日常可热水淋浴的农房占比仅为 33.0%。

（二）养老服务设施覆盖率不高

本溪满族自治县村级养老服务设施覆盖率为 12.2%。

（三）村民参与村庄建设的积极性不高

村民问卷调查显示，只有 23.6% 的村民经常参与村里组织的村民集体活动，27.1% 的村民尚不清楚村民集体活动的相关事宜。

三、有关建议

加强农房现代化建设管理，建设现代宜居农房。建立农村房屋全过程管理制度，规范村庄设计与农房设计、建设、使用的行政程序管理，建立责任追究机制，按照谁审批、谁监管、谁负责的原则，确保房屋质量安全。

优化公服设施布局，推动养老服务下沉。明确公共服务设施配置标准，根据县域范围内的乡村居民点的规模、聚集程度以及地形地貌，优化乡村公共服务设施体系。深化公办养老机构市场化改革，推动乡镇敬老院与县域内、邻近区域的养老服务设施整体捆绑打包、规模化承接、连锁化运营。

深入推进共同缔造活动，提高村民建设积极性。深入开展美好环境与幸福生活共同缔造活动，动员村民参加农村人居环境整治、基础设施运维等乡村建设工作，共同建设美好家园。

第四节　彰武县

彰武县位于辽宁省西北部，全县总面积 3641 平方公里，2020 年全年地区生产总值 114.3 亿元，农村居民人均可支配收入为 14768 元。全县常住人口约 33.4 万，城镇化率约为 20%。

一、乡村建设成效评价

（一）农房安全性高，空置率低

农村住房安全性较高。全县危房率较低，鉴定为危房的占比为 0.05%，远低于辽宁省样本县及全国样本县的平均值。

农房空置率较低，房屋季节空置率仅为 4.0%，农房建筑利用率较高。

（二）农村医疗服务设施全覆盖

彰武县行政村卫生室覆盖率为 100%，乡镇卫生院服务半径能够覆盖所有村庄。

（三）农村基础设施建设逐步完善

彰武县行政村光纤网络及手机 4G 实现 100% 全覆盖，宽带、广播电视等农村新型基础设施逐步完善。

（四）县城建设水平不断提高

教育服务水平提升。县城高中高级教师及以上的教师占比为 60.9%，高于全国样本县和辽宁省样本县的平均水平。

生产服务设施稳步建设。彰武县县城拥有年经营量 10 万吨以上的农产品批发市场数量为 1 个，高于全国和辽宁省样本县的平均水平。县城拥有建筑面积 1 万平方米及以上的物流货仓的数量为 5 个，高于全国和辽宁省样本县的平均水平。

二、乡村建设问题评价

（一）农村公共服务质量有待提升

幼儿园设施覆盖率低。彰武县县内行政村幼儿园覆盖率为 20.7%。

医疗、养老服务水平不足。彰武县千人医疗卫生机构床位数仅为 5.25 张，开展远程医疗的医院和乡镇卫生院仅占比 3.2%。彰武县养老机构护理型床位仅占比 35.1%。

（二）农房现代化水平不高

根据调查问卷统计，彰武县拥有水冲式厕所的农房占比仅为 8.0%，拥有独立厨房的农房占比为 41.0%，拥有日常可热水淋浴的农房占比仅为 23.0%。

（三）县城绿色低碳建设水平有待提升

彰武县县城新建 6 层及以下住宅占比为 26.3%，县城新建建筑中基本级及以上的绿色建筑占比仅为 58.6%。

（四）村民参与乡村建设积极性不高

根据村民问卷调查结果，22.6% 的村民表示很少参加村里组织活动，村民参与组织活动的积极性有待提高。

三、有关建议

提高农村公共服务水平。建议实施农村互助养老服务设施补短板专项行动，推广农村互助养老模式。加大投入培养农村幼儿教育师资力量，推广校车行政村全覆盖。积极开展远程医疗，对接省会城市优质资源。

加强农房建设管理，提升农民生活居住水平。建立农村房屋全过程管理制度，规范村庄设计与农房设计、建设、使用的行政程序管理。推进卫生厕所的建设、做好燃气设施规划，提高村民燃气使用占比，大力推进使用新型农村住宅推荐户型。

加强县城绿色低碳建设，提升县城建设水平。进一步改善县城基础设施，完善县城功能。大力建设绿色节约型基础设施，合理优化基础设施布局，降低建设和运维成本。

第五节 西丰县

西丰县位于辽宁、吉林两省交界处，总面积 2686 平方公里，是典型的山区县。2020 年全年地区生产总值 53.3 亿元，县农村居民人均可支配收入 15100 元。全县常住人口 22.5

万人。

一、乡村建设成效评价

（一）农村供电设施和医疗服务较为完善

农村基础设施建设较为完善。根据村民调查问卷统计，西丰县农村地区供电覆盖率高，且94.4% 的农村家庭表示不会经常出现电压不稳定、断电等情况。

村医疗服务设施体系初步建成。西丰县县域行政村卫生室覆盖率为 100%，高于全国样本县 95.4% 的平均水平。

（二）县城建设较为集约适宜

2020 年度县城新建 6 层及以下住宅占比 66.7%，高于全国样本县 19.8% 的平均水平与辽宁样本县 58.7% 的平均水平。

（三）县域教育和医疗服务质量较高

西丰县开展远程教育的学校占比为 12.0%，显著高于辽宁省样本县 5.9% 的平均水平。

西丰县县域千人医疗卫生机构床位数 7.7 张，高于辽宁省样本县 5.8 张 / 千人的平均水平与全国样本县 5.5 张 / 千人的平均值。

二、乡村建设问题评价

（一）农房现代化建设水平有待提高

农房现代化配套不足。西丰县拥有水冲式厕所的农房占比为 6.5%，拥有日常可热水淋浴的农房占比为 17.6%。

乡村建设工作培训有待加强。西丰县缺少农房建设人才，2020 年西丰县县域乡村建设工匠培训人次仅为 160 人次。

（二）农村污水治理问题有待改善

污水处理水平有待提高。西丰县对污水进行处理的自然村占比为 1.2%。村民问卷调查显示，农村仍存在污水未经处理直排现象，村民对村内污水处理满意度不高，仅有 21.8% 的村民对污水处理感到满意。

（三）农村养老服务水平有待提升

村级养老服务设施覆盖率仅为 32.8%。村民问卷调查显示，西丰县村民对县养老服务的满意度仅为 40.8%，且 80.2% 的村民认为村级养老设施的使用率不高。

（四）村民参与乡村建设的积极性有待提高

村民问卷调查显示，45.7% 的农村居民不清楚村集体组织的相关活动，21.6% 的农村居民很少参加，经常参加的农村居民仅占 8.4%。

三、有关建议

加强农房与村庄现代化建设管理。建立农村房屋全过程管理制度，规范村庄设计与农房设计、建设、使用的行政程序管理，明确责任主体，做到有人管、有条件管、有办法管。

完善乡村公共服务设施与污水基础设施建设。明确公共服务设施配置标准，优化乡村公共服务设施体系，保证公共服务设施的可达性与均衡性。乡村宜采用小型化、生态化、分散化的污水处理模式和处理工艺，合理确定排放标准，推动农村生活污水就近就地资源化利用。

调动村民积极性，推动共建共治共享。深入开展美好环境与幸福生活共同缔造活动，发挥农民主体作用，动员村民参加农村人居环境整治、基础设施运维等乡村建设工作，共同建设美好家园。

第六章

吉林省乡村建设评价成果

第一节　吉林省

吉林省位于我国东北地区，2020年全年地区生产总值12311.3亿元。全省常住人口2407.3万人，其中农村常住人口899.4万人，城镇化率约为63%。

2021年吉林省乡村建设评价工作由吉林建筑大学作为第三方评价机构开展。第三方评价机构与3个样本县有关部门开展座谈，收集相关数据；广泛开展问卷调查，共收回村民有效调查问卷3459份，村干部有效调查问卷149份；分别选取代表不同经济发展水平的乡镇开展实地调研，进村入户共走访10个镇，27个村庄，对81位农民群众、27位村干部进行访谈，深入了解农房和村庄建设管理、乡村风貌等情况，全面了解农民群众对乡村建设的满意度，查找农民群众普遍关心的突出问题和短板。

一、乡村建设成效评价

（一）农业现代化水平高，农民收入提升

农业生产现代化水平高。吉林省样本县农业生产机械化率较高，村民问卷调查显示，耕种播种、收割、施肥、灌溉各环节使用机械设备占比均高于全国样本县平均水平。地方上报数据显示，吉林省样本县农机合作社数量平均水平达到540.3个，远高于全国样本县平均水平。

农业生产收入占比高，农民收入水平提升。村民问卷调查显示，吉林省样本县村民农业生产收入占总收入均值达到38.4%，远高于全国样本县平均水平。地方上报数据显示，吉林省样本县农民人均可支配收入平均水平从2016年的11083元增长至2020年14869元，增幅达到34%，农民收入水平显著提高。

（二）农房质量安全水平较高

村民问卷调查显示，吉林省样本县农民自建房构造有圈梁的占比近60%，高于全国样本县36.8%的平均水平。

（三）医疗服务体系较完善，养老服务设施覆盖率较高

县、镇、村三级医疗服务设施体系日渐完善。吉林省样本县开展远程医疗的医院和乡镇卫生院占比80.2%，高于全国样本县37.5%的平均水平。村民生小病到村卫生室就医率41.1%，高于全国样本县33.9%的平均水平。

村级养老服务设施覆盖率较高。吉林省样本县村级养老服务设施覆盖率达到60.0%，高

于全国样本县 43.9% 的平均水平。

二、乡村建设问题评价

（一）农房现代化水平有待提升

吉林省样本县农房仍以农民自主建设为主，由当地农村施工队伍完成设计、施工和装修。根据村民问卷调查，有冲水式厕所的农房占比 16.6%、日常可热水淋浴的农房占比 21.7%、有独立厨房的农房占比 60.0%，均低于全国平均水平。

（二）农村生活污水治理和垃圾分类工作存在短板

吉林省样本县对污水进行处理的自然村占比仅为 28.4%，实施垃圾分类的自然村占比仅为 22.5%，其中通榆县实施垃圾分类的自然村仅占 0.6%。

（三）村级公共服务水平有待提升

行政村幼儿园覆盖率较低。吉林省样本县行政村幼儿园覆盖率仅为 23.4%。村民问卷调查显示，66.6% 的村民小孩需要到乡镇上幼儿园，有 27.2% 的村民表示送小孩到幼儿园的时间需要 30 分钟以上。

村级养老服务设施使用率不高。仅有 33.5% 的村民经常使用村级养老服务设施，有 56.1% 的村民倾向于居家养老。

三、有关建议

（一）推动农房和村庄建设现代化，打造美丽宜居村庄

一是加强农房设计指导，持续推广《吉林省农房建设图集》《吉林省乡村振兴"宜居建造"技术手册》，指导设计师、乡村建设工匠精心设计，按图建造。加强村庄建筑风貌管控和引导。二是加强农房建设管理，探索建立农村房屋设计、审批、施工、验收、使用等全过程管理制度。三是加强乡村建设工匠培训和管理，提高乡村建设工匠技能水平。四是推动农村人居环境整治。持续开展村庄清洁、供水保障、生活污水治理、生活垃圾治理、村级综合服务设施建设和农村交通基础设施等专项提升行动。

（二）推进城乡公共服务均等化，提升农村公共服务水平

一是补齐农村地区学前教育发展短板，推动每个乡（镇）办好一所公办中心幼儿园。提升

农村义务教育质量，推进乡村"温馨校园"建设，鼓励城市（县城）义务教育大学区支援乡镇学校发展，利用信息技术等手段提高乡村学校教学质量。二是全面推进健康乡村建设，完善乡村医疗资源配置和标准化村卫生室建设。加强乡镇卫生院建设，在具备条件的乡镇卫生院推进社区医院建设，推动医疗卫生资源向乡村下沉。

（三）推进共建共治共享，组织动员农民群众全过程参与乡村建设

在农村人居环境建设和整治中持续开展美好环境与幸福生活共同缔造活动。加强基层党建引领，发挥村民议事会、村民理事会等自治组织作用，组织农民群众全过程参与乡村建设和管理。以人居环境建设和整治、农房和村庄建设等为载体，以改善群众身边、房前屋后人居环境的实事、小事为切入点，发动群众共谋、共建、共管、共评、共享，共同建设美好家园。

第二节　梨树县

梨树县位于吉林省西南部，地处松辽平原腹地，总面积4209平方公里。2020年全年地区生产总值154.7亿元。全县常住人口53.7万人，城镇化率约为36%。

一、乡村建设成效评价

（一）农村居民收入水平逐步提升

梨树县农村居民人均可支配收入从2016年的12500元增长到2020年的16159元，近五年年均增速达到6.6%，增收趋势稳定；人均城乡居民储蓄存款余额5.2万元/人，高于全国样本县4.6万元/人的平均水平。

（二）村庄供水设施覆盖率高

梨树县自来水普及率达到99.5%。村干部调查问卷显示，县域内有集中供水的自然村占比98.3%，高于全国样本县93.3%的平均水平。县域内农村集中供水入房率达到94.2%，高于全国样本县85.6%的平均水平。

（三）农村整体环境改善

梨树县持续推进"清河行动"，地表水优良占比达到100%，高于全国样本县87.7%的

平均水平。2020 年环境空气优良率为 86.6%。60.7% 的村民对村庄整体环境满意。

（四）县镇基础设施建设不断加强

梨树县城污水集中收集率达到 95.0%，远高于全国样本县 47.8% 的平均水平。建制镇污水处理率达 100%。此外，县城、建制镇生活垃圾无害化处理率均达到 100%。

（五）县城教育医疗水平持续提升

高中教育服务质量较好。县城高中高级教师及以上的教师占比 35.9%，高于全国样本县 31.6% 的平均水平。村民问卷调查显示，县城购房农户中有 60.3% 是为了让子女接受更好的教育。县城医疗服务质量较好。县域内千人执业（助理）医师数 2.7 人，高于全国样本县 2.4 人 / 千人的平均水平。

二、乡村建设问题评价

（一）农房现代化水平不高

村民问卷调查显示，梨树县有水冲式厕所的农房占比为 10.2%，有独立厨房的农房占比为 55.9%，日常可热水淋浴的农房占比为 15.0%，大多数农房还未能实现食寝分离和净污分离，村民对总体住房满意度为 30.3%，农房现代化建设还需提升增强。

（二）农村污水处理仍存在短板，通户道路硬化有待加强

农村生活污水处理率较低。梨树县县域内有污水处理设施的自然村占比仅 0.3%；村民问卷调查显示，村民对于村内污水收集处理的满意度仅为 31.4%。

村庄通户道路硬化率有待提升。根据村民问卷调查，36.0% 的村民未实现入户道路硬化，村民对村内道路质量的满意度仅为 20%。村干部问卷调查显示，梨树县内仅有 29.8% 的行政村有路灯。

（三）农村养老服务设施覆盖率低，使用率不高

梨树县村级养老服务设施覆盖率仅为 9.5%。对于村内设有安居楼、日间照料中心等养老服务设施的村庄，村民问卷调查显示，48.3% 的村民认为村内养老服务设施使用率一般，18.6% 的村民认为养老服务设施使用率低。村民对于养老服务设施的整体满意度仅为 34.3%。

（四）县城医疗服务水平有待提升

梨树县 2020 年平均每千人拥有医疗卫生机构床位数为 4.8 张，远低于全国样本县所在地级市 9 张 / 千人的均值。每千人执业（助理）医师数为 2.7 人，低于样本县所在地级市 4 人 / 千人的均值。村民问卷调查显示，村民对县医疗服务满意度仅为 26.0%。

三、有关建议

全面提升农房建设品质。一是开展示范性新型农房建设试点，从厨、卫、浴、居等多角度完善农房功能，引领农房现代化建设。二是建立农村房屋设计、审批、施工、验收、使用等全过程管理制度，规范农房设计、建设、使用的管理。三是开展住房现代化改造，探索适宜本土、经验可复制的农房改造方案。

整体提升农村人居环境。一是推动农村户厕改造与污水治理相结合，促进乡村污水处理设施建设与农房建设相衔接。二是完善农村畜禽粪污处理体系，加快畜禽粪污集中处理中心建设，充分利用畜禽粪污处理设施资源，生产有机肥还田利用。

探索村庄适老化改造。结合东北气候因素特征和要求，对住宅进行适老化改造，推广远程医疗设施，集中建设村级养老服务设施。在此基础上通过社会组织，发挥村民参与社会活动的积极性，打造社区互助养老新模式。

第三节　辉南县

辉南县地处吉林省东南部，总面积 2275.6 平方公里。2020 年全年地区生产总值 72 亿元。全县常住人口 5.2 万人。

一、乡村建设成效评价

（一）农民生活水平提高

辉南县农村居民人均可支配收入稳步增长，从 2016 年的 12613 元增长至 2020 年的 16143 元，4 年增幅达 28%。辉南县人均城乡居民储蓄存款余额为 6.1 万元 / 人，超过全国样本县 4.7 万元 / 人的平均值。村民问卷调查显示，辉南县 70.1% 的村民表示近三年家庭生活水平越来越高。

（二）村庄人居环境质量较高

辉南县村庄整洁度评分为 7.6 分（满分为 10 分），高于全国 6.9 分的平均值和吉林省 7.4 分的平均值。全县农村生活垃圾收运至县、镇处理的自然村占比为 100%，全面实现无害化处理。村干部问卷调查显示，村内有保洁人员的行政村占比达到 96.5%。实施垃圾分类的自然村占比为 100%，远高于全国样本县 38.8% 的平均水平。

二、乡村建设问题评价

（一）农房现代化建设水平有待提升

根据村民问卷调查，辉南县有水冲式厕所的农房占比为 15.8%，有独立厨房的农房占比为 59.4%，有日常可热水淋浴的农房占比为 21.7%。

（二）农村人居环境存在较大短板

根据地方上报数据，辉南县对污水进行处理的自然村占比为 16.7%。28.6% 的自然村的污水处理设施未运行。根据村干部问卷调查，辉南县公厕有专人管护的行政村占比为 24.1%。

三、有关建议

提升农房现代化水平。加强落实《关于加快农房和村庄建设现代化的指导意见》，鼓励设计下乡，提升农房设计建造水平，完善农房功能，提升农房施工建设水平，推广应用新型建造模式和技艺，提高农房品质。

因地制宜推进村庄基础设施建设。选择适宜的农村污水处理设施建设模式和技术工艺。加强公厕管护，按照"专人管理、快速维修、及时抽取、科学利用"的目标，成立管理队伍，健全管理网络，做好公厕管护工作。全面推进道路硬化，合理安排资金，实现道路硬化到户，确保农民出行更加方便快捷。

在乡村建设中开展美好环境与幸福生活共同缔造活动，将共建共治共享的理念和方法运用到乡村建设各项工作中，组织动员农民群众共同建设美好家园。

第四节　通榆县

通榆县位于吉林省西部，总面积 8496 平方公里。2020 年全年地区生产总值 83.5 亿元，县农村居民人均可支配收入 12306 元。全县总人口 35.3 万人。

一、乡村建设成效评价

（一）农房建设不断加强

通榆县通过开展易地扶贫搬迁、农村危房改造等工作，农房质量安全水平不断提高。农村人均住宅建筑面积达到 36.1 平方米 / 人。

（二）村级养老服务设施实现全覆盖

通榆县村级养老服务设施覆盖率为 100%，高于全国样本县 43.9% 的平均水平。在全县范围内开展了医养融合工作，推进养老机构与乡镇卫生院等医疗机构双向合作，探索组建医养结合服务机构。

二、乡村建设问题评价

（一）农村人居环境治理进展缓慢

通榆县设有污水处理设施的自然村占比为 18.0%，实施垃圾分类的自然村占比仅为 0.6%。村干部问卷调查显示，村内公厕有专人管护的比例仅为 32.1%。

（二）县域医疗体系建设相对薄弱

通榆县千人医疗卫生机构床位数仅 3.6 张，低于全国样本县 5.5 张 / 千人的平均水平。千人执业（助理）医师数仅 1.9 人，低于全国样本县 2.4 人 / 千人的平均水平。

（三）乡村建设人才不足

通榆县 2020 年培训乡村建设工匠仅 92 人次，远低于全国样本县的 507 人次的平均值。

三、有关建议

完善推广农房设计标准图集。编制适应通榆县典型气候区域的农村住房设计标准图集、设计施工技术指导性文件，完善村镇规划建设管理相关技术标准体系。通过传统媒体、自媒体等各类信息平台和文化站等窗口，宣传推广设计标准图集。

加大乡村建设工匠培训力度。制定乡村建设工匠培训计划，每年培训 1~2 次，保证每个行政村至少有 2 名合格的建设工匠。引导工匠通过自建或劳务输出等方式，在建筑工地上接受技能培训，为提高农村建房质量安全水平打下坚实基础。

加强乡村人才队伍建设。建立或委托培训机构，采取集中培训、科技下乡等方式，针对乡村发展需求，宣讲知识政策，培养乡村人才。鼓励有学识的年轻人下乡，为乡村建设注入新鲜血液。

第七章

黑龙江省乡村建设评价成果

第一节　黑龙江省

黑龙江省位于我国东北地区，2020 年全年地区生产总值 13698.5 亿元。全省常住人口 3185 万人，其中农村常住人口 1095.2 万人，城镇化率约为 66%。

2021 年黑龙江省乡村建设评价工作由黑龙江省寒地建筑科学研究院、黑龙江省城乡建设研究所和东北林业大学等单位作为第三方评价机构开展。第三方评价机构与 3 个样本县有关部门开展座谈，收集相关数据；广泛开展问卷调查，共采集村民有效调查问卷 3975 份，村干部有效调查问卷 304 份，村景照片 2525 张；分别选取代表不同经济发展水平的乡镇开展实地调研，进村入户共走访 9 个乡镇 27 个行政村，面对面访谈了 27 名村干部、81 名村民代表；采集 486 张村景照片，深入了解农房和村庄建设管理、乡村风貌等情况，全面了解农民群众对乡村建设的满意度，查找农民群众普遍关心的突出问题和短板。

一、乡村建设成效评价

（一）农村居民收入水平不断提高

黑龙江省样本县农村居民整体生活水平稳步提高。样本县农村居民人均可支配收入从 2018 年的 12337 元提高到 2020 年的 14759 元，增收趋势稳定。样本县城乡居民人均可支配收入比不断减小，从 2018 年的 2.87：1 缩小到 2020 年的 2.51：1，城乡差距逐年减小。村民问卷调查显示，65.8% 的村民认为家庭生活水平越来越好。

（二）农业现代化保持较高水平

黑龙江省农业生产占重要地位，农业生产机械化率较高，村民问卷调查显示，耕种各环节使用机械设备占比普遍高于全国样本县平均水平。其中，播种环节使用机械设备占比为 69.8%，高于全国样本县 45.5% 的平均水平。

（三）新建农房管控较为规范

近年来，黑龙江省大力实施农村危房改造，组织编制了《黑龙江省农村自建房施工流程指南》《农村危房改造小户型住房设计方案图》《黑龙江省农村危房加固改造技术指南》等技术指导文件，强化危房改造技术支撑。样本县履行审批手续的农房占比为 75.9%，高于全国样本县 52.1% 的平均水平，农房建设、审批管控较好。

（四）村级卫生室覆盖面广，村民就诊较为便利

村级卫生室覆盖率高，运行情况良好。样本县的行政村卫生室覆盖率均为 100%，高于全国样本县 95.3% 的平均水平。村干部问卷调查显示，74.6% 的村庄在 15 分钟内能够达到村卫生室，看病就诊较为便利。

（五）农村生活垃圾收运处置得当，村庄环境卫生较好

农村卫生环境得到明显改善。黑龙江省样本县农村生活垃圾收运处置体系基本建立，样本县农村生活垃圾收运至县、镇处理的自然村占比达到 100%。

（六）县城医疗水平和承载力提升

样本县的县城容纳了 35.1% 的县域常住人口，县城集聚人口作用明显。

县城医疗服务设施较完善。样本县的二甲及以上医院个数平均为 3 个，高于全国样本县平均水平 2.2 个。开展远程医疗的医院和乡镇卫生院的占比平均为 69.4%，远高于全国样本县平均水平 37.5%。

县城成为村民购房首选。县城购房者中农村居民占比为 60.7%，高于全国样本县 50.7% 的平均水平。村民问卷调查显示，优质的教育与生活服务水平吸引村民在县城购房，有 73.0% 村民表示是为了让子女享受到更好的教育，26.6% 是为了享受更好的生活服务。

县城污水收集处理系统逐渐完善。样本县县城污水处理率平均达到 97.1%，略高于全国样本县 94.4% 的平均水平。

二、乡村建设问题评价

（一）农房现代化建设水平有待提高

受气候因素、市政设施及生活习惯的影响，黑龙江省农房水冲式厕所推广困难。受被传统能源制约以及经济条件影响，黑龙江省独立厨房与日常可热水淋浴的农房占比较低。村民问卷调查显示，黑龙江省样本县农房 16.1% 拥有水冲式厕所，11.1% 使用燃气，55.8% 拥有独立厨房，12.7% 的农房日常可热水淋浴，比例均低于全国样本县平均水平，农房现代化水平整体较低。

（二）农村污水收集率处理率低

样本县多数村庄的生活污水随边沟排放，未进行污水处理，村干部问卷调查显示，对污水

进行处理的自然村占比仅 9.0%；建有污水处理站的村庄，其设施运行比例仅为 62.4%。

（三）农村幼儿园、养老等公共服务设施不足

村级幼儿园覆盖率低。样本县行政村幼儿园覆盖率仅为 18.9%。村民问卷调查显示，仅有 13.6% 的村民选择上村内幼儿园。村级养老服务设施覆盖率低。黑龙江省样本县村级养老设施平均覆盖率为 28.8%。村民问卷调查显示，49.5% 的村民倾向于居家养老。

（四）县城建设水平不高，综合服务能力有待加强

样本县 2020 年度县城新建建筑中基本级及以上的绿色建筑平均占比为 41.6%，推广发展绿色建筑力度有待加强。

县城教学质量有待加强。样本县中只有依安县有一所市级重点高中。样本县的高中高级教师及以上的教师占比平均为 28.5%。村民问卷调查显示，希望聘请优秀教师的占 41.8%，希望改善教学设施的占 37.5%。

县城市政设施建设水平有待提高，投资力度有待加强。

三、有关建议

（一）提升农房风貌和品质

实施农房风貌和品质提升工程。加大对《"龙江民居"示范图集》及特色民居设计方案的推广应用，加强对农房改建设计方案审核和竣工验收把关。建立乡村建设工匠培养和管理制度，加强管理和技术人员培训，充实乡村建设队伍。

（二）提升村庄人居环境质量

实施农村生活污水治理巩固工程。结合村庄实际，统筹考虑农村室内改厕污水收集和处理，合理选择纳管收集、区域管网铺设、分散集中处理、原位资源化利用等有效治理模式，加快治理生活污水。

（三）提升农村养老服务水平

鼓励盘活村集体空置建设用地或农房，通过政府、集体、社会和个人出资的办法，建立小型互助式老年居住生活区，小型托老所和幸福院等。采取新建、改建、扩建和资源整合等措施，加强农村敬老院建设，完善服务功能，为农村居家老人，特别是"空巢老人""留守老人"提供服务。

（四）加强县城绿色低碳建设，提升县城综合服务能力

加强县城建设密度、强度和建筑高度等方面的管控。全面推进县城公共服务设施提标扩面、环境卫生设施提级扩能、市政公用设施提档升级、产业培育设施提质增效，补齐县城城镇化短板弱项。

（五）推进共建共治共享

深入开展美好环境与幸福生活共同缔造活动。加强基层党建引领，发挥村民议事会、村民理事会等自治组织作用，组织农民群众全过程参与乡村建设和管理。充分尊重和保障农民群众在村庄建设中的各项权益，支持引导村民共同建设美好家园。

第二节　依安县

依安县地处松嫩平原北缘，总面积 3676 平方公里。2020 年全年地区生产总值 75 亿元。全县常住人口 35.4 万人，城镇化率约为 30%。

一、乡村建设成效评价

（一）农业发展水平较高，农民收入稳步增长

农村居民人均可支配收入稳步增长。依安县农村居民人均可支配收入从 2016 年的 10321 元增长到 2020 年的 14831 元，增收趋势稳定。依安县积极采取农户入股合作社、县内农业产业化龙头企业联盟以及运用社会化服务组织的现代化农机力量等举措，提高县域机械化水平。农业机械化贯穿农民种植农作物生产全过程，农业生产机械化程度高。

（二）村庄垃圾收运处置和村内道路建设质量较高

依安县打造了"户分类、屯收集、乡村转运、县处理"相结合的农村垃圾减量化、无害化、资源化处理新模式，各村屯负责用电动车运送垃圾到分拣中心，及时分类处理。基本实现生活垃圾收运处置自然村全覆盖。根据村民问卷调查，依安县 47.6% 的村民认为村内道路质量好，高于全国样本县 28.6% 的平均水平。

（三）农村医疗服务可达性较好，满意度高

根据村干部问卷调查，70.4% 的村民能够在 15 分钟内到达村卫生室。村级卫生服务满意度高。44.7% 的村民表示生小病时到村卫生室进行就诊。去卫生室看病时，93.2% 的村民表示医生随时都在。

（四）村民参与乡村活动积极性高

农村社会关系和谐融洽。依安县通过建设农村社区文化广场、农民文化大院及村级文体活动室增进邻里关系。62.2% 的村民表示经常或者比较常去村内广场等公共空间休闲娱乐、聊天。村民参与社会活动积极性较高，集体意识强。2020 年村内共有 185 名村民集资建设村庄，共有 2976 名村民义务投工投劳参与村庄建设。

二、乡村建设问题评价

（一）乡村建设工匠培训有待加强

依安县年度培训乡村建设工匠 42 人次，低于全国样本县 507 人次的平均水平。

（二）乡村生活服务设施便利性不足

乡村生活服务设施建设不足。根据村干部问卷调查，51.2% 的村民达到最近的车站时间需要 15 分钟以上，76.8% 的村内无快递点，67.2% 的村民达到最近的快递点需要 15 分钟以上，生活不够便利。

（三）乡村教育质量不高、养老设施覆盖率低

多数家庭选择让孩子在县城读书。根据村干部问卷调查，上小学的学生中 83.2% 在县城和镇区上学。

养老服务设施覆盖率低。根据村干部问卷调查，76.8% 的村民到达最近的养老服务设施需要 15 分钟以上的路程。

三、有关建议

加快农村现代化建设步伐，提升村庄宜居指数。加强农村闲置资源整合。探索农村住宅的功能性改造方案。因地制宜推进污水设施建设。

完善社会服务体系，优化功能配置。推进教育、养老等服务设施建设，完善县城公共服务体系。

提高县城建设质量，提升县城承载力。加强县城绿色低碳建设。

第三节　林甸县

林甸县位于黑龙江省中西部，总面积 3503 平方公里，属于典型的平原地区。2020 年全年地区生产总值 71.2 亿元。全县常住人口 19.1 万人，城镇化率约为 38%。

一、乡村建设成效评价

（一）农村居民收入稳步增长

农村居民人均可支配收入不断提高，从 2016 年的 6413 元增长到 2020 年的 10789 元，年均增幅 13.9%，增收趋势稳定。

（二）农房建设管理有效提升

林甸县人民政府印发《关于印发林甸县农村宅基地和集体建设用地确权登记颁证若干问题处理办法的通知》，强化农民建房履行审批手续。林甸县在推进危房改造和新建改造房屋中，积极推广专业团队进行农房建设与改造。林甸县有专业的泥瓦匠的行政村占比 91.3%，在农房建造中发挥主力军作用。

（三）农村人居环境有所提升，农村生活垃圾治理成效显著

农村生活垃圾收运至县、镇处理的自然村占比为 100%。"户村收集、乡镇转运、县镇处理"的农村生活垃圾收转运处置体系基本建立，实现了生活垃圾收运处置体系自然村全覆盖。

（四）农村公共服务设施不断完善

实现行政村标准卫生室全覆盖。加强乡镇卫生院和村卫生室标准化建设，基层医疗卫生服务能力不断提升。2020 年，林甸县已实现了"一行政村一标准卫生室"的建设目标。

利用幸福大院发挥养老功能。林甸县为解决农村鳏寡孤独等特困群体安全住房问题，在

8 个乡镇建设了 23 处幸福大院，共有 606 户特困农村居民入住幸福大院，发挥了养老服务作用。

（五）教育和医疗服务质水平提升

林甸县大力发展远程教育、网络教育和继续教育，县域开展远程教育的学校占比 100%。广泛开展远程医疗服务。弥补偏远地区和基层医疗卫生机构优质医疗资源不足问题，探索制定远程医疗收费和支付政策，促进远程医疗服务可持续发展。

（六）县城人口吸引力不断增强

县城基础设施建设水平不断提升。林甸县通过污水处理厂升级改造和实施雨污分流、排水管网新建改造，县城污水处理率达 100%。城镇生活垃圾无害化处理率达 100%。县城成为村民购房的首选地。村民问卷调查显示，优质的教育与生活服务水平是吸引村民在县城购房的主要原因，在县城购买商品房的农村居民中，有 37.2% 的村民表示是为了让子女享受到更好的教育。

二、乡村建设问题评价

（一）组织乡村建设工匠培训少

林甸县开展县域年度培训乡村建设工匠仅为 36 人次，低于全国样本县 507 人次的平均水平。

（二）农村改厕效果不佳

水冲式厕所推广难。绝大多数农民不愿意安装水冲式室内厕所，有的农户已安装室内水冲厕所，也因后续清掏维护困难而减少使用。

（三）村庄基础设施建设、维护存在短板

污水处理、设施运行水平低。林甸县大部分村庄的生活污水未进行污水处理。有些村建设了污水处理站，但是污水收集率和污水站利用率不高。

公厕管护不到位。林甸县截至 2020 年，林甸县乡村地区已完成 71 间公厕建设，但缺乏有效的监管和长效机制，村级日常管护不到位。

三、有关建议

推进农房现代化建设。实施农房建筑风貌和品质提升工程。建立健全工匠培养和管理制度。

提升农村公共服务水平。加大投入培养农村幼儿教育师资力量，推进校车行政村全覆盖。加快村级养老服务设施建设。支持引入社会资本投资重点产业和领域。

加强农村基础设施建设。因地制宜选择农村污水、垃圾处理模式和技术工艺。加强公厕管护，成立管理队伍，健全管理网络，做好公厕管护工作。

开展美好环境与幸福生活共同缔造活动。发挥党建引领。加强乡村治理人才队伍建设，充实基层治理力量。

第四节 庆安县

庆安县位于小兴安岭和松嫩平原交汇处，总面积 5469 平方公里，地貌属于低山丘陵平原区。2020 年全年地区生产总值 87.4 亿元。全县常住人口 26.1 万人，城镇化率约为 40%。

一、乡村建设成效评价

（一）村民收入水平提升

截止到 2020 年末农民人均可支配收入为 18659 元，2016~2020 年间农民人均可支配收入呈逐年上升态势，总体增收趋势稳定。

（二）农村人居环境不断提升

农村生活垃圾得到有效处理。庆安县农村生活垃圾收运处置体系实现自然村全覆盖，提升了村容村貌以及农村人居环境质量。

二、乡村建设问题评价

（一）农房配套设施建设不足

有水冲式厕所的农房占比 24.1%；有独立厨房设施的农房占比 55.8%；有可热水淋浴设

施的农房占比 12.3%；有燃气设施的农房占比 5.8%。

（二）村庄养老服务设施不足

村级养老服务设施建设有待加强。庆安县的村级养老服务设施覆盖率为 36.6%，低于全国样本县 43.9% 的平均水平。

（三）县城服务能力有待提升

远程医疗教育服务水平有待提升。县城农业综合服务能力有待加强。由于没有统一的管理，缺乏统筹规划，庆安县暂时没有形成大型的农产品贸易市场以及大规模的正规物流仓储销售体系。

三、有关建议

提升农房建设品质。加快推进卫生厕所的建设。加大清洁能源使用，推广热水淋浴设施。加快教育、养老服务设施建设，提高农村公共服务水平。

实施城乡提档工程，均衡布局安排城乡基础设施和公共服务设施，多措并举提升县城建设水平。

发挥基层党组织作用。加强乡村治理人才队伍建设，鼓励引导村民们共建共治共享。

第八章

江苏省乡村建设评价成果

第一节　江苏省

江苏省位于我国东部地区，2020 年全年地区生产总值 102719 亿元。全省常住人口 8474.8 万人，其中农村常住人口 2250.6 万人，城镇化率约为 73%。

2021 年江苏省乡村建设评价由江苏省城乡发展研究中心牵头，江苏省乡村规划建设研究会、江苏省规划设计集团和南京长江都市建筑设计股份有限公司参与组成的专家团队作为第三方评价机构开展。评价综合运用部门访谈、问卷调查、实地调研等方式采集数据，分别与 3 个样本县有关部门开展座谈，收集了相关数据；广泛开展问卷调查，共收回村民有效调查问卷 7695 份，村委会有效调查问卷 607 份；分别选取代表不同经济发展水平的乡镇开展实地调研，共走访 9 个镇、27 个村，深入客观了解样本县乡村建设情况。

一、乡村建设成效评价

（一）农村居民收入稳步增长，生活水平越来越好

近年来村民可支配收入水平明显提高，江苏省样本县农村居民人均可支配收入从 2016 年的 15602 元增加到 2020 年的 21794.1 元。

江苏省样本县村民可支配收入与城市差距相对较小，2020 年江苏省样本县所在地级市城镇居民与样本县农村居民的人均可支配收入比平均为 1.73∶1。

村民问卷调查显示，超过 60% 的受访村民反映近三年生活水平越来越好，64.1% 的村民认为近三年家庭生活水平越来越好。此外，农民收入来源渠道更加多元，样本县平均农产品电商销售比例达 61.8%，样本县乡村地区常住人口兼业型比例达 29.1%。

农业综合生产能力较高。2020 年江苏省样本县平均第一产业增加值为 0.6 万元 / 亩，农地产出效益较高。

（二）农房安全性有保障，现代化建设品质不断提升

住房安全有保障。样本县有抗震措施的农房占比达 33.8%，样本县 2020 年度有设计图纸的新建农房比例达 94.4%，有资质企业参与的新建农房比例为 84.2%。

住房设施及条件不断改善。样本县平均 75.6% 的农房拥有独立厨房，75.2% 的农房日常可热水淋浴，57.9% 的农房拥有水冲式厕所。

（三）乡村基础设施覆盖面广，村庄人居环境明显改善

农村道路硬化普及水平高。样本县村内通户道路硬化占比达 76.3%，硬化方式主要以水泥路为主。

基本实现集中供水。江苏省样本县拥有集中供水的自然村比例为 96.9%，约八成的村民家中水源主要来自自来水厂。

清洁能源广泛使用。样本县村民主要使用罐装液化气（73.0%）和电（66.6%）等，仅有少部分村民使用天然气、煤、沼气和其他生活燃料。

宽带网络等基础设施建设较为完备。样本县宽带入户率已达 99%，超过四分之三的村民表示家中宽带网络较少出现网速过慢、断网等情况，样本县中农村百人智能手机数平均为 72.7 台。

农村生活垃圾得到处理。样本县中农村生活垃圾收运至县、镇处理的自然村占比达 100%。

样本县中 94.0% 的村内安排有保洁人员，江苏省样本县各村庄村景评价中，总体整洁卫生程度较高，平均值为 6.6 分（满分为 10 分）。

（四）公共服务设施覆盖面较广，日常生活服务体系较完善

教育设施基本满足农村学生就读需求。村民问卷调查显示，江苏省样本县平均 62.7% 的农户家庭小学生选择在乡镇就读，在村庄就读比例为 28.9%，初中则有高达 82.9% 的农户家庭选择在乡镇就读。

医疗设施实现县、镇、村全覆盖。样本县县城至少拥有 3 家二甲及以上医院，县域内乡镇卫生院平均超过 21 家，行政村卫生室覆盖率达到 95.7%。53.5% 的村民遇到大病时在县城就诊，82.5% 的村民遇到小病时在乡镇卫生院和村卫生站就诊，基本满足村民日常看病需求。开展远程医疗的医院和乡镇卫生院占比达到 28.4%。

居民养老设施基本得到保障。样本县已形成了县、镇、村三级居家养老服务网络，养老机构护理型床位占比达到 60.7%，村级养老服务设施覆盖率达到 93.4%。

"村—镇"日常 15 分钟生活圈服务体系基本形成。81.8% 的村民 15 分钟内可到达公交站、巴士站，93.8% 的村民 15 分钟内可到达村卫生室，74.0% 的村民 15 分钟可到达快递点，79.9% 的村民 15 分钟内可到达商店、超市、菜市场，74.7% 的村民 15 分钟内可到达小学。

（五）县城承载能力持续提升

优质的教育、医疗和生活服务水平吸引村民在县城购买商品房，村民问卷调查显示，

33.6% 的村民选择在县城购房。有 79.6% 的村民表示是为了让子女享受到更好的教育，31.4% 的村民是为了享受更好的生活服务，15.9% 的村民是为了享受更好的医疗水平。城乡交通便捷程度较高。行政村通公交比例为 100%。

二、乡村建设问题评价

（一）农房管理与乡村特色彰显仍需强化

农村建房管控尚有不足。江苏省样本县履行审批手续的农房占比平均值为 49.2%，县域内有宅基地手续的农房占比为 95.2%，有规划建设手续的农房占比为 37.1%，有竣工验收手续的农房占比为 18.7%，有房屋登记手续的农房占比 45.3%，除履行宅基地手续的农房占比较高外，履行规划建设、竣工验收和房屋登记手续的农房占比皆不高。

农村风貌建设仍需进一步提升。江苏省样本县风貌协调度平均得分为 6.6 分（满分为 10 分），村民问卷调查显示，54.1% 的村民对村庄整体环境不满意度。

（二）乡村垃圾分类和污水处理覆盖率低

农村生活垃圾分类比例较低。江苏省样本县中实施垃圾分类的自然村占比约为 21.9%，低于浙江省样本县平均值。村民问卷显示，村庄环境与城市小区相比，有待改善的首要方面是村庄垃圾处理。

污水处理水平不高。在污水处理设施运行方面，村干部调查问卷显示，江苏省样本县污水处理设施在运行的自然村占比平均为 75.7%，村民问卷调查显示，仅 41.6% 的村民对村内污水收集情况感到比较满意。

（三）镇村级公服设施供给质量仍需提升

教育供给质量有待提升。村民问卷调查显示，江苏省样本县村民对小孩就读学校教学质量满意度为 56.1%，对小孩就读学校寄宿条件满意度为 50.9%。其中，23.3% 的村民认为小孩就读的学校需要改善教学设施设备，26.4% 的村民认为学校需要聘请优秀教师，10.0% 的村民认为学校应当扩大宿舍设施，改善学生住宿条件。

文化设施仍需完善。受访村民表示，除一般在村部配置有图书室外，文化活动室、乡村大舞台等配置较少，村民开展文化活动的设施配套不足。而当前农村青壮年劳动力外流较多，导致了设施配套和使用者之间不匹配的现象。

三、有关建议

（一）以农房建设为重点，全面提升乡村宜居性

针对农房空置率较高的问题，建议加快研究完善农房使用权交易制度，探索通过有限年期的租赁、转让、合作、入股等多种交易方式实现闲置农房在供需双方的有效对接。鼓励社会资本立足地区资源禀赋和产业特色，利用闲置农房发展庭院经济、民宿经济，发展农旅、康养、文创、电商等乡村新产业新业态。

针对农村风貌与自然不协调的问题，加强农房设计引导，在村庄特色风貌的营造上要注重当地文化建筑风貌，通过对屋顶形式、建筑色彩、建筑装饰等方面的控制，塑造具有县域特色的建筑风格。加强建设质量监管，健全完善监管部门、监理单位、群众代表三位一体的质量监管体系。强化新型农村社区物业管理，建立绿化管养、公厕维护、公共卫生保洁等管护机制，探索创新物业费的收缴形式。

（二）完善乡村基础设施，推进乡村生活垃圾分类与污水处理

综合考虑经济发展水平、地区资源、地形地貌、气候条件、建设难度等因素，因地制宜确定基础设施的建设模式和标准。强化村庄生活垃圾源头分类减量、推动有机垃圾资源化利用和其他垃圾的无害化处置。垃圾分类采用村民弄得懂、易操作、可接受的方法，有机垃圾采用阳光堆肥房、有机垃圾集成处理机、小型发酵桶等多样化的方式就地处理。有毒有害垃圾单独分类回收，进行无害化处理。城镇密集地区或靠近城镇的乡村，可通过"组保洁—村收集—镇转运—市集中处理"的城乡统筹处置方式进行处理，其他乡村地区可通过合理选址建设垃圾无害化卫生填埋场等方式进行处理。因地制宜选择安全、经济、可靠的村庄污水处理设施建设模式。

（三）深入实施乡村建设行动，推动基本公共服务均等化

一是继续实施义务教育发展基本均衡策略，依据生源条件，合理动态调整师资配比。优化调整教育布局，积极开展网络云课堂、教师轮岗等行动，促进优质教育资源在县域内流动。嫁接名城名校资源，扎实开展"两在两同"建新功行动。二是加强镇级医疗专业人才队伍建设。狠抓医疗质量管理和培训，积极提升乡镇卫生院的医疗水平，全面实现乡镇卫生院开展远程会诊的硬件条件。三是针对养老、休闲、文体等新兴服务需求，利用闲置资产进行改造提升，提供服务载体，激活村庄活力。坚持党建引领，积极推广全科型社工经验，全面推广"三个一点"物业管理模式，探索建立新型农村社区公共维修基金，发挥好村民、村集体组织的作用。

第二节 沛县

沛县地处江苏省西北端、徐州市西北部，总面积 1806 平方公里，全部为冲积平原，地势西南高东北低。2020 年全年地区生产总值 805 亿元，县农村居民人均可支配收入 21899 元。全县常住人口 103.8 万人，城镇化率约为 66%。

一、乡村建设成效评价

（一）基本实现住房安全，居住条件得到改善

截至 2020 年底，沛县全面完成了农村四类重点对象危房改造任务，同时建立了动态排查机制。2020 年度，新建农房中有设计图纸的农房占比 84.2%，新建农房居住条件取得较大改善。

（二）乡村人居环境取得较大改善

生活垃圾分类处理全覆盖。沛县推进农村生活垃圾分类精细化运行，已实现农村生活垃圾分类自然村全覆盖。村庄污水治理持续完善。涉及对污水进行处理的自然村占比为 57.2%。村庄道路电气设施覆盖率不断提高。沛县通公交客车行政村达到 100%，行政村"四好"农路硬化率为 100%，通户道路硬化率达 73.9%。

（三）教育、医疗、养老等公共服务体系初步形成

教育设施基本满足农村学生就读需求。沛县"县—镇—村"三级教育设施配置完整，拥有各类学校共计 158 所，每个乡镇至少有一所中学，87.7% 的农村初中生在乡镇就读，63.4% 的农村高中生在县城就读。基础医疗服务设施覆盖到位，基本满足村民治疗常见病和公共卫生防疫需求。城乡基本医疗保障制度实现全覆盖，全民医保制度基本建成，城乡居民养老设施基本得到保障。

（四）县城医疗和教育资源质量较高

县城医疗资源较好。县城拥 5 家二甲及以上医院，在江苏省样本县内排名第一，可为县域提供较高水平的医疗服务。县城教育资源质量较高。县城拥有市重点及以上高中 6 所，且均按照省高品质示范高中标准配备教育资源。

二、乡村建设问题评价

（一）农村环境卫生管护需要进一步加强

部分村庄污水处理设施闲置。由于管网配套不到位、管理维护不到位等原因，仅 52.9% 的村庄污水处理设施处于运行状态，利用率不高。一些村庄仍存在垃圾积存、混装混运等问题，长效管护有待进一步加强。

（二）养老服务设施及文体设施村民满意度不高

农村养老设施满意度不高，且使用率较低。72.0% 的村民认为村内的养老服务设施使用率一般或较低，养老服务满意度仅为 28.0%。文体设施配置偏少。文体设施主要集中在中心城区，各村内的文体设施大部分是结合村委会建设，存在设施与使用需求不匹配，使用效果不佳、设施闲置等问题。

三、有关建议

加强农房设计建造指导。开展建筑安全整治。积极开展老旧房屋、危房合理改造，加强农房设计引导。注重提取汉文化建筑元素，通过对屋顶形式、建筑色彩、建筑装饰等方面的控制，塑造有沛县特色的建筑风格。

进一步提高养老、文体设施品质。推进养老保障和公共卫生服务、医疗卫生和养老服务相互融合，逐步满足老年人多层次、多样化、个性化养老需求。精准配置文体设施。要充分考虑乡村老年人口、未成年人多的特点，有针对性开展文体设施配套，适当多投放一些适合老年人及儿童活动的设备及器材。

第三节　东海县

东海县地属黄淮海平原，地形东西长、南北短，地势西高东低，中西部平原丘陵起伏连绵，东部地势平坦。全县总面积 2036.7 平方公里。2020 年全年地区生产总值 554 亿元。全县常住人口 96.8 万人，城镇化率约为 54%。

一、乡村建设成效评价

（一）农村居民收入持续增长

东海县农村居民人均可支配收入从 2015 年的 13286 元增长到 2020 年的 20002 元，年均增速达到 8.5%，增收趋势稳定。

（二）农房建设管理水平较高

有履行审批手续农房占比较高。东海县域内履行了审批手续的农房占全部农房的比例为 64.5%。

（三）教育设施基本满足农村学生就读需求

东海县城拥有公办普通高中 2 所，52.5% 的农村高中生在县城就读。农村拥有初级中学 21 所，69.7% 的农村初中生在乡镇就读。

（四）县城综合承载能力显著增加

2020 年度县城购房者中农村居民占比为 67.6%。县城生态景观持续优化，县城道路交通条件较好。

二、乡村建设问题评价

（一）农房现代化宜居水平有待提高

农房厨卫功能有待完善，村民满意度较低。有独立厨房、独立浴室、水冲式厕所的农房占比分别为 72.0%、77.2%、79.2%。村民问卷调查显示，村民对厕所、厨房的整体满意度为 48.8%、50.4%。集中供水入房率较低。村干部问卷调查显示，东海县农村集中供水入房率为 78.5%，低于江苏省及全国样本县平均水平。

（二）村庄通户道路硬化不足，风貌管控有待加强

村内通户道路硬化占比为 71.9%，低于江苏省样本县 76.3% 的平均水平。自建房风貌管控不到位。东海县农房风貌协调度为 6.3 分（满分为 10 分），略低于江苏省样本县 6.6 分的平均水平。

（三）垃圾分类普及率不高

东海县实施生活垃圾分类的自然村占比仅为 12.5%，低于江苏省样本县 21.9% 的平均水平。

三、有关建议

加快推进农房现代化建设。对房屋主体建设、外观形象、基础设施配套等关键问题明确具体管控办法，严格要求村民履行农房建设审批手续，不断提高全县农房质量。

借鉴先进经验，建设苏北美丽宜居乡村。以打造特色田园乡村、传统村落为抓手，扎实推进村庄建设发展，优先在传统乡村风貌特色鲜明、历史文化遗存丰富的村庄开展试点，完善农家书屋、文化广场、百姓大舞台等公共文化设施。

积极推动农村基础设施建设。继续把公共基础设施建设的重点放在农村，着力推进往村覆盖、往户延伸。统筹推进基础设施和公共服务配套建设。在道路"村村通"的基础上，进一步做到"户户通"。

加快落实农村生活垃圾分类。成立专管队伍、宣传队伍、收运队伍等，保证垃圾分类工作能够有效开展。因地制宜制定各乡镇及村庄的垃圾分类工作方案，明确分类要求、收运线路、点位、时间等，引导村民按要求投放。

加强县城绿色低碳建设。加强县城建设密度、强度和建筑高度等方面的管控。建设绿色节约型基础设施，倡导大分散与小区域集中相结合的布局方式，减少输配管线建设和运行成本，大力发展绿色建筑和建筑节能。

第四节　建湖县

建湖县地处江苏东北部、盐城中西部，总面积 1157 平方公里，地形主要为平原。2020年全年地区生产总值 593.9 亿元。全县常住人口 60.9 万人，城镇化率约为 62%。

一、乡村建设成效评价

（一）农业生产发展稳步推进，农民收入水平不断提高

农业机械化水平较高。全县拥有农机合作社 180 个，亩均农业机械总动力 0.8 千瓦，主

要粮食作物耕种收综合机械化率 84.5%。全县亩均第一产业增加值为 0.5 万元 / 亩。

农村居民经济收入稳步增长。建湖县农村居民人均可支配收入从 2016 年的 17083 元增长到 2020 年的 23481 元，增幅 37.5%。建湖县城乡居民人均可支配收入比为 1.72：1。

（二）住房安全性有保障，农房建设质量高

2020 年排查出的危房仅占农房总数的 0.4%。有抗震措施的农房占比 32.6%。有设计图纸的新建农房数量占全县总新建农房总量的比例为 98.9%。农房居住舒适性逐步改善。农村住房中集中供水入房的农户占 95.2%，建有独立厨房的农户占 80.3%，日常可热水淋浴的农房占比达到 79.6%。

（三）教育和医疗服务设施覆盖较多

教育设施覆盖率高，基本满足农村学生就读需求。全县在校寄宿的中学生占比 7%，基本实现就近就读。医疗设施已实现城镇村全覆盖。县域千人执业医生数量、千人医疗卫生机构床位数量均高于全国样本县及江苏省样本县平均水平。

（四）乡村风貌改善

建湖县建成省级特色田园乡村 4 个、省级传统村落 2 个。在本次村景评价中，风貌协调度得分 7.0 分（满分为 10 分），环境整洁度得分 8.0 分（满分为 10 分）。

二、乡村建设问题评价

（一）教育服务满意度低

教育服务质量有待提升。村民问卷调查显示，建湖县村民对小孩就读学校的满意度为 59.9%。

（二）县城建设质量与承载力待提升

县城生产服务能力较低。县城没有年经营量 10 万吨以上的农产品批发市场，也没有建筑面积 1 万平方米及以上的物流货仓。

三、有关建议

优化教育资源布局，提升教育设施质量。继续实施义务教育发展基本均衡策略。持续推进

办学体制改革。积极开展网络云课堂、教师轮岗等行动。持续推进教育信息化建设，嫁接名城名校资源。

加强县城绿色低碳建设，强化县城辐射带动作用。营造"窄马路、密路网、小街区"的人性化公共空间，打造适宜步行的县城交通体系。强化县城为全县提供公共服务、产业服务、金融服务等的职能。

第九章

浙江省乡村建设评价成果

第一节　浙江省

　　浙江省位于我国东部地区，2020 年全年地区生产总值 64613 亿元。全省常住人口 6456.8 万人，其中农村常住人口 1796.9 万人，城镇化率约为 72%。

　　2021 年浙江省乡村建设评价工作由浙江工业大学团队作为第三方评价机构开展。省专家团队成立三个工作小组，到桐庐、开化和安吉三个样本县进行现状调研和数据采集，共收回村民有效调查问卷 2876 份，村干部有效调查问卷 148 份；开展部门座谈和三镇九村实地调研。

一、乡村建设成效评价

（一）农民收入水平高，生态环境持续改善

　　农民收入水平高。浙江省样本县农村居民平均可支配收入为 30174 元，高于全国样本县平均水平。城乡收入差距较小，2020 年浙江省样本县平均的城乡居民人均可支配收入比为 1.90：1，低于全国样本县 2.25：1 的水平。生态环境持续改善。浙江省地表水省控断面达到或优于Ⅲ类水质比例为 94.6%，村庄有河长制管理的覆盖率为 100%，环境空气质量达标率为 97.3%，县级以上城市环境空气质量优良天数比率为 96.2%。

（二）农房现代化水平较高，风貌特色持续彰显

　　全省样本县鉴定为危房的农房占比为 0.01%，低于全国样本县平均水平，农房安全得到有效保障。样本县有水冲式厕所的农房的平均占比为 81.4%，有独立厨房的农房占比的平均占比为 82.3%，日常可热水淋浴的农房平均占比为 83.8%，使用燃气的农户占比为 83.3%，均高于全国平均水平，农民群众对住房条件总体满意度为 70.7%。农民自建房外墙均有粉刷或瓷砖铺装的比例为 70.1%，风貌特色持续彰显。

（三）农村人居环境不断改善

　　农村生活垃圾分类工作进展较快。全省设区市农村生活垃圾分类覆盖面达 85.0% 以上，全省农村生活垃圾回收利用率达 45.0% 以上、资源化利用率达 90.0% 以上、无害化处理率达 100%。农村污水治理水平不断提升。浙江样本县对污水进行处理的自然村平均占比为 85.6%，高于全国样本县 28.0% 的平均水平，污水处理设施在运行的自然村平均占比为 97.9%，村民对村内的污水收集处理满意度达 63.0%。

（四）公共服务配套设施基本完善

"村一镇"15分钟生活圈服务体系初步形成。15分钟村民到达车站、卫生室、快递点、商店及小学的比例分别为86.1%、85.7%、81.3%、74.9%、55.0%。基础教育体系较为完备，三个样本县每个乡镇都有一所中心小学和中心幼儿园，村民对小孩就读学校的教学质量满意度为64.5%。养老服务设施较为健全。乡镇敬老院覆盖率达到100%，每个行政村均建有村级养老服务照料中心，养老机构护理型床位占比为52.6%。

（五）县城承载力持续提升

县城绿色低碳建设成效较好。浙江省样本县县城2020年度新建建筑中基本级及以上的绿色建筑占比为86.7%，高于全国样本县64.1%的平均水平。县城交通设施建设逐步完善。农民群众对公共交通满意度为66.1%，高于全国样本县平均水平。样本县县城平均拥有市重点及以上高中数1个以上，县域内近六成学生在县城读高中，样本县高中高级教师及以上的教师占比为40.9%。县城成为农村居民购房首选地，县城购房者中农村居民占比50.5%。

二、乡村建设问题评价

（一）建制镇污水处理和农村燃气管道设施建设存在短板

建制镇污水处理率不高，浙江省样本县建制镇污水处理率平均为70.4%。管道燃气通村率较低，有燃气管道覆盖的行政村占比仅为9.0%。

（二）农村公共服务设施质量仍待加强

乡村教育设施覆盖率及质量不高。浙江省行政村幼儿园覆盖率为39.3%。23.0%的受访村民希望子女就读的学校聘请优秀教师。基层医疗力量薄弱，浙江省行政村卫生室覆盖率为72.6%，卫生室医护人员到岗率为83.5%，有42.1%的村民对村卫生室的医疗服务表示不满意。63.9%的村民认为村级养老设施的使用率不高。

（三）农民在乡村建设中参与度低

村民问卷调查显示，仅有24.1%的村民对村内事务非常熟悉，经常参加村内事务讨论。浙江省样本县行政村村民投工投劳平均人次仅为42人次/村。

三、有关建议

（一）强化市政配套设施建设，加大村庄环境整治

加强农村饮用水安全保障，因地制宜推进城市供水管网逐步向农村延伸，形成城镇和农村互联的供水模式。推进村（镇）污水收集处理工作，深化推动"站长制"管理。加大燃气利用和建设方面的投资。

（二）强化公共基础设施建设，提升公共服务水平

因地制宜推动幼儿园、小学等教育资源城乡一体化发展。支持村集体或社会组织建设农村互助养老服务设施，鼓励对闲置的村级活动场所、小学校舍等集体房屋进行利用，降低养老设施建设成本。

（三）推动共建共治共享，提升乡村治理水平

加强基层党建引领，发挥村民议事会、村民理事会等自治组织作用，以人居环境建设和整治、农房和村庄建设等为载体，组织农民群众全过程参与乡村建设和管理。发动群众共同建设美好家园。培养新农民、推广新技术、提升农村创业创新能力，提升乡村社区治理服务水平。

第二节　桐庐县

桐庐县位于浙江省西北部，总面积 1825 平方公里，以丘陵山区为主，平原稀少。2020 年全年地区生产总值 376.3 亿元，县农村居民人均可支配收入 34176 元。全县常住人口 43.6 万人，城镇化率约为 70%。

一、乡村建设成效评价

（一）农房管理水平不断提升，配套设施建设不断加强

有独立厨房的农房占比为 81.5%，可实现日常热水淋浴的农房占比为 84.9%，有水冲式厕所的农房占比为 83.8%，均高于全国样本县平均水平。农村水路电气设施覆盖率不断提高。全县 96.1% 的村庄实现了集中供水，通公交客车行政村占比达到 100%，5G 网络覆盖率达 100%。实现"快递进村"全面覆盖，快递进村率达 100%。

（二）农村生活垃圾、污水处理水平不断提升

桐庐县建立起村收集—镇转运—县处理的垃圾处理体系，农村生活垃圾得到收运处理的自然村比例达 100%，农村生活垃圾分类处理行政村覆盖率 100%。公厕有专人管护的行政村占比达 93.4%。农村生活污水处理水平整体较好，对污水进行处理的自然村占比为 100%，污水处理设施在运行的自然村占比为 98.3%，基本实现污水处理设施全覆盖，且运行比例较高。

（三）教育、医疗、养老服务水平不断提高

样本县基础教育服务体系基本建立。县城拥有 2 所市重点及以上高中，高于浙江省样本县 1.7 个的平均水平。县域开展远程教育的学校占比超过 90.0%。县城高中教师中拥有副高级职称及以上的教师数量占比达 43.0%。县镇村分级诊疗成效明显，医疗设施农村覆盖率高。乡镇卫生院覆盖率达 100%，48.8% 的村民患大病时选择在县内就诊，68.5% 的村民对村卫生室的医疗服务水平比较满意。建立机构养老与居家养老相结合的养老服务体系，乡镇敬老院覆盖率达到 100%。

二、乡村建设问题评价

（一）村庄风貌特色有待进一步加强

桐庐县风貌协调度为 6.7（满分为 10 分），部分村庄存在"只见新居、不见特色"的问题。

（二）县域医疗服务水平较低

医疗设施水平有待进一步提升。桐庐县每千人执业（助理）医师数为 3.8 人，与杭州市市辖区千人执业（助理）医师数 4.3 人尚有一定差距。桐庐县平均每千人医疗卫生机构床位数为 5.6 张，也低于杭州市市辖区千人医疗卫生机构床位数 7.5 张。

（三）县城基础设施存在短板

2020 年桐庐县县城污水集中收集率为 54.1%。县域没有规模农产品批发市场、物流货仓。

三、有关建议

提高农房建筑质量和地方特色。加强对新建农房管控，塑造具有本土特色的农房风貌。加

大对乡村文化景观的保护和开发力度。

提高村庄医疗商贸服务水平。完善学校教学软硬件设备，优化农村人均医疗设施供给水平，推进 5G 基站、新能源充电桩等农村新型基础设施建设，构建以县城为中心覆盖县域的现代化物流服务体系和电子商务服务平台。

探索农村互助养老服务设施建设。盘活利用闲置农房，鼓励对闲置的村级活动场所、小学校舍等集体房屋进行利用，建设农村互助养老服务设施。

加强县城绿色低碳建设，完善公共服务和基础设施，提升县城服务"三农"和统筹县域发展能力。

第三节　安吉县

安吉县位于浙江省西北部，总面积 1886 平方公里，地形以山地为主。2020 年全年地区生产总值 487.1 亿元。全县常住人口 67 万人，城镇化率约为 72%。

一、乡村建设成效评价

（一）农村居民收入持续增长

农村居民人均可支配收入从 2010 年的 12840 元增加至 2020 年的 35699 元，增收趋势稳定。

（二）农房安全得到有效保障，农房建设管理水平较高

实现贫困户危房清零。采用通用图集的新建农房比重为 91.0%，履行了审批手续的农房比例高达 95.9%，2020 年县域培训乡村建设工匠共 300 人次。有村庄规划的行政村占县域行政村的比重达到 100%，村庄整体风貌协调度为 7.1 分（满分为 10 分），村民对村庄整体风貌的满意度为 82.8%。

（三）村庄人居环境建设成效显著

建立村一镇一县垃圾处理体系，全县自然村均开展了垃圾分类。规划保留的自然村生活污水处理设施全覆盖，污水处理设施在运行的自然村占比为 100%。全县公厕有专人管护的行政村占比为 97.2%，高于全国、浙江省样本县平均水平。

（四）县镇垃圾污水治理水平较高

基本建立完整的垃圾转运网络和污水处理网络，县城污水集中收集率为 77.6%，县城污水处理率为 98.0%，建制镇污水处理率为 75.9%，县城生活垃圾无害化处理率以及建制镇生活垃圾无害化处理率均达到 100%。县城建设与自然环境协调度指数为 7.6 分（满分为 10 分），高于浙江省及全国平均水平。

二、乡村建设问题评价

（一）农房质量和宜居性有待提升

安吉县 18.3% 的村民认为自家农房存在着地基不牢、渗水漏水、墙体开裂等质量问题。通天然气的行政村占比仅为 14.8%。有 17.0%、15.7%、23.7% 的村民认为在使用生活能源、供暖条件和其他方面与城市相比有差距。

（二）村庄医疗、教育服务质量仍需加强

村级医疗教育服务仍有短板。安吉县经常有村医值守的行政村占比为 86.1%，行政村卫生室覆盖率为 75.2%，分别低于全国样本县 88.2%、95.4% 的平均水平。安吉县行政村幼儿园覆盖率为 76.9%，行政村小学覆盖率为 16.7%，部分村庄孩子上下学路程较远。

三、有关建议

加快农房和村庄建设现代化，尊重乡土风貌和地域特色，精心打造建筑风貌要素，鼓励发展装配式建筑，积极探索建立乡村建设工匠培养和管理制度。加大燃气污水设施覆盖力度，增加燃气利用和建设方面的投资。

提高乡村文教医养服务水平。加快建设优质幼儿园、小学，满足群众对优质教育资源的需求。进一步完善乡村卫生体系，提高卫生站的覆盖率。制定和完善居家养老、社区养老服务和机构养老服务的相关标准。

加强县城绿色低碳建设。大力发展绿色建筑和建筑节能，建设绿色节约型基础设施，建设绿色低碳交通系统。

第四节　开化县

开化县位于浙江省西部、浙皖赣三省交界处，总面积 2236.6 平方公里，地形以山区为主。2020 年全年地区生产总值 150.5 亿元。全县常住人口 25.9 万人，城镇化率约为 52%。

一、乡村建设成效评价

（一）农村居民收入持续增长

开化县农村居民人均可支配收入达到 20647 元，较上年度增长 8.7%，高于全国样本县 16680.3 元的平均值。

（二）农房建设及管理水平不断提高

推进农房安全普查、建档工作和整治工作。数字化管理水平不断提高。全县域采用通用图集的新建农房占今年所有新建农房的比重达到 92.0%。县域行政村中数字化农房系统覆盖的行政村覆盖率达到 100%。

（三）农房配套设施建设不断加强，环境宜居水平高

91.7% 的农房实现集中供水入房，供电覆盖率达 99.1%，94.5% 村民使用罐装液化气、天然气和电热作为家中主要生活燃料。行政村公厕覆盖率达到 100%。农村生活垃圾分类处理体系基本建立，84.7% 受访村民表示会有意识对垃圾进行分类后处理。

（四）县城医疗服务基本满足居民需求

开化县县城拥有 2 家二甲及以上医院，县域千人医疗卫生机构床位数 5.87 张，高于全国样本县平均水平，2020 年县域内就诊率达 90.8%。

二、乡村建设问题评价

（一）农房现代化功能仍需提升

村民对总体住房条件的满意度水平仅为 52.7%。村民认为自建房与城市住房在厕所（13.1%）、厨房（17.7%）、浴室（13.4%）条件方面差距较大。有 38.2% 的村民对自建房厕所条件感到不满意，有 48.4% 的村民对厨房条件感到不满意。

（二）农村生活污水治理是较大短板，人居环境有待进一步提升

对污水进行处理的自然村占比为 61.7%，村民对生活污水处理的满意度为 47.7%。开化县农村风貌协调度为 6.6 分（满分为 10 分）。村民对村庄环境整体满意度仅为 52.3%。

（三）村级公共服务质量有待提升

教育基础设施和质量不能满足村民需求。开化县行政村幼儿园覆盖率仅有 20.4%，村民对小孩就读学校教学质量满意度仅为 53.4%。村级医疗服务水平不高。行政村卫生室覆盖率仅为 42.8%。村民对村卫生室的医疗服务水平满意度仅为 41.5%。养老服务设施利用不佳，77.2% 的村民认为村级养老设施没有得到较好的使用。

（四）县城基础设施、公共服务设施存在短板

县城污水集中收集率仅为 38.8%，与省级样本县 56.8% 的平均水平存在差距。县域养老机构护理型床位占比 22.2%，远低于全国样本县平均水平，有 54.3% 的村民对县养老服务表示不满意。

三、有关建议

加强乡村传统和特色风貌的保护与利用。科学编制传统村落保护建设规划，加快传统建筑的修缮维护。探索多元化的筹资机制，积极吸引社会资本参与传统村落保护发展。

提高农村人居环境建设质量。加快推进农村人居环境整治，持续推进农村改厕、生活垃圾处理和污水治理、村容村貌提升、乡村绿化美化等。

加强县城绿色低碳建设，推进老旧小区节能节水改造和功能提升。加强县城对县域人口、产业、功能、设施等的集聚，提升县城承载力。

第十章

安徽省乡村建设评价成果

第一节　安徽省

安徽省位于我国中部地区，2020 年全年地区生产总值 38680.6 亿元。全省常住人口 6102.7 万人，其中农村常住人口 2543.2 万人，城镇化率约为 58%。

2021 年安徽省乡村建设评价工作由安徽省城建设计研究总院股份有限公司、安徽建筑大学、合肥工业大学、安徽省城乡规划设计研究院作为第三方机构开展。第三方评价机构与 3 个样本县有关部门开展座谈，收集相关数据，广泛开展问卷调查，共收回村民有效调查问卷 5600 份，村委会有效调查问卷 591 份，村景照片 2556 张，无人机照片 191 张；实地调研 9 个镇、27 个村，深入客观了解样本县乡村建设情况。

一、乡村建设成效评价

（一）农村居民收入稳步上升

农村居民人均可支配收入逐年增加，安徽省 3 个样本县农民人均可支配收入从 2015 年的 12414 元增长至 2020 年的 19182 元，五年间增幅达到 54.5%。

（二）农村住房品质逐步提高

农村住房安全有保障，安徽省样本县鉴定为危房的农房平均占比为 0.3%，低于全国样本县 0.57% 的平均水平。农房内部配套设施不断完善，安徽省样本县有水冲厕所的农房平均占比为 64.9%，高于全国样本县 46.5% 的平均水平。使用燃气的农户平均占比为 82.4%，高于全国样本县 53.2% 的平均水平。有独立厨房的农房平均占比为 76.2%，高于全国样本县 66.5% 的平均水平。日常可热水淋浴的农房平均占比为 74.8%，高于全国样本县 55.9% 的平均水平。

（三）公共服务水平高，日常 15 分钟生活圈初步形成

安徽省积极构建以居家为基础、社区为依托、机构为补充的社会养老服务体系，65.7% 的村民对养老服务较满意。

医疗服务水平不断提高。安徽省样本县行政村卫生室平均覆盖率达到了 95.9%。卫生室有村医值守的比例为 91.9%，高于全国 86.9% 的平均水平。

"村一镇"日常 15 分钟生活圈服务体系初步形成。71.0% 的村民 15 分钟内可到达公交站、巴士站，59.2% 的村民 15 分钟内可到达村小学，69.9% 的村民 15 分钟可到达快递点，

82.7%的村民15分钟内可到达卫生室，59.8%的村民15分钟内可到达商店、超市、菜市场。

（四）县城教育、医疗服务水平较高

县城高中教学质量较好。安徽样本县重点高中平均为2.3个，三个样本县高中教师中拥有副高级职称及以上的教师平均占比为38.3%。

县城医疗服务机构能力较强。县镇两级医疗机构实现与省远程医疗中心联网，提供线上门诊服务，能够为居民提供智能化医疗和公共卫生服务的远程网络问诊。61.2%的村民患大病会选择县城医院就诊。

二、乡村建设问题评价

（一）乡村建设工匠培训人数少

年度培训乡村建设工匠人次较少，安徽省三个样本县年度培训乡村建设工匠为292.3人次，低于全国样本县507.3人次的平均水平。

（二）医疗资源较为紧张

安徽省三个样本县每千人执业（助理）医师数平均为1.9人，平均每千人医疗卫生机构床位数平均为4.8张，分别低于全国2.4人/千人和5.5张/千人平均水平。

（三）县城风貌有待协调，县镇污水处理设施存在短板

县城风貌缺乏特色。安徽样本县县城建设与自然环境协调度平均为6.5分（满分为10分）。县城、建制镇污水处理体系较不完善，县城污水集中收集率平均为49.2%，建制镇污水处理率平均为39.6%。

三、有关建议

加强农村房屋建设管理。提高农房设计水平，完善农房设计通用图集，加强对农房设计和建设人员的培训，充分尊重农户意愿，引导村民参与农房设计和建设全过程。提升村容村貌，保护村庄自然和人文景观，保持乡土风貌和地域特色，营造留住"乡愁"的村庄环境。

完善垃圾收集转运处置体系，补齐农村生活垃圾收集设施、压缩式转运站和转运车辆等转运设施与末端无害化处理设施。鼓励社会资本参与农村生活垃圾治理，健全生活垃圾治理长效机制。

建设更加完善的医疗体系，提高远程医疗覆盖率，促进优质的医疗资源与技术向基层延伸。加强养老设施建设运行，鼓励将闲置或荒废的空置房屋进行修缮或者改造，建设养老服务设施，完善村级养老服务设施长效运营机制。

第二节　肥东县

肥东县位于皖中腹地，总面积 2181.6 平方公里。2020 年全年地区生产总值 703.4 亿元。全县常住人口 88.5 万人，城镇化率约为 51%。

一、乡村建设成效评价

（一）农民人均可支配收入增长

2020 年肥东县农村居民人均可支配收入 25516 元，较去年同比增长 8.2%，城乡居民人均可支配收入比为 1.89：1。

（二）农村住房配套设施逐渐完善

有独立厨房的农房占比为 69.5%，使用燃气的农户占比达 80.9%，有水冲式厕所的农房占比达 60.6%，日常可热水淋浴的农房占比为 66.9%。

（三）村庄供水、道路基础设施建设有效提升

农房集中供水入房率达到 96.2%，城乡自来水普及率达 98.0% 以上，水质达标率整体有较大提高。通村公路硬化率 100%，村内道路硬化率 93.0%，基本实现了村间道路村村通、户间道路户户通。

（四）县城公共服务水平较高

县城教育质量高，县域内与县外学校开展远程教育的学校占比高达 71.1%，县城高中高级教师及以上的教师占比 39.7%。县城拥有二甲及以上医院 2 个，全县开展远程医疗的医院和乡镇卫生院占比高达 79.3%，服务水平较好。县域养老机构护理型床位占比 51.0%，高于全国样本县平均的水平。

二、乡村建设问题评价

（一）农房管控水平有待加强

农房管理仍需完善。县域内履行审批手续的农房占比为 59.6%，有规划建设手续的农房占比为 53.0%，有竣工验收手续的农房占比为 14.0%。

（二）县域医疗资源有待改善

县每千人执业（助理）医师数为 1.2 人；县每千人医疗卫生机构床位数均值为 4.4 张，无法满足县域居民对于相关医疗资源的需求。

三、有关建议

健全农房建设管理体制，建立农村房屋设计、审批、施工、验收、使用等全过程管理制度。持续改善农村基础设施和基本公共服务水平，健全养老服务设施体系，构建县、乡、村三级养老服务体系，促进医养融合，医疗卫生与养老服务携手共进。

开展美好环境与幸福生活共同缔造活动。坚持党建引领，发挥乡贤作用，适当引入专业团队，培养本地规划师，鼓励村民表达诉求、参与建设，探索建立一套村民参与乡村建设的工作机制。

第三节　黟县

黟县地处皖南，总面积 857 平方公里，地形以山地和盆地为主。2020 年全年地区生产总值 45.6 亿元。全县常住人口 7.6 万人，城镇化率约为 54%。

一、乡村建设成效评价

（一）农村居民收入水平提高

黟县农村居民人均可支配收入从 2015 年 11855 元增长到 2020 年的 18488 元。

（二）生态环境质量稳居全省前列

全县饮用水水源地、地表水水质达标率为 100%。2020 年环境空气质量达标天数为 362

天，达标率为 98.9%，环境空气质量稳居全省第一。

（三）村庄垃圾治理逐步完善

农村生活垃圾转运处理水平处于全国前列。全县农村垃圾处理 PPP 项目实现全覆盖，农村生活垃圾得到收运处理的自然村比例达 100%。

二、乡村建设问题评价

（一）镇村人居环境质量仍需提升

垃圾分类普及率仍需提高。黟县实施垃圾分类的自然村占比仅为 5.9%。镇区生活污水处理率不高。黟县建制镇污水处理率为 22.4%。部分村庄未配套建设集中污水处理设施。

（二）公共服务保障存在短板

小学幼儿园覆盖率较低，行政村小学覆盖率 18.5%，幼儿园覆盖率 33.3%。卫生室服务质量与使用率不高。黟县县域内行政村设有卫生室，但许多卫生室无村医在岗。社会化养老服务设施缺乏，目前养老设施仍不能满足需求。

（三）县城生产生活服务设施存在短板

县城优质教育资源不足，黟县重点及以上高中只有 1 所。县城医疗服务能力较弱，县城目前没有二甲及以上医院。县城现代化农业生产服务能力不足，没有建筑面积达到 1 万平方米以上的物流货仓设施。

三、有关建议

建立农房安全管理平台，规范村庄设计与农房设计、建设、使用的管理。加强特色保护村庄风貌管控，按照"一村一幅画、一线一风景"的思路，开展村庄设计。推进美丽乡村建设。

加强农村人居环境整治提升。因地制宜选择污水处理方式，提高污水处理能力。加强垃圾分类收集，提高资源化利用率。

优化城镇村公共服务设施合理布局。优化教育资源配置，完善医疗服务布局。推动优质医疗卫生资源下沉。提升养老服务水平，逐步健全县级养老指导中心、乡镇养老服务中心、社区养老服务站的养老服务"三级中心"建设。

第四节　霍邱县

霍邱县位于安徽省西部，总面积 3239 平方公里。2020 年全年地区生产总值 227.6 亿元。全县常住人口 94.5 万人，城镇化率约为 35%。

一、乡村建设成效评价

（一）居民收入持续增长

2020 年，霍邱县农村居民人均可支配收入达到 13543 元，年均增长 9.5%。

（二）农房配套设施不断加强

2020 年霍邱县有水冲式厕所的农房占比达到 54.5%，有独立厨房的农房占比 75.9%，日常可热水淋浴的农房占比 70.4%，农村集中供水入房率 87.6%，使用燃气的农户占比 83.8%。

（三）农村公共服务满足基本需求

教育设施满足基本就读需求。行政村幼儿园覆盖率达到 52.5%。医疗卫生服务设施不断完善。县千人医疗卫生机构床位数为 6.9 张，县千人执业（助理）医师数 2.7 人。乡镇养老设施覆盖率达到 100%。

二、乡村建设问题评价

（一）镇村污水处理存在突出短板

建制镇污水处理率仅有 14.8%，低于全国平均水平。大部分自然村仍未配套建设污水处理设施，对污水进行收集处理的自然村占比为 31.0%。

（二）村民在乡村建设的参与度不高

根据村民问卷调查，经常参加村集体活动的村民比例仅为 14.8%，2020 年度行政村村民投工投劳平均人次是 49.2 人次 / 村，低于全国样本县和安徽省平均水平。

三、有关建议

加强农村污水处理设施建设。对污水治理设施进行维修改造、淘汰更新，确保正常稳定运行。完善产业平台配套设施、冷链物流设施和农贸市场建设，积极推进市政交通设施、市政设施、老旧小区更新改造。加强对农村学校特别是薄弱学校、小规模学校的结对帮扶和定向资助，提升农村学校教育教学质量。健全县乡镇医养设施建设。

开展共同缔造活动，通过党组织与农村合作社、乡级规委会、乡贤理事会、村民理事会等其他村庄组织的有效衔接，发挥乡贤作用，组织动员农民群众参与乡村建设。

第十一章

福建省乡村建设评价成果

第一节　福建省

福建省位于我国东部地区，2020 年全年地区生产总值 43903.9 亿元。全省常住人口 4154 万人，其中农村常住人口 1298.3 万人，城镇化率约为 69%。

2021 年乡村建设评价工作由福建工程学院、福建省村镇建设发展中心等单位作为第三方开展，通过部门访谈、座谈、大数据分析等方式采集数据，并对有关单位收集的数据进行汇总。走访 50 个乡镇、220 个行政村开展实地调研收回村民有效调查问卷 5428 份，村干部有效调查问卷 221 份。获取了 3905 张村景拍拍照片，126 张无人机照片。

一、乡村建设成效评价

（一）生活水平不断提升

农村居民经济收入稳步增长。2015 至 2020 年间，福建省样本县农村居民人均可支配收入由 12719 元增加至 17764 元，5 年间增幅达到 39.7%，增收趋势稳定。经济发展水平较高。2020 年福建省样本县人均 GDP 为 11.5 万元，高于全国样本县人均 GDP4.7 万元的水平。

（二）住房安全性较好，农房现代化水平较高

农房危房比例低。福建省样本县中鉴定为危房的农房比例仅为 0.15%，远低于全国样本县 0.57% 的平均水平。

农房内厕所厨房等配套设施较为完善。拥有水冲式厕所的农房占 74.2%，高于全国样本县 46.5% 的平均水平。村民问卷调查显示，67.9% 的村民对现在住房的厕所条件表示满意。有独立厨房的农房占比达到 72.8%，高于全国样本县 66.5% 的平均水平。64.1% 的村民对住房的厨房条件感到满意。73.6% 的农房可实现日常热水淋浴功能，高于全国样本县 55.9% 的平均值。

农房供水、用能条件改善。福建省样本县集中供水入房率为 84.6%。清洁能源使用率高。村民问卷调查显示，村民家中使用的生活燃料主要为电（79.1%）和罐装液化气（52.9%）等清洁能源。

（三）村庄环境宜居性增强，基础设施覆盖面广

农村垃圾转运收集体系较为完善，村民对垃圾处理满意度高。上报数据显示，福建省样

本县有 99.9% 的自然村把农村生活垃圾收运到县、镇处理，高于全国样本县 94.5% 的水平。根据村民问卷，村民对村内垃圾收集转运处理情况的满意度为 66.3%。

污水处理设施覆盖率和在运行率高。地方上报数据显示，福建省样本县 76.1% 的自然村对污水进行了专门处理，且已经建成的污水处理设施中，92.2% 的污水处理设施处于运转中。福建省样本县县城污水处理率达 95% 以上，建制镇污水处理率亦达到 85% 以上，表明其污水处理能力较强。

乡村道路覆盖率广。根据村民问卷，福建省样本县村内通户道路硬化程度较高，达到 87.8%，且每个样本县的通户道路硬化率都超过 80%。村内道路以水泥路面为主，占比为 95.5%。

村庄卫生整体环境较好，公厕管护水平较高。配备有保洁人员的村庄比例高达 92.1%，超过 80% 的行政村内公厕有专人进行管护。

生态环境保持良好。地表水水质优良（Ⅰ～Ⅲ类水质）占比达 100%，空气质量达标率 99.4%，均高于全国样本县平均水平。

（四）公共服务设施体系完善，服务质量较高

教育服务体系完善，可达性较高。福建省样本县 33.2% 的行政村拥有小学。福建省样本县近一半的家庭选择小学在乡镇就读，约 80% 的村庄能实现半小时内到达小学就读地点。中学教育主要由乡镇和县城承担。村民调查问卷显示，福建省样本县超过 60% 的家庭选择在乡镇就读初中，34.2% 的家庭选择在县城初中就读。高中就读学校则主要位于县城（占比为 62.8%）。福建省样本县市重点及以上高中数量 2 个高于全国样本县 1.6 个的平均水平，高中高级教师及以上的教师占比达到 31.5%，基本与全国样本县 31.6% 的平均水平一致。

农村医疗卫生服务覆盖率高，基本满足农村居民医疗需求。行政村卫生室平均覆盖率为 95.8%，与全国样本县 95.4% 的平均水平相当。分级诊疗机制基本满足农村居民医疗需求。村民问卷调查显示，46.1% 的村民遇到大病时在县城就诊，其次选择在省市就诊（占比为 39.8%）；44.1% 的村民遇到小病时则在乡镇卫生院就诊的比例最高，乡镇一级基本满足村民治疗常见病和公共卫生防疫需求。

村级养老设施较完善，可达性高。福建省样本县村级养老服务设施覆盖率为 81.4%，远高于全国样本县 43.9% 的平均水平。

（五）县城承载力持续提升

县城成为村民购房首选。县城购房者中农村居民占 49.0%，与全国样本县 50.7% 的平均水平相当，新型城镇化进程有序推进。有 74.8% 的村民表示是为了让子女享受到更好的教育，

39.3% 是为了享受更好的生活服务。福建省样本县 2020 年度县城新建建筑中 89.0% 为基本级及以上的绿色建筑，远高于全国样本县 59.5% 的县城绿色低碳建筑占比。

交通服务水平得到有效提升，县城空间尺度宜人。从路网密度看，福建省样本县平均路网密度为 10.44 公里 / 平方公里，高于全国样本县 6.45 公里 / 平方公里的平均路网密度。

二、乡村建设问题评价

（一）村民家庭污水收集处理水平不高

村民家庭污水收集率低。村民调查问卷显示，生活污水进入村内污水处理设施和接入城镇污水处理管网的村民家庭分别占 38.9% 和 12.9%。对于村民家庭厕所的粪尿污水，进入化粪池后接入村级污水处理设施的村民家庭占比为 28.2%，进入化粪池后进入城镇污水处理管网的村民家庭则仅占 8.7%。

（二）教育、医疗、养老存在短板

远程教育开展比例不高。福建省样本县开展远程教育的学校比例为 7.3%，远低于全国样本县 34.0% 的平均水平。

优质医疗资源供给不足。福建省样本县二甲及以上医院数量 1.3 个低于全国样本县 2.2 个的平均水平。开展远程医疗的医院和乡镇卫生院比例亦相对较低（比例为 5.45%）。

养老设施资源配置差异大。永春县村级养老服务设施覆盖率达到 100%，而永泰县和建宁县村级养老设施覆盖率分别为 76.9% 和 67.4%。

（三）农业生产配套设施有待提升

农业生产配套设施有待提升。当前福建省样本县尚无年经营量 10 万吨以上的农产品批发市场，且仅建宁县拥有 2 个建筑面积 1 万平方米及以上的物流货仓。

三、有关建议

（一）加强农房建设管理，建设现代宜居农房

加强农房建筑风貌和样板工程建设及管理，推动县编制发布建筑立面图集，建立农村建筑风貌管控机制。推进农村建房安全管控，通过开展乡镇建房户、乡村建设工匠、镇村干部全覆盖的建房安全培训，加强农村建房安全管控。

（二）加强农村污水和垃圾治理，改善村庄环境

推动建立市场化与处理工艺差异化的生活污水与生活垃圾处理机制。结合福建省山海乡村聚落分散的特点，提出"纳厂、集中、分散"三种污水处理的技术路线。

（三）开展美好环境与幸福生活共同缔造活动

在乡村建设中开展美好环境与幸福生活共同缔造活动，坚持党建引领，适当引入专业团队，培养本地规划师，组织农民群众参与农房建设、垃圾分类、公共空间建设、公共服务设施建设等。

第二节　永泰县

永泰县位于福建省东部，总面积 2241 平方公里，地貌呈"九山带水一分田"。2020 年全年地区生产总值 300.3 亿元。全县常住人口 28.1 万人，城镇化率约为 43%。

一、乡村建设成效评价

（一）农村居民收入持续增长

农村居民收入稳定增长。永泰县农村居民人均可支配收入从 2016 年的 11790 元增长到 2020 年的 16808 元。近 5 年均增速达到 9%，增收趋势稳定。人均城乡居民储蓄存款余额达到 4.4 万元／人。

（二）农房质量和建设水平有效提升

永泰县鉴定为危房的农房占 0.17%，远小于全国样本县的平均值。农房配套设施较为完善。永泰县有水冲式厕所的农房占比达到 74.0%，有独立厨房的农房占比达到 71.8%，日常可热水淋浴的农房占比达到 70.2%。

（三）农村基础设施覆盖率不断提高，生态环境持续改善

农村集中供水入房率达到 82.9%。村内 84.4% 的居民家门口道路实现硬底化。94.1% 的村内装有路灯，基本完成亮化工程。

环境空气质量达标率为 99.7%，地表水水质优良（Ⅰ～Ⅲ类水质）占比达 100%。农村公厕专人管护率较高。村内公厕有专人管护的比例达到 84.3%，高于全国样本县 53.2% 的平均水平。

（四）县—镇—村公共服务设施体系初步建成

县镇村分级诊疗成效明显。行政村卫生室覆盖率 98.8%。37.99% 的村民患大病时选择在县城医院就诊，47.7% 的村民患小病选择在乡镇就诊，乡镇一级基本满足村民治疗常见病和公共卫生防疫。

县—镇—村分级养老保障措施成效明显。永泰县建有 1 家县级养老服务机构、16 所乡镇敬老院、已建农村幸福院 196 所，农村幸福院覆盖率 77%。

（五）县城人口吸引力增强

县城成为村民购房首选地。县城购房者中农村居民占 54.0%，村民问卷调查显示，有 55.2% 农村居民在县城购买商品房。

二、乡村建设问题评价

（一）村庄基础设施质量有待提高

村内通户道路硬化率低。仅 84.4% 的行政村通户道路被硬化，低于福建省和全国样本县的平均水平。快递点覆盖率低。村干部问卷调查显示，永泰县快递点覆盖率低，仅有 33.3%，远低于全国平均水平。

（二）教育、医疗、养老需补齐发展短板

村民对教育设施满意度不高。54.4% 的村民认为学校应该改善教育设施和设备，56.0% 的村民认为其孩子所在学校需聘请优秀教师，31.5% 的村民认为应扩大宿舍设施、改善基础条件。对于小孩就读学校的教学质量满意及比较满意的占比为 59.4%。

农村养老设施使用率较低 61.4% 的村民认为村级养老设施的使用率不高。

（三）村民参与乡村建设积极性不高

仅 27.2% 的村民表示会积极参与村集体活动，低于全国平均水平。2020 年度行政村平均每村投工投劳 36.2 人次，远低于全国样本县平均水平，且村集体活动以修缮祠堂、文化楼为主。

三、有关建议

开展以农房建设为重点的乡村风貌提升专项行动。深入挖掘永泰县丰厚的历史文化底蕴，以县域为单元统筹县城、镇、村的历史建筑、文物建筑和传统风貌建筑资源；整体改善乡村山水林田路房等人居环境，串点成线打造乡村文化风貌体验区。

提高公共服务设施质量。积极推进教育优质资源均衡发展，缩小城乡教育水平的差距。推进 5G 基站等农村新型基础设施建设，满足远程医疗、远程教育等现代化生活需求；借助数字化发展趋势，充分发挥已有远程医疗系统，推动县医院与乡镇卫生院建立紧密型县域医疗卫生共同体。加快农村幸福院标准化、规范化建设，统筹设立居家社区养老服务照料中心。

开展美好环境与幸福生活共同缔造活动。建立村民参与商议和决策的共谋制度，建立投工投劳、以奖代补、资源整合的共建制度，组织农民建立共管、共评、共享制度，支持引导村民参与建设家园、维护家园。

第三节　建宁县

建宁县位于闽赣边界，总面积 1736.8 平方公里，地形以山地丘陵为主。2020 年全年地区生产总值 140.3 亿元。全县常住人口 11.4 万人，城镇化率约为 49%。

一、乡村建设成效评价

（一）农村居民收入持续增长

农村居民经济收入稳步增长。建宁县农村居民人均可支配收入从 2016 年的 12848 元提升到 2020 年的 18321 元，年均增速达到 7.3%，增收趋势稳定。

（二）农房宜居性不断提高

农村危房占比低。2020 年排查出的危房占比为 0.08%，远低于全国 0.57% 的水平。

农房功能逐步提升。有水冲式厕所的农房占比达到 71.5%，日常可热水淋浴的农房占比达到 74.0%。有独立厨房的农房占比 73.4%。农村集中供水入房率 91.0%，基本解决乡村农房住房用水的需求。

（三）农村人居环境有效提升

农村生活垃圾转运处理体系基本建立。问卷调查显示，97.6% 的行政村的垃圾全部收运到县镇垃圾处理设施处理。88.1% 的行政村有专门聘请保洁人员。

农村公厕专人管护率不断提高。村干部问卷调查显示，81.0% 的行政村公厕都有专人管护，远高于全国样本县的平均水平。

农村生态环境持续改善。全年环境空气质量达标率 100%。全县地表水水质优良（Ⅰ～Ⅲ类水质）率达 100%。

（四）农村水路电气设施覆盖率不断提高

村干部问卷调查显示，建宁县拥有集中供水的自然村比例为 94.6%，集中供水程度较高。村域内道路通户率高。42 个行政村道路 100% 实现水泥硬化。农民主要使用清洁能源。村民问卷调查显示，村民主要使用电和罐装液化气作为生活主要燃料，用电的村民占比为 71.6%，使用灌装液化气的村民占比为 47.1%，其中有部分村民同时使用电力和液化气作为生活主要燃料。

（五）县—镇—村基本公共服务体系初步建成

教育设施基本满足农村学生就读需求。建宁县小孩上幼儿园和小学的上学地点主要集中在乡镇，占比分别为 44.8% 和 49.4%，初中和高中主要集中在县城，分别占比 54.3% 和 83.8%。县—镇—村分级诊疗成效明显。村民生小病主要在乡镇卫生院和县城医院解决，占比为 79.0%。46.6% 的村民生大病在县城就诊，11.2% 在乡镇医院就诊。建立机构养老与居家养老相结合的养老服务体系。全县已实现医养场所和设施县乡村（社区）三级全覆盖，县域养老机构护理型床位占比为 60.0%。

（六）县城提供较好的生产生活服务

县城成为村民购房首选地。已购房农民中，大部分在乡镇（40.6%）和县城（34.6%）购房。提供较好的教育服务，县城高中高级教师及以上的教师占比 40.9%。

二、乡村建设问题评价

（一）垃圾分类与污水治理仍存在短板

村民对垃圾转运满意度低。实施垃圾分类的行政村占比仅为 57.1%，对垃圾转运表示满意的村民仅 58.2%。

生活污水收集率低。有 38.3% 的村民生活污水是直接排入村庄沟渠或污水井，仅有 39.8% 进入村内污水处理设施，仅 11.7% 接入城镇污水处理网。

（二）农村供水水质不佳

村民问卷调查显示，仍有 27.4% 的村民表示家中自来水经常出现浑浊、异味、水压不稳定等问题，仍存在农村水质安全与稳定供水管理等问题。

（三）公共服务质量不高

寄宿制学校住宿条件不高。建宁县乡镇初中生在校寄宿比例为 76.2%，县城高中生在校寄宿比例为 40.3%，寄宿比例高于全国均值。但仅有 25.7% 的家长满意学校的住宿条件。

医疗服务水平满意度不高。村民问卷调查显示，仅有 48.4% 的村民对村卫生室的医疗水平表示满意。

三、有关建议

推进农村生活垃圾处理。推动农村生活垃圾形成以村收集、镇转运、县集中的处理模式，进一步完善农村生活垃圾收运处置体系，建立农村生活垃圾经费保障机制。

一体化推进农村改厕与污水处理。开展卫生厕所与污水处理同步实施试点，新建农房配套室内卫生厕所，推进农户卫生厕所改造；鼓励采取小集中的生物—生态处理模式，建立县—镇—村—第三方机构—村民的运维机制。

提升县域公共服务设施质量。提升村级幼儿园、小学覆盖率，提升孩童上学便利性；提升寄宿制学校的建设和管理水平；提升县域医疗服务质量，组建医疗联合体，推进"互联网＋医疗"平台和医疗联合体的搭建；支持村级组织利用空置农房建设农村互助养老服务设施，建设完善日间照料、用餐等养老服务的设施。

开展美好环境与幸福生活共同缔造活动。加快建立"纵向到底、横向到边、共建共治共享"的现代治理体系，以农房和村庄建设、垃圾分类等为载体，发动群众共谋、共建、共管、共评、共享、共同建设美好家园。

第四节　永春县

永春县位于福建省东南部，总面积 1468 平方公里，全境呈长带形状。2020 年全年地区生产总值 494.5 亿元。全县常住人口 42.3 万人，城镇化率约为 61%。

一、乡村建设成效评价

（一）农村居民收入持续增长

农村居民增收稳定。永春县农村居民人均可支配收入从 2016 年的 13517 元增长到 2020 年的 18163 元，年均增速达到 7.7%，增收趋势稳定。

（二）农房配套设施完善，乡村风貌不断提升

全县共有 12.8 栋农房，其中鉴定为危房的农房占比仅为 0.2%，低于全国样本县 0.57% 的平均水平。

农房配套设施功能较为完善。永春县有水冲式厕所的农房占比达到 77.0%，日常可热水淋浴的农房占比达到 76.8%，有独立厨房的农房占比达到 73.2%。

注重建筑立面整治，乡村风貌不断提升。风貌协调度评分为 6.2 分，高于全国平均水平 6.0 分（满分为 10 分）。

（三）村庄基础设施覆盖率广，人居环境不断提升

农村水路电气设施覆盖率不断提高。村干部问卷调查显示，永春县 80% 的农房实现了集中供水，92.6% 的村民家门口道路实现了硬化，村内主要道路有路灯的行政村占比达到 96.1%。电与气成为村民主要生活用能，92.1% 的村民选择电力作为主要生活燃料，53.7% 的村民选择罐装液化气。

农村生活垃圾转运处理体系基本建立，村民卫生意识显著提高。农村生活垃圾收运至县、镇处理的自然村占比达到 100%。69.6% 的村民会对垃圾回收卖钱，仅 4.6% 的村民会将垃圾直接丢弃或焚烧填埋。

农村污水处理设施覆盖率高。根据村干部问卷调查，永春县有对污水进行处理的自然村占比达 75.2%，远高于全国样本县平均水平；永春县的污水处理设施在运行的自然村占比达到 95.7%。

农村生态环境持续改善。全年环境空气质量达标率 98.4%，地表水水质优良（Ⅰ～Ⅲ类水质）率达 100%。

（四）县—镇—村公共服务体系较为完善

村民子女主要在村里上小学。村民问卷调查显示，行政村小学覆盖率为 53.9%，超过 70% 的农村子女在村里或乡镇就读小学，村内就读小学比例最高。村民对小孩就读学校的教学质量满意度为 63.1%，高于福建省样本县平均满意度。

基本满足村民治疗常见病需求。村民问卷调查显示，84.5% 的村民患大病时选择在县城或省市医院就诊，37.4% 的村民患小病选择在村卫生室就诊；村干部问卷调查显示，87.5% 村卫生室经常有医护人员值守。

村庄养老服务设施使用率和满意度较高。村民问卷调查显示，36.7% 的村民会使用村内的养老服务设施，村民对县养老服务的满意度为 64.5%，均高于福建省样本县的平均水平。

（五）县城提供较好教育医疗服务，对人口吸引力较强

县城提供较好的教育服务。永春县县城拥有 4 所市重点及以上高中，24.0% 的高中教师具有高级职称。县城提供较好的医疗服务，永春县城拥有 2 家二甲及以上医院，县医疗服务水平满意度为 56.5%，高于福建省样本县和全国平均水平。

二、乡村建设问题评价

（一）村庄污水处理水平有待提高

村民生活污水收集率为 49.9%，30.0% 的村民认为村内污水处理成效一般。

（二）农村公共设施管护水平需提升

村干部问卷显示，永春县公厕有专人管护的行政村占比为 78.1%，低于福建省平均水平 81.1%。

（三）农民群众对教育服务质量满意度不高

51.8% 的村民认为学校的教学设施和设备有待改进；51.9% 的村民认为学校师资力量不够，需要聘请优秀教师；25.6% 的村民认为学校的住宿条件需要改善。

三、有关建议

加快实施农村生活垃圾分类工作。建立农村生活垃圾处理、公共设施维护等长效管护机制；将生活垃圾分类写进村规民约，推动农村生活垃圾源头减量，变废为宝。

开展美好环境与幸福生活共同缔造活动。将美好环境与幸福生活共同缔造写入村规民约，组织带动村民共同参与乡村建设。

第十二章

江西省乡村建设评价成果

第一节　江西省

江西省位于我国中部地区，2020 年全年地区生产总值 25691.5 亿元。全省常住人口 4518.9 万人，其中农村常住人口 1787.8 万人，城镇化率约为 60%。

2021 年江西省乡村建设评价工作由南昌大学中国乡村振兴研究院及江西建设职业技术学院作为第三方评价机构开展。评价综合运用部门访谈、问卷调查、实地调研等方式采集数据，分别与 3 个样本县有关部门开展座谈，收集了相关数据；广泛开展问卷调查，收回村民有效调查问卷 6483 份，村委会有效调查问卷 174 份，采集村景 5263 张，无人机照片 182 张；分别选取代表不同经济发展水平的乡镇开展实地调研，共走访 9 个镇、27 个村，深入客观了解样本县乡村建设情况。

一、乡村建设成效评价

（一）农村居民经济收入稳定增长

江西省样本县农民人均可支配收入从 2016 年的 11625 元增加到 2020 年的 16821 元，增幅达到 44.7%。村民问卷调查显示，63.9% 的村民反映家庭生活水平越来越好。

（二）农房安全性及宜居性较好

江西省样本县鉴定为危房的农房占比仅为 0.15%，低于全国样本县 0.57% 的平均水平。江西省样本县有独立厨房的农房占比平均为 75.1%，日常可热水淋浴的农房占比平均为 72.7%，使用燃气的农房占比平均为 82.0%，均高于全国平均水平。

（三）村庄垃圾得到有效治理

江西省样本县通过建立"户清扫—村收集—镇清运—县处理"的治理模式，基本实现农村生活垃圾有效处理。村干部问卷调查显示，有 98.5% 的行政村村内有保洁人员。

（四）县城人口吸引力强

江西省三个样本县的县城集聚了县城 31.5% 的常住人口。县城成为村民购房首选，村民问卷调查显示，购买了商品房的农户 75.7% 选择在县城购买，高于全国样本县 49.6% 的平均水平。

二、乡村建设问题评价

（一）农村生活污水处理存在短板

江西省样本县 69.5% 的行政村没有污水处理设施。51.9% 的村民对村内污水收集处理情况感到不满意。

（二）县镇村医疗、养老公共服务体系质量不高

县域医疗服务水平需提升，群众满意度较低。江西省样本县县城二甲及以上医院数平均为 2.3 个。样本县县域每千人执业（助理）医师数为 2.0 人，低于全国 2.5 人的平均水平。村民问卷调查显示，江西省样本县对县域整体医疗服务满意度为 54.5%，整体满意度偏低。

养老设施建设不完善，使用率较低。村级养老设施覆盖率平均仅为 47.1%，有 41.8% 的村民认为养老设施使用率不高，村民对县域养老的满意度仅为 58.6%。

（三）村民主体作用发挥不明显

问卷调查显示，17.9% 的村民表示很少参加村里组织活动，22.3% 的村民甚至不知道有这类活动。

三、有关建议

（一）加大农村环境治理力度、提高污水治理水平

在垃圾处理方面，加强垃圾分类推广工作，建立农村生活垃圾分类投放、收集、转运和处理的闭环系统，鼓励生活垃圾本地资源化利用。污水治理方面，推广采取小集中的生物—生态处理模式，由专业化公司提供污水处理一体化设施，加强设施设备质量评估及监管。

（二）持续完善公共服务体系，提高公共服务质量

教育方面，优化教师资源配置，合理安排轮岗流动，并解决农村教师的食宿、交通等生活保障问题。医疗方面，通过重建、维修、整合、取消等方式，合理规划设置，达到规范化村卫生室建设要求，满足群众就近就医的需求。养老服务方面，在基础设施上加大财政支持力度，扩大家庭适老化改造覆盖范围，为经济困难的失能、半失能老人购买养老家政和机构上门养老服务。

（三）开展美好环境与幸福生活共同缔造活动

拓宽村民参与乡村建设方式，以农房建设、垃圾分类、公共空间建设为主要抓手，拓宽群众参与乡村建设的渠道，支持引导村民参与建设家园、维护家园。

第二节　浮梁县

浮梁县位于江西省东北部，总面积 2851 平方公里，地形以山地为主，有"八山半水一分田"之称。2020 年全年地区生产总值 141.8 亿元。全县常住人口 28.2 万人，城镇化率约为50%。

一、乡村建设成效评价

（一）农村居民收入持续增长

农村居民人均可支配收入 19574 元，比去年增长 9.0%，城乡居民人均可支配收入比1.77：1，城乡差距在江西省样本县中最小。

（二）农房现代化水平不断提高

村民问卷调查显示，浮梁县有水冲式厕所的农房占比达到 71.4%，有独立厨房的农房占比达到 76.7%，日常可热水淋浴的农房占比达到 73.3%，农村集中供水入房率达到 86.5%，使用燃气的农户占比达到 85.5%，大多数农房实现食寝分离和净污分离。

（三）农村道路、用能等基础设施成效显著，农村公厕得到有效管护

97.7% 的行政村主要道路为水泥和柏油硬化，95.2% 的行政村主要干道安装有路灯，方便农村居民出行。97.7% 的村民选择罐装液化气、电、沼气等作为主要生活燃料。村内公厕有专人管护的比例达到 76.2%，超过全国平均水平。

（四）农村医疗服务设施基本满足村民就医需要

村民问卷调查显示，77.5% 的村民患小病选择在村卫生室、乡卫生院就诊，基本满足村民治疗常见病和公共卫生防疫需求。

（五）县城成为村民购房首选地

2020 年度县城购房者中农村居民占比 62.0%。村民问卷调查显示，购买了商品房的农户中 65.7% 在县城购买，最主要原因是为了改善子女的上学条件。

二、乡村建设问题评价

（一）农村污水、垃圾处理仍存在短板

垃圾转运处理不及时，27.1% 的村民对垃圾收集转运处理情况满意度不高。

农村污水处理率低。村干部问卷显示，仅 4.5% 的行政村接入城镇污水处理管网，仅有 31.8% 的行政村有污水处理设施且在运转。村民调查数据显示，47.9% 的农户将生活污水直接排放，44.0% 的村民对污水收集处理情况不满意。

（二）农村养老设施使用率和满意度较低

村级养老设施覆盖率为 56.8%。67.5% 的村民认为村级养老设施的使用率一般或不高。村民对养老服务满意度仅为 48.9%。

（三）农村公共交通使用率不高

村民问卷调查显示，22.8% 的农村居民乘坐公共交通前往县城，77.2% 的农村居民乘坐汽车、电动自行车、摩托车等私人交通工具前往县城。此外，现场调研的 9 个行政村设置的村公交也已经停运。

三、有关建议

加快人居环境整治工作。建议增加财政奖补资金投入，出台以奖代补等政策，调动美丽乡村建设积极性。

加大农村生活污水治理力度，统筹考虑农村厕所粪污治理与污水治理，因地制宜采用污水处理设施建设模式。

提升养老服务水平，建立养老服务推动机制，推进居家和社区养老改革试点，探索智慧性、互助性等养老服务新模式。

开展美好环境与幸福生活共同缔造活动。坚持党建引领，发挥乡贤作用，适当引入专业团队，培养本地规划师，进一步丰富并做实群众参与的渠道和机制。

第三节　寻乌县

寻乌县位于江西省东南端，总面积 2351 平方公里，地形以山地、丘陵为主。2020 年全年地区生产总值 102.7 亿元。全县常住人口 28 万人，城镇化率约为 50%。

一、乡村建设成效评价

（一）农村居民收入稳步增长

寻乌县农村居民人均可支配收入从 2016 年的 8445 元增长到 2020 年的 13077 元，年均增速达到 11.6%，增收趋势稳定。

（二）村庄人居环境不断改善

寻乌县农村卫生厕所普及率达 68.3%。村内公厕有专人管护的比例达到 55.2%，绝大部分村庄已经配备保洁员或专人负责村公共厕所的日常管理。农村生活垃圾基本实现清运保洁全覆盖。寻乌县生活垃圾处理设施建设全面完成，农村生活垃圾全面实现无害化处理。有 96.5% 的行政村村内有保洁人员。

（三）村庄基础设施建设不断完善

农村供水入房率不断提高。村民问卷调查显示，农村集中供水入房率达到 90.7%，高于江西省样本县 77.0% 的水平。农村道路建设不断完善。问卷调查显示，村内通户道路硬化率达到 85.1%，91.4% 的行政村村内主要道路有路灯。宽带、通信、广电等农村新型基础设施不断完善，91.5% 的农户家中已接通宽带网络。

（四）县城绿色建筑占比高，人口吸引力较强

县城 2020 年度县城新建建筑中基本级及以上的绿色建筑占比为 97.7%，高于江西省样本县和全国样本县平均水平。

县城成为村民购房的主要目的地。村民问卷调查显示，购买了商品房的村民中，有 61.8% 选择在县城购买。57.2% 是为了子女接受更好教育。

二、乡村建设问题评价

（一）农村人居环境存在突出短板

村民对住房宜居性的满意度不高。52.4% 的村民对现在总体住房条件表示不满意。

（二）村庄建设宜居水平不高

缺少农村污水治理设施。寻乌县有污水处理设施的自然村占比仅为 3.8%。村民问卷调查显示，有 36.4% 的村民将粪尿污水直接排向村庄沟渠或污水井。村民对于村内污水收集处理的满意度仅为 40.0%。

农村垃圾分类普及率不高。寻乌县实施垃圾分类的自然村占比仅为 5.8%，低于全国样本县 23.1% 的平均水平。

（三）农民对公共服务设施满意度低

乡镇寄宿制学校建设有待加强。53.8% 的村民对小孩就读学校寄宿条件不满意。村卫生室医疗服务不满足群众需要。村民问卷调查显示，患小病时仅有 33.7% 的村民选择在村卫生室就诊，村民对村卫生室医疗服务水平满意度仅为 43.1%。养老服务设施满意度低。村民问卷调查显示，养老服务设施的整体满意度仅为 43.7%，低于江西省样本县平均水平。

（四）村民在乡村建设中参与度低

村民问卷调查显示，寻乌县仅有 20.7% 的村民经常参与村里组织的村民集体活动，32.8% 的村民不清楚村里有这些组织和活动。

三、有关建议

推进农房现代化建设。加大图集推广力度，建立农村房屋设计、审批、施工、验收、使用等全过程管理制度，完善乡村建设工匠培养和管理制度，加强管理和技术人员培训，充实乡村建设队伍。

加大农村生活污水治理力度，统筹考虑农村厕所粪污治理与污水治理，因地制宜采用污水处理设施建设模式。加强乡镇卫生院及农村卫生室的标准化建设，逐步完善乡镇农村医疗设施设备的配置。加强人才队伍建设，通过定期派出医务人员进修等方式提高现有人员的业务水平。

开展美好环境与幸福生活共同缔造活动。发挥党建引领作用，带动村民参与乡村建设，动员村民投工投劳，激发村民参与积极性。

第四节 泰和县

泰和县位于江西省中部偏南，总面积 2502 平方公里，以盆地为主。2020 年全年地区生产总值 202.4 亿元。全县常住人口 46.8 万人，城镇化率约为 51%。

一、乡村建设成效评价

（一）农村居民收入持续增长

泰和县农村居民人均可支配收入从 2016 年的 12452 元增长到 2020 年的 17811 元，年均增速达 8.6%，农村人均城乡居民储蓄存款余额达到 4.9 万元 / 人，群众增收趋势稳定。

（二）农房现代化水平提升

泰和县有水冲式厕所的农房占比达到 78.4%，有独立厨房的农房占比达到 77.1%，日常可热水淋浴的农房占比达到 75.0%，大多数农房实现食寝分离和净污分离。

（三）农村基础设施建设快速推进

调研的 69 个行政村均使用柏油或水泥实现道路硬化，硬化率为 100%。73.8% 的村民选择罐装液化气，58.2% 的村民选择电力，39.6% 的村民选择柴薪作为主要燃料。

农村生活垃圾转运处理体系基本建立，村民对生活垃圾进行合理利用。69.4% 的村民会把剩菜类垃圾放到村庄垃圾堆放处，65.7% 的村民会进行资源化再利用，用来喂养家禽或堆肥。

（四）县—镇—村基本公共服务体系初步建成

农村义务教育基本满足农村学生就读需求。村民问卷调查显示，在乡镇就读小学、初中的比例最高。在本镇镇区小学就读占比 40.0%，在周边乡镇小学就读占比 5.7%。在本镇镇区初中就读占比 51.1%，在周边乡镇初中就读占比 9.1%。

医疗设施农村覆盖率高，县镇村分级诊疗成效明显。县城有 3 座二级甲等综合医院。乡镇卫生院覆盖率达 100%。村民问卷调查显示，40.6% 的村民患小病选择在村卫生室就诊，75.8% 的村民患大病选择在县城医院就诊。

二、乡村建设问题评价

（一）村民对住房宜居性的满意度不高

37.2% 的村民对现在住房总体条件表示不满意。

（二）农村污水、垃圾处理存在短板

生活污水处理率低。村干部问卷调查显示，占比 95.7% 的自然村没有接入城镇污水处理管网，仅有 2.2% 的自然村有村级独立污水处理设施。

垃圾分类普及率不高。泰和县 61.8% 的行政村未实施垃圾分类。30.0% 的村民认为村内垃圾处理成效一般或者表示不满意。

（三）村庄道路、物流基础设施配置不足，住房宜居水平有待提高

村庄路灯普及率不高，46.4% 的村内主要道路没有路灯。村内快递点少，到达快递点时间较长。村干部问卷调查显示，79.7% 的行政村内没有快递点，56.5% 的行政村到达快递点时间大于 15 分钟。

（四）农村养老设施覆盖率使用率较低

村级养老设施覆盖率仅达到 30.4%。64.8% 的村民认为村级养老设施的使用率不高。

三、有关建议

加大农村环境整治力度，改善农村人居环境，提升住房宜居水平。建立农村环保体系，建设垃圾分类、污水处理相关的基础设施，确保相关规定落地实施。同时建议增加财政奖补资金投入，出台以奖代补政策，调动美丽乡村建设积极性。

加大农村生活污水治理力度，统筹考虑农村厕所粪污治理与污水治理，因地制宜采用污水处理设施建设模式。

提升养老服务水平，建立养老服务推动机制，推进居家和社区养老改革试点，探索智慧性、互助性等养老服务新模式。开展美好环境与幸福生活共同缔造活动。坚持党建引领，以农房建设、垃圾分类、"三清三拆"、公共空间建设、公共服务设施建设为主要内容，进一步丰富群众参与的渠道和机制，激发群众参与乡村建设积极性。

第十三章

山东省乡村建设评价成果

第一节　山东省

山东省位于我国东部地区，2020年全年地区生产总值73129.0亿元。全省常住人口10152.7万人，其中农村常住人口3751.3万人，城镇化率约为63%。

2021年山东省乡村建设评价由济南大学牵头，联合山东省城乡规划设计研究院有限公司、山东城市建设职业学院作为第三方评价机构开展。评价综合运用部门访谈、问卷调查、实地调研等方式采集数据，分别与3个样本县有关部门开展座谈，收集了指标体系相关数据；广泛开展问卷调查，共收回村民有效调查问卷7169份，村委会有效调查问卷290份；分别选取代表不同经济发展水平的乡镇开展实地调研，共走访11个镇、31个村，深入客观了解样本县乡村建设情况。

一、乡村建设成效评价

（一）农房宜居性不断提升

农村整体住房条件改善，样本县有独立厨房的农房占比为73.9%，日常可热水淋浴的农房占比为65.6%，有水冲式厕所的农房占比为52.2%，农村集中供水入房率达90.7%，均高于全国平均水平。

（二）垃圾收运体系基本形成，农村生活垃圾治理水平高

样本县农村生活垃圾收运至县、镇处理的自然村达到100%，实现了农村生活垃圾的有效处理。积极推进农村生活垃圾分类试点，81.5%的村民会进行垃圾分类，垃圾乱扔乱倒现象明显减少，村民卫生意识显著提高。

（三）农村道路质量显著改善

不断加大投入力度，推进"四好农村路"和农村道路"户户通"建设。样本县村庄主要道路硬化率达100%，村内通户道路硬化占比达到88.8%，93.0%的村内主要道路已经安装路灯。

（四）县域医疗服务水平高，分级诊疗制度初步建立

山东省样本县每个县城至少拥有2家二甲及以上医院，每个乡镇至少拥有1家卫生院，乡镇卫生院覆盖率达100%，行政村卫生室覆盖率达到85.1%，看病就诊较为便利，72.3%的村民对村卫生室的医疗服务水平感到满意。样本县通过县域医共体建设，构建县—乡—村一

体化管理格局，57.5% 的村民遇到大病时在县城就诊，86.7% 的村民遇到小病时在镇卫生院和村卫生室就诊。

（五）农村快递物流网络基本形成，商业网点布局满足村民基本生活需求

农村快递物流网络基本形成。村民问卷调查显示，山东省样本县快递点覆盖率达 55.3%，71.2% 的村民 15 分钟可到达快递点。"镇—村"两级商业网点较好满足村民日常生活需求。村民问卷调查显示，82.6% 的村民认为镇区的商业服务能够满足日常购物需求。

二、乡村建设问题评价

（一）农房现代化建设水平不高

样本县农村住宅在厕所、厨房、供暖等条件与城市住宅相比均有明显差距。村民问卷调查显示，有 39.7% 的村民对自己的农村住房不满意，41.9% 的村民对现在住房的厨房条件不满意，41.6% 的村民对现在住房的厕所条件不满意。乡村风貌特色不明显，山东样本县中仅有 54.0% 的村庄对村民建房的风貌提出要求。

（二）农村污水处理设施存在短板，教育、养老服务设施配置不足

样本县中有污水处理设施的行政村占比仅为 32.6%。村民对村内河流、水塘水质情况的满意度仅为 31.5%。样本县内行政村幼儿园覆盖率为 30.8%，农村幼儿园存在就读幼儿园离家远、上学不便的问题。村民对教育总体满意度为 44.5%。村级养老设施不足。村级养老设施覆盖率平均仅为 18.8%，村民对养老服务满意度仅为 38.6%。

（三）村民参与村庄建设的积极性不高

问卷调查显示，经常参与村里组织的集体活动的村民仅有 26.3%，48.4% 的村民很少参加或偶尔参加村里组织的集体活动，村民参与村庄建设的热情不高。

三、有关建议

（一）加强农房建设管理，着力塑造山东特色乡村风貌

健全农房建设质量安全管理制度。逐步消除农村房屋安全隐患，加强对农村房屋设计、施工和建设队伍的指导和技术服务，着力提高农村住房品质。持续推进美丽村居建设。探索适宜本地的乡土建造方式，串点成线，形成"鲁派民居"建筑群落。

（二）加强农村人居环境整治提升

继续推进乡村生活垃圾分类与污水治理。推行生活垃圾源头分类减量和资源化利用，因地制宜建设乡村污水处理系统。推动农村改厕改造规范升级与污水治理相结合，促进乡村污水处理设施建设与农房建设相衔接，探索采用以奖代补的方式提高村民参与污水设施建设和运行管理的积极性。

（三）补齐农村基本公共服务设施短板

鼓励对闲置的村级活动场所、小学校舍等集体房屋进行利用，鼓励社会捐助和多方筹资，支持村集体或社会组织建设农村互助养老服务设施。优化教育资源配置，提升教育质量。优化镇、村中小学布局，提升城区学校容量和配置，提高农村幼儿园办学条件。通过三甲医院与县级医院开展"组团式"结对帮扶，建立紧密型医联体。积极发展"互联网＋医疗健康"，建设省、县、镇、村四级远程医疗的网络医院体系，把更多的优质医疗资源引向县域、引至基层。

（四）开展美好环境与幸福生活共同缔造活动

鼓励引导各地积极开展美好环境与幸福生活共同缔造行动，通过党组织与农村合作社、乡贤理事会、村民理事会等其他村庄组织的有效衔接，充分发挥村民、居民的主体作用，建设"整洁、舒适、安全、美丽"的城乡人居环境，推进人居环境建设和整治由政府为主向社会多方参与转变。

第二节　汶上县

汶上县位于山东省西南部，总面积 889 平方公里。2020 年全年地区生产总值 225.6 亿元，县农村居民人均可支配收入 18013 元。全县常住人口 83 万人，城镇化率约为 50%。

一、乡村建设成效评价

（一）农村卫生厕所覆盖率高，后期管护机制初步建立

汶上县基本实现农村卫生厕所全覆盖。开发建设了农村卫生厕所智能管护平台，公厕有专人管护的行政村占比为 68.6%，高于全国样本县 53.2% 的平均水平。

（二）村庄基础设施较为完善，人居环境改善

农村水路电气等设施覆盖率较高。汶上县农村集中供水入房率达到 94.7%；加快推进天然气设施向农村延伸，全县使用燃气的农户占比达到 84.0%；村内通户道路硬化率达到88.2%。农村生活垃圾收运至县、镇处理的自然村占比达到 100%。

（三）县城建设绿色宜居宜人，交通出行较为便捷

县城生态水系全面贯通，水绿交融的宜居环境逐步形成。建成了"出门见绿、小行见园"的 5 分钟绿地圈。县城路网结构较为合理，构建了比较畅通便捷的交通体系。

二、乡村建设问题评价

（一）农房整体风貌有待提升

汶上县履行审批手续的农房占比仅为 37.0%，村庄风貌协调度和干净整洁度得分偏低，村庄风貌协调度得分仅有 6.4 分（满分为 10 分），干净整洁度仅有 6.5 分（满分为 10 分）。

（二）农村生活污水设施不健全，群众满意度低

对污水进行处理的自然村占比仅有 17.0%，只有 14.6% 的厕所污水进入村级或镇级污水处理设施。村民对于村内的污水收集处理情况的满意度仅为 33.2%，村民对村内河流、水塘水质情况的满意度仅为 12.9%，29.4% 的村民认为农村污水处理水平、水体质量与城市还存在较大差距。

（三）农村教育和养老公共服务设施满意度低

教育设施行政村覆盖率低，48.9% 的小孩在镇区上幼儿园，农村子女在村内就读小学比例较低，部分村庄孩子上下学路程较远。农村养老设施相对短缺，村级养老服务设施覆盖率仅有 22.7%。在有养老服务设施的村庄中，仅有 21.7% 的村民对养老服务感到满意。

三、有关建议

加强农房现代化建设，塑造本土风貌特色。提高农房设计水平，深入挖掘汶上县历史文化底蕴，探索适宜本地的乡土建造方式。打造乡村特色风貌亮点，打造"汶上民居"。

稳步推进美丽宜居乡村建设，实施新一轮农村人居环境整治行动，深化农村垃圾分类试

点，因地制宜建设乡村污水处理系统。提高村民参与污水设施建设和运行管理的积极性。

开展美好环境与幸福生活共同缔造活动。坚持党建引领，发挥乡贤作用，适当引入专业团队，培养本地规划师，唤醒村民的"主人翁"意识，进一步丰富群众参与的渠道和机制，组织动员农民群众参与乡村建设。

第三节　东平县

东平县位于山东省西南部，总面积 1343 平方公里，山区、平原、湖洼各占三分之一。2020 年全年地区生产总值 216.9 亿元。全县常住人口 80 万人，城镇化率约为 45%。

一、乡村建设成效评价

（一）农村居民收入稳步增长

农村居民收入稳定增长，东平县农村居民人均可支配收入从 2016 年的 13157 元增长至 2020 年的 18175 元。

（二）农房现代化水平有所提高

农房配套设施功能有所完善，居住舒适性有所提高。64.3% 的农房拥有独立厨房，70.9% 的农房拥有浴室，67.7% 的农房拥有宽带网络，50.6% 的农房有水冲式厕所，84.1% 的村民认为自家厕所条件基本达到城市商品房水平。

（三）村庄人居环境质量改善

村庄道路硬化状况良好，村内通户道路硬化占比 95.4%。"户集、村收、镇运、县处理"的垃圾收运处理体系全面建立。农村人居环境和农村群众生活条件有所提高。

二、乡村建设问题评价

（一）农房建设管理水平有待提高

农房建设管控力度不够。农房履行审批手续情况不佳。东平县履行审批手续的农房占比仅为 46.4%。农房风貌仍需提升。

（二）人居环境质量有待进一步提升

农村公厕缺乏有效管护，50.0% 的行政村村内公厕没有专人管护。农村生活污水治理水平不高。76.3% 的村内没有独立的污水处理设施，村民满意度较低。垃圾分类处置尚未全面开展。76.3% 的行政村没有开展垃圾分类，71.6% 的村内垃圾转运时没有分类装好。

（三）乡村医疗、养老服务质量有待提升

行政村卫生室服务质量有待提高。行政村卫生室覆盖率为 62.3%，覆盖面较小。村级养老服务设施运行情况不够理想。农村村民对居家养老认同感最高，只有 25.0% 村民认为养老服务设施使用率高。

（四）县城服务能力不足

县城提供农产品质检、贸易与流通等农业生产服务的能力较弱，对推动农业现代化发展的支撑不足。

三、有关建议

加强农房建设管理与引导。完善农房设计图集，建立乡村建设工匠培养和管理制度，鼓励使用绿色节能的新技术、新产品、新工艺。保护塑造乡村风貌，延续乡村历史文脉。

统筹推进农村改厕与生活污水治理。结合农房建设推进农村水冲式卫生厕所改造，实现"愿改尽改、能改尽改"。推动农村生活污水源头减量，鼓励充分利用栽植水生植物等多种方式对农村生活污水进行生态化处理。

提升乡村教育设施建设管理水平。适度优化农村中小学布局，提高校车服务比例，满足学生上学需求。

第四节　阳谷县

阳谷县位于山东省西部，总面积 1066 平方公里。2020 年全年地区生产总值 279 亿元，县农村居民人均可支配收入 15600 元。全县常住人口 79.9 万人，城镇化率约为 47%。

一、乡村建设成效评价

（一）农房居住条件改善

农房浴室、厨房、卫生间等配套设施水平有所提高。60.6% 的村民对厕所条件表示满意，61.7% 的村民对厨房条件表示满意，65.7% 的村民对现在住房条件表示满意。

（二）农村生活垃圾得到有效处理

阳谷县建立了"户集、村收、镇运、县处理"的垃圾收运处理体系，乡村环境卫生面貌得到有效提升。农村生活垃圾运至县、镇处理的自然村比例为 100%，73.0% 的村民对村内的垃圾收集转运处理情况表示满意。

二、乡村建设问题评价

（一）村庄人居环境建设仍需提升

村庄生活污水收集处理能力薄弱。大部分村庄仍缺乏污水收集和处理设施，有 40.6% 的村民选择将生活污水直接排入村庄沟渠或污水井。村庄生活垃圾分类普及率低，实施生活垃圾分类的自然村占比仅为 14.8%。

（二）村庄和农房风貌有待提升

阳谷县村庄街巷不够整洁、路面破损、电线布置混乱，村庄干净整洁度评价得分低于全省样本县平均水平。农房存在风貌不协调、建筑立面破损等问题。

（三）县城养老服务设施有待增强

阳谷县县域养老机构护理型床位占比仅为 23.5%，比全省样本县平均水平低 12.7%。

三、有关建议

推进农房现代化建设，改善农村生活环境。引导新建农房配套建设无害化卫生厕所。提高农村污水处理水平，探索适宜的污水收集处理方式，建设农村污水收集与处理设施。强化村庄环境风貌整治，打造美丽宜居乡村。有序推进农村生活垃圾分类工作。

实施村庄道路"修补提质"行动，方便村民出行。改造升级村庄给水管网。

　　加强县城绿色低碳建设，提升县城公共设施、市政设施的服务能力，以优质服务吸纳农业转移人口。

　　开展美好环境与幸福生活共同缔造活动。坚持党建引领，发挥乡贤作用。建立村民参与商议和决策，投工投劳、以奖代补等机制，组织动员农民群众参与乡村建设。

第十四章

河南省乡村建设评价成果

第一节　河南省

河南省位于我国中部地区，2020 年全年地区生产总值 54997.1 亿元。全省常住人口 9936.6 万人，其中农村常住人口 4428.7 万人，城镇化率约为 55%。

2021 年河南省乡村建设评价由河南城建学院作为第三方评价机构开展。评价机构分别与 3 个样本县有关部门开展座谈，收集指标体系相关数据；广泛开展问卷调查，共收回村民有效调查问卷 3972 份，村委会有效调查问卷 189 份；选取代表不同经济发展水平的乡镇开展实地调研，共走访 9 个镇，27 个村庄，与村民、村干部面对面开展访谈；通过村景拍拍小程序拍摄村容村貌，采用无人机对村庄进行俯视与鸟瞰拍摄，采集村景照片 4065 张，无人机照片 190 张。

一、乡村建设成效评价

（一）农房建设水平提升

农房配套设施不断完善。河南省样本县有独立厨房的农房占比为 76.2%，高于全国样本县 66.5% 的平均水平。河南省样本县日常可热水淋浴的农房占比为 62.8%，高于全国样本县 55.9% 的平均水平。58.9% 的村民对自建房厨房条件感到满意，高于全国样本县 53.5% 的平均水平；58.8% 的村民对农村总体住房条件感到满意，高于全国样本县 55.6% 的平均水平。

（二）农村生活垃圾收运处理体系较为完善

河南省样本县均建立了村收集—镇转运—县处理的垃圾收运处理体系，样本县农村生活垃圾收运至县镇处理的自然村占比为 99.4%，97.4% 的村庄有专门的保洁人员，均高于全国样本县平均水平。

（三）农村电力、宽带网络等基础设施建设较完备

电网改造工作已经初现成效，电已经成为村民主要的生活燃料来源，村民问卷调查显示，平均 71.0% 村民家中使用电做饭烧水。供电较为稳定，仅有 4.1% 的村民表示家中供电会经常出现电压不稳定、断电等情况。61.4% 的村民家中安装了宽带网络。农村地区公共交通覆盖率较高。河南省样本县农村通公交或客运的行政村占比达到 100%，村民搭乘公共交通出行便利。56.6% 的村民对县公共交通感到满意。

（四）县—镇—村教育、医疗服务体系基本完善

县—镇—村三级教育设施布局基本合理。河南省样本县行政村小学覆盖率 64.2%，教育设施可达性好，村庄内小孩上学较为方便，分别有 63.2%、69.9% 的村庄在 15 分钟内能够到达幼儿园、小学。村卫生室覆盖率高、村医到岗率高，样本县村医到岗率为 96.2%，能较好地满足村民日常就诊需求。"村—镇"日常 15 分钟生活圈服务体系初步形成。60.7% 的村民 15 分钟内可到达公交站、巴士站，80.3% 的村民 15 分钟内可到达村卫生室，52.9% 的村民 15 分钟可到达快递点，61.2% 的村民 15 分钟内可到达商店、超市、菜市场。

二、乡村建设问题评价

（一）农房厕所、供水条件有待改善

河南省样本县农房使用水冲式厕所的比例仅为 51.6%。厕所条件成为影响样本县农房宜居性最主要的一个方面。饮用水安全仍存在隐患。在样本县已经实现集中供水的自然村中，有 84.1% 为非自来水厂水源，49.7% 的村民反映家中自来水出现过浑浊、异味、水压不稳定等问题。

（二）农村人居环境有待进一步提升

农村污水处理存在短板。河南省样本县对污水进行处理的自然村占比平均为 25.7%。河南省样本县中污水处理设施在运行的自然村占比 80.8%。农村垃圾分类未得到推广。河南省样本县实施垃圾分类的自然村占比平均仅为 10.9%。

（三）村级养老服务设施覆盖率不足、使用率低

河南省样本县村级养老设施覆盖率均值仅为 39.0%，且 62.4% 的村民表示村内养老设施使用率不高，大部分村级养老设施硬件设备不完善、服务不专业、内容简单。

（四）县城公共服务能力有待进一步提高

县城教育质量有待提高。河南省样本县高中高级教师及以上的教师占比平均值为 22.8%，53.9% 的村民希望能够聘请优秀教师提升学校教办学质量。远程教育覆盖率不高，河南省样本县县城开展远程教育的学校占比为 23.1%。县域医疗设施不足，地方上报数据显示，河南省样本县平均每千人医疗机构床位数仅为 6.0 张。

三、有关建议

（一）推进县域内城乡基础设施建设

稳步实施农村路网、能源网（含电网、气网）、水网（含自来水、污水）、互联网、治安防控视频监控网、农田井网林网等乡村"六网"巩固提升工程，着力补齐农村基础设施短板，实施农村道路畅通工程，打通群众出行"最后一公里"。实施县域城乡清洁能源建设一体化行动，加大农村电网建设力度，加快实施"气化乡村"工程，推进燃气下乡。实施县域城乡信息通信网络建设一体化行动，支持农村信息通信基础设施建设，推动"数字乡村"建设；实施县域城乡物流体系建设一体化行动，完善农产品供应链物流体系，推进田头小型仓储保鲜冷链设施、产地低温直销配送中心、骨干冷链物流基地建设。

（二）推进农村人居环境整治提升

一是推进农村"厕所革命"。充分考虑自然地理条件、风俗生活习惯和群众意愿，科学选择改厕技术模式，强化后期管护服务。二是梯次推进农村污水治理。重点治理水源保护区、黑臭水体集中区域、乡镇政府所在地、中心村、城乡接合部、旅游风景区等六类村庄生活污水，科学合理选择污水处理模式，完善运维资金筹措机制，确保其正常运行。三是健全生活垃圾分类、收运处置体系。将农村垃圾源头分类减量化、资源化工作落实到户。

（三）开展美好环境与幸福生活共同缔造行动

坚持"问题＋目标＋实施＋村民意愿"的多维导向原则，坚持政府引领，多方共筑，充分发挥村民主体作用，引导村民参与乡村建设。

第二节　嵩县

嵩县位于洛阳市西南部，总面积 3009 平方公里，地形以山地为主。2020 年地区生产总值 205.8 亿元，县农村居民人均可支配收入 13965 元。全县常住人口 54.3 万人，城镇化率约为 41%。

一、乡村建设成效评价

（一）农房危房改造成效显著

近年来嵩县通过实施"四个一批"行动方案，提高农村住房的安全性。2020 年嵩县实现危房基本清零，鉴定为危房的农房占比为 0.06%，低于全国样本县平均值。

（二）乡村风貌提升试点初见成效，历史建筑活化致用效果较好

近年来，嵩县整治乡村人居环境，保护修复传统村落，打造特色民俗，加强新建农房风貌塑造。农房建设管理水平比较高。履行审批手续的农房占比为 73.6%。嵩县已实现历史建筑无空置，历史建筑活化利用。

（三）村庄基础设施建设不断完善

农村道路建设不断完善。嵩县已实现建制村 100% 通硬化路、村委会到各自然村 100% 通硬化路，农村巴士或公交基本能够满足村民进出县城的需求。农村新型基础设施建设加快。宽带、通信、广电等农村新型基础设施不断完善。

（四）公共医疗卫生服务体系初步形成

嵩县乡镇卫生院和村级卫生室覆盖率均达到 100%。2020 年，嵩县开展远程医疗的医院和乡镇卫生院占比 63.3%。实行"家庭医生＋服务团队＋支撑平台"的层级化团队服务，提高农村医疗服务水平。

二、乡村建设问题评价

（一）农房建设现代化水平有待提高

供水安全性及稳定性问题有待提高。嵩县集中供水的自然村占比 86.2%，其中 88.1% 都是非自来水厂水源。水冲式厕所普及率低，改厕仍有较大提升空间。2020 年嵩县使用水冲式厕所的农房占比为 41.9%。

（二）村庄人居环境有待提升

农村污水治理仍存在短板。嵩县有污水处理设施的自然村占全县自然村数约 33.0%，接入城镇污水管网的自然村占比 6.4%。农村垃圾分类开展缓慢。嵩县实施垃圾分类的自然村占比仅为 27.4%。

（三）教育设施可达性差，教育质量有待提高

教育设施可达性差。15 分钟内能到达幼儿园、小学比例分别为 46.6%、58.0%。农村教育质量有待提高。有 34.2% 的村民认为小学教育质量与城市存在差距。

三、有关建议

持续推进危旧房改造＋利用行动，加强农村土地综合整治和人居环境改善，建设一批美丽宜居示范村庄，通过示范村庄建设以点带面。

提高农村供水保障能力。开展小型供水设施达标改造。加大城镇供水管网向农村地区延伸力度。强化水源保护、净化消毒和水质检测监测。

因地制宜实施卫生厕所改造。实现"愿改尽改、能改尽改"。按照村庄人口聚集规模以及周边村庄设施的建设情况，分类推进污水处理设施建设。深入推进农村生活垃圾分类。全面加强垃圾分类知识宣传培训和相关设施设备管理。逐步补充、完善垃圾分类投放及回收运营基础设施。

增强农村学校师资力量，提高农村教育质量。健全县、乡、村三级养老服务网络。提高县、乡养老机构护理型床位占比，发展农村普惠型养老服务和互助性养老。

第三节　郏县

平顶山市郏县地处河南省中部偏西，属豫西山区向豫东平原过渡地带，县域总面积 737 平方公里。2020 年郏县地区生产总值为 207 亿元，2020 年农村居民人均可支配收入 14064 元。2020 年全县常住人口 50.6 万，城镇化率约为 39%。

一、乡村建设成效评价

（一）农房建设管理成效显著

持续推进危房改造，郏县鉴定为危房的农房占比仅为 0.01%。加强乡村农房风貌管控和引导。90.5% 的行政村对村民建房的风貌有要求，郏县村景风貌协调度为 6.3 分（满分为 10 分）。

（二）农村人居环境宜居水平持续提高

农村生活垃圾得到有效治理。郏县农村生活垃圾收运处置覆盖率、无害化处理率均达到100%。农村"厕所革命"实施成效显著。全县户用卫生厕所普及率达 89.8%。农村村容村貌持续改善。2020 年郏县村内通户道路硬化占比 91.5%。

（三）"镇—村"基本公共服务体系不断完善

"镇—村"日常 15 分钟生活圈服务体系初步形成。村民生活较为方便。义务教育设施基本满足农村子女就读需求。行政村卫生室覆盖率为 100%。创新建立"互联网＋医疗健康"模式，镇—村医疗服务水平逐步提升。养老服务体系持续发展，充分利用闲置房屋建设养老服务设施。

（四）县城成为农村居民就近城镇化的重要承载地

县城成为县域内农村村民购房首选地，2020 年县城购房者中农村居民占 76.8%。子女教育是农民进城买房的重要驱动因素。县城污水处理能力和生活垃圾处理能力不断提升。郏县县城污水集中收集率为 98.8%，县城生活垃圾无害化处理率为 100%。

二、乡村建设问题评价

（一）农房现代化水平需提升

拥有独立厨房的农房占 68.4%，日常可热水淋浴的农房占 58.3%，农村集中供水入房率为 74.1%。农房现代化水平与居民需求相比仍有差距。

（二）农村人居环境质量仍需不断提升

农村污水处理设施覆盖率低，郏县对污水进行处理的自然村仅占 23.2%，已建项目利用率不高。垃圾分类推进缓慢。实施垃圾分类的自然村占比仅为 4.9%。

（三）农村教育、养老服务质量不高

农村教育设施覆盖率较低。郏县行政村幼儿园覆盖率仅为 21.2%，行政村小学的覆盖率为 46%。村民对小孩就读学校的教学质量满意度为 60.2%。养老设施配置不足，服务水平不高。村级养老服务设施覆盖率仅为 27.06%。

（四）县城服务能力有待提升，县城绿色低碳建设水平不高

县城教育服务水平仍有较大差距，远程教育仍需持续加强。郏县县城没有市重点及以上高中，与县外学校开展远程教育的学校仅有一所。县城物流仓储服务功能缺失。郏县县城没有 1 万平方米建筑面积以上的物流货仓。绿色建筑发展力度仍需持续加大。2020 年度县城新建建筑中基本级及以上的绿色建筑占 35.67%。

三、有关建议

加强乡村建设管理。优化乡镇规划建设委员会的人员配置、拓宽工作范围，建立健全乡村规划、建设、管理、监督全过程管理机制。

推进农村人居环境整治提升。扎实推进农村"厕所革命"，梯次推进农村污水治理，持续推进农村生活垃圾分类和资源化利用全覆盖，加强监管机制建设。持续实施村庄清洁和绿化美化亮化行动。

补齐农村基础设施短板。实施县域城乡交通一体化建设，推进县域城乡清洁能源一体化建设，实施县域城乡信息通信网络建设一体化行动，推动"数字乡村"建设。

提升农村基本公共服务水平。优化县—镇—村教育资源布局，提升寄宿制学校的建设标准，推广远程教育。全面推进健康乡村建设，加强县域紧密型医共体建设。统筹推进城乡养老一体化发展，发展农村普惠型养老服务和互助性养老。

增强县城综合服务能力。大力发展绿色建筑和建筑节能，建设绿色节约型基础设施和绿色低碳交通系统。提升医院和疾控机构综合服务能力和应对重大疫情及突发公共卫生事件能力。完善产业平台配套设施。

第四节　罗山县

罗山县地处河南省南部，总面积 2077 平方公里，2020 年，全县实现生产总值 234.8 亿元，农村居民人均可支配收入为 14827 元。2020 年全县常住人口 54.9 万，城镇化率约为 30%。

一、乡村建设成效评价

（一）农房现代化建设水平有提升

罗山县 76.9% 的住房已经完成了厕所改造。集中供水入房率达 86.6%，有 63.0% 的农户日常饮用水源为自来水。92.6% 完成了宽带入户。83.0% 的农房拥有独立厨房。

（二）县—镇—村基本公共服务体系初步建成

医疗设施体系较健全，村级医疗设施覆盖率高。罗山县行政村卫生室覆盖率达到了100%。教育设施基本满足农村学生就读需求。59.7% 的农村高中生在县城就读，88.7% 的农村初中生在乡镇就读，77.3% 的行政村 15 分钟生活圈范围内有小学。罗山县为全国养老服务建设示范县。县域养老机构护理型床位数量占养老机构床位总数量的比例为 55.8%，村级养老服务设施覆盖率为 41.2%，养老设施分布合理，15 分钟可达率高。

二、乡村建设问题评价

（一）农房供水、用能水平有待进一步提高，村民对农房满意度不高

罗山县有燃气管道覆盖的行政村占比仅为 15.5%，使用天然气的仅为 8.1%。25.8% 的村民表示家中自来水经常出现浑浊、异味、水压不稳定等问题。与城市住房相比，31.8% 的村民认为自建房在浴室条件存在较大差距，23.6% 的村民认为自建房在厕所条件方面与城市住宅存在较大差距，20.3% 村民认为自建房在厨房条件方面存在较大差距。仅有 43.9% 居民对总体住房条件表示满意。

（二）镇村人居环境有待提升

建制镇污水处理率不高。罗山县建制镇污水处理率仅为 15.6%。垃圾分类普及率较低。罗山县实施垃圾分类的自然村占比仅为 0.4%，48.1% 的村民认为村内垃圾处理成效一般。

（三）农村公共服务存在短板。

行政村幼儿园覆盖率仅为 27.6%，现有的幼儿园硬件设施和师资质量不足。有 45.3% 的村民认为需要改善小孩就读学校的寄宿条件。村卫生室服务水平一般，村民对村卫生室医疗服务水平的满意度为 50.2%。71.6% 的村民认为养老服务设施使用率不高。

（四）县城服务能力不强

县城医养融合发展缓慢，养老服务内容单一，服务人员素质不高、专业人才短缺，49.8%的村民认为养老服务设施服务质量待进一步提高。县城农业生产服务亟待提高。村民对县内可提供的农业生产服务满意度低，仅为44.1%。

三、有关建议

建立垃圾分类处理机制。实施垃圾分类，同步开展以源头减量、就地消纳为主的农村生活垃圾治理专项工作。因地制宜建设乡村污水处理系统，提高污水处理能力。做好农房户厕与污水处理设施的衔接，实现厕所产污源头无害化、资源化。

进一步提升公共服务质量。实施农村中小学提质专项行动，完善寄宿制学校办学标准，加快实现乡村学校宽带网络全覆盖。健全完善医养融合工作机制，推进养老服务智慧化发展。

开展美好环境与幸福生活共同缔造行动，坚持党建引领，发挥乡贤作用。建立村民参与商议和决策，投工投劳、以奖代补等机制，组织动员农民群众参与乡村建设。

第十五章

湖北省乡村建设评价成果

第一节 湖北省

湖北省位于我国中部地区，2020 年全年地区生产总值 43443.5 亿元。全省常住人口 5775.3 万人，其中农村常住人口 2143.2 万人，城镇化率约为 63%。

2021 年湖北省乡村建设评价由华中科技大学、华中农业大学组成的省级专家团队作为第三方评价机构开展。第三方评价机构与 3 个样本县有关部门开展座谈；广泛开展问卷调查，共收回村民有效调查问卷 2440 份，村委会有效调查问卷 153 份；分别选取代表不同经济发展水平的乡镇开展实地调研，走访 9 个镇、27 个村，深入客观了解样本县乡村建设情况，收集村景照片 2801 张、无人机照片 107 张。

一、乡村建设成效评价

（一）农村居民经济收入增长

湖北省样本县农村居民人均可支配收入增长明显，超过 60% 的受访村民反映近三年生活水平越来越好。村民问卷调查显示，半数以上（51.2%）的村民对自己当前的工作状态感到满意。

（二）农房安全质量有保障，配套设施不断完善

农村房屋安全基本得到保障。湖北省样本县内农房危房比例为 0.38%，低于全国样本县 0.57% 的均值。样本县平均 82.6% 的农房拥有独立厨房，59.7% 的农房拥有水冲式厕所，日常可热水淋浴的农房占比 74.2%，均高于全国样本县平均水平。

乡村建设工匠培训活动持续开展。湖北省样本县大力推进培训乡村建设工匠活动，平均年度培训乡村建设工匠 356 人次。

（三）村庄供水、用能、道路等设施建设成效显著，垃圾收运处置体系覆盖面广

农村集中供水率逐步提高。湖北省样本县农村集中供水入房率为 92.3%，略高于全国样本县平均水平。

清洁能源使用率逐步提升。村民问卷调查显示，湖北省样本县村民主要使用罐装液化气（65.7%）、沼气（42.3%）等清洁能源，均高于全国样本县的平均水平。

农村道路硬化普及率高。村民问卷调查显示，村内通户道路硬化占比达 86.5%，高于全国样本县 84.5% 的平均水平。

农村生活垃圾收运体系基本实现全覆盖。湖北省样本县建立"村收集—镇转运—县处理"的治理模式，村民问卷调查显示，61.0%的村民会将垃圾放到村庄垃圾收集点或公共垃圾箱，农村生活垃圾收运至县、镇处理的自然村占比100%，高于全国94.5%的平均水平。

（四）乡村教育、医疗服务设施较好完善，十五分钟生活圈初步形成

教育设施可达性较好，村庄内小孩上学较为方便。村一镇两级教育设施吸纳了80.1%的孩子上小学、96.8%的孩子上初中，54.4%的村民15分钟内可到达小学。

县镇村三级医疗服务设施体系基本建成。样本县每个乡镇至少拥有1家卫生院，均实现了行政村卫生室全覆盖，高于全国样本县95.4%的平均水平。村民问卷调查显示，59.5%的村民患大病时在县城就诊，36.2%的村民患小病时在乡镇卫生院就诊，36.7%的村民患小病时在村卫生室就诊。

"村一镇"日常15分钟生活圈服务体系初步形成。村干部问卷显示，60.1%的村民15分钟内可到达公交站、巴士站，82.2%的村民15分钟内可到达村卫生室，66%的村民15分钟可到达快递点，62.4%的村民15分钟内可到达商店、超市、菜市场。

（五）县城承载力持续提升，集聚人口明显

湖北省样本县每个县城至少拥有2.33家二甲及以上医院，高于全国样本县2.2家的平均水平。样本县平均34.1%的人口在县城集聚，县城购房者中农村居民占比平均为69.0%，高于全国样本县平均51.5%的水平。

二、乡村建设问题评价

（一）村庄污水、垃圾治理存在短板

农村地区污水治理水平较低。样本县对污水进行处理的自然村平均占比仅为28.7%。村民问卷调查显示，仅有43.7%的村民对于村内的污水收集处理情况表示满意。

农村生活垃圾分类普及程度不高。样本县实施垃圾分类的自然村占比达到8.3%，低于全国样本县43.2%的平均水平。村民问卷调查显示，村民对村内垃圾处理的满意度为61.8%，农村垃圾生活垃圾处理水平有待提高。

（二）村级养老设施覆盖率不高，使用率较低

村干部问卷调查显示，样本县村庄65岁以上人口占比约为16.3%，但村民问卷调查显示，仅有29.3%的村民认为村级养老服务设施使用率高，县域养老服务满意度仅为53.9%。

（三）县城提供农业生产服务质量不高

湖北省样本县县城物流货仓数量平均值为 1.33 个，农民对县域可以提供的农业生产服务满意度不高，48% 的村民对县内农业生产服务不满意。

三、有关建议

（一）因地制宜推进乡村生活垃圾与污水治理

建立健全符合湖北省乡村实际、方式多样的生活垃圾收运处置体系。继续推进生活垃圾分类投放、收运和处置，进一步加强生活垃圾减量化、资源化、无害化处理，提高资源回收利用率，促进农村人居环境改善。

有效衔接农村改厕与生活污水治理，提高水资源利用率和粪污资源化利用率，逐步完善村内污水管网系统，逐步配备环保型、节约型、易维护型的污水处理设施。根据乡村距城镇网管的距离，分类采取污水处理方式，合理配置污水处理设施，建立乡村生活污水设施运营维护的保障机制，实现农村生活污水的有效治理和长效管控。

（二）稳步提升养老服务水平

补齐农村互助养老服务设施短板，推广农村互助养老模式。建立乡村居家养老相关制度，对处于居家养老的老人进行定期的探访照料，重点针对农村鳏寡孤独人员、分散供养特困人员，以助餐、助安、助医、助娱等关爱服务为主要内容，提供低偿或无偿的集中托养服务。

（三）加强县城绿色低碳建设，构建以县为核心、镇为支点、村为节点的建设层级体系

加强县城绿色低碳建设，增强县城的吸引力和承载能力，完善公共基础设施和公共服务水平。指导地方以县域为基本单元，以湖北省"擦亮小城镇"行动为引擎，突出小城镇在新型城镇化和乡村振兴战略中的重要支撑作用，构建以县为核心，以镇为支点，以村为节点的建设层级体系。

（四）深入开展美好环境与幸福生活共同缔造活动

构建以基层党组织为核心，村委会、监委会、民间协会、党员志愿者等多元主体共同参与的"一核多元"治理体系。从村民关心的农房建设与人居环境建设出发，动员村民投工投劳，激发村民参与乡村建设积极性。

第二节　远安县

一、乡村建设成效评价

远安县位于湖北省西部，县域面积 1752 平方公里。2020 年，远安县地区生产总值为 174.4 亿元。2020 年末全县总人口 19 万人，城镇化率约为 53%。

（一）农民收入水平不断提升

远安农村居民人均可支配收入从 2015 年的 14715 元增长至 2020 年的 21127 元，县域总 GDP 为 17.4 亿元，人均 GDP 为 9.63 万元 / 人，超过全国和湖北省样本县平均水平。

（二）农房宜居水平较高，工匠培训效果显著

农房配套设施较为齐备。村民问卷调查显示，远安县 83.2% 的农房拥有独立厨房，75.4% 的农房拥有日常可热水洗浴的条件，62.9% 的农房配有水冲式厕所，均高于全国样本县平均水平。村民对农房厕所、厨房等条件满意度较高。

乡村建设工匠培训活动效果显著。远安县实施人才振兴战略，在已培训千名持证乡村建设工匠的基础上，公开遴选 20 名文化程度高、组织能力强、业务素质高、能够统筹各工种工序的"掌作工匠"，并将组织"掌作工匠"进行集中理论培训和农房建设实践。

（三）垃圾、污水处理体系相对完善

农村生活垃圾无害化处理体系和污水收集处理体系基本建立。远安县初步建立起村收集—镇转运—县处理的垃圾处理体系，建制镇生活垃圾无害化处理率为 100%。村民对于村庄垃圾收集转运处理情况的满意度为 62.0%。建制镇污水处理率 100%，对污水进行处理的自然村占比为 54.9%，超过全国与湖北省样本县平均水平。

（四）村庄基础设施覆盖率不断提高

农村水路电气设施覆盖率不断提高。村民问卷调查显示，远安县 54.3% 的村庄实现了集中供水，农村集中供水入房率达 94.9%，使用燃气的农户占比为 84.0%，包括罐装液化气、天然气和沼气，其中罐装液化气的使用率最高。

（五）教育、医疗和养老服务设施较为完善

教育设施满足学生基本上学需求。每个乡镇均配备小学。村民调查问卷显示，远安县有56.8％的村民对小孩就读学校的教学质量感到满意，对学校住宿质量满意度达到62.6％，高于湖北省和全国样本县平均水平。

村级医疗和养老设施覆盖率高。远安县行政村卫生室覆盖率达到100％，村级养老服务设施覆盖率达83.3％，均超过全国样本县平均水平。

（六）县城综合服务水平较好

市政设施服务功能完善。县城污水处理率达96.3％，生活垃圾无害化处理率达到100％，均高于全国样本县平均水平。

县城集聚人口作用明显。县城购房者中农村居民占比为64.4％，高出全国样本县平均水平。

县城医疗服务质量较好。县城医疗卫生机构床位数有6.2张／千人，执业（助理）医师数为2.6人／千人，均高于全国样本县平均值。

二、乡村建设问题评价

（一）村庄通户道路质量不高

远安县82.7％的村民家门口道路实现了硬化。但村民调查问卷结果显示，37.5％的村民认为村庄道路质量一般，道路硬化工程有待提升。

（二）学前教育、村级医疗等公共服务设施存在短板

学前教育设施分布不均。村民问卷调查显示，远安县建设幼儿园的行政村占比为9.8％，低于全国和湖北省样本县平均水平。

村级医疗水平需提升。村民问卷调查显示，村民对于村级卫生室的满意度仅有43.5％，仅有37.1％的村民在生小病时会选择到村级卫生室就诊。

三、有关建议

加强工匠培训，编制推广农房建设技术导则。深入挖掘地域特色，并以功能为导向，设计建造符合当地人们居住生活习惯的农房，使建筑形式富有浓郁乡土韵味，持续推进乡村建设工

匠培训。

提升乡村教育医疗水平。提高乡镇地区学校的教育质量，满足偏远地区和留守儿童的寄宿、餐饮及交通的基本需求。完善省、县、镇、村四级远程医疗的网络医院体系，加强远程问诊服务，促进高等级医疗机构技术和服务延伸。

开展美好环境与幸福生活共同缔造活动。构建"纵向到底、横向到边、共建共治共享"的现代治理体系，发挥农村基层党支部在乡村建设过程中的领导作用。

第三节　孝昌县

孝昌县地处湖北省东北部，大别山南麓，地形以丘陵山地为主。2020 年，孝昌县地区生产总值为 137.9 亿元。2020 年末全县总人口 60 万人，城镇化率约为 47%。

一、乡村建设成效评价

（一）农村居民收入水平不断提高

孝昌县农村居民人均可支配收入从 2016 年的 9180 元增长到 2020 年的 12096 元，年均增速达到 7.1%。村民问卷调查显示，79.8% 的村民认为近三年来家庭生活水平越来越好。

（二）农房宜居性不断提高

孝昌县 81.7% 的农房拥有独立厨房，72.1% 的农房日常可热水淋浴。村民问卷调查显示，村民对总体住房条件满意度达 60.6%，57.3% 和 55.9% 的村民对自家厕所和厨房条件表示满意。

（三）生活垃圾转运体系基本建立

农村生活垃圾收运至县、镇处理的自然村占比 100%，高于全国样本县 94.5% 的平均水平。村民问卷调查结果显示，91.0% 的村民对村内的垃圾收集转运处理情况和村庄整体环境表示满意。

（四）农村供水道路等基础设施服务质量不断提高

县域内已基本实现自来水全覆盖。村民问卷调查结果显示，村庄道路硬化率高达 91.5%，

52.6% 村民对村内道路质量比较满意，且村庄主要道路有路灯的比例为 83.0%，照明情况良好。

（五）农村教育、医疗等公共服务体系逐步完善

基础教育服务覆盖率较高。村民问卷调查显示，乡村子女小学和初中在本镇镇区就读的占比较大，分别为 55.9% 和 65.2%。村民对子女就读学校的教学质量和寄宿条件表示比较满意及满意的比例分别为 62.0% 和 61.2%。

县镇村分级诊疗成效明显。县城拥有 3 个二甲及以上医院，高于全国样本县 2.2 个的平均水平。村民问卷调查显示，49.2% 的村民患大病时选择在县内就诊，45.0% 的村民患小病选择在村卫生室就诊。村民对县医疗服务水平的满意度为 47.5%，能基本满足村民治疗常见病和公共卫生防疫需求。

（六）县城提供较好的生产生活服务

县城成为村民购房首选地。2020 年县城购房者中农村居民占比 61.9%，高于湖北省另外两个样本县的平均水平。

基础性农业生产服务能力较强。县城拥有 3 个建筑面积 1 万平方米以上的物流货仓，超过了全国样本县 0.8 个的平均水平和湖北省样本县 1.3 个的平均水平。

二、乡村建设问题评价

（一）农房建设管理水平有待提高

农房建设管理覆盖面不够广，县域内履行审批手续的农房占比 41.8%。县域内乡村建设工匠培训人次远低于全国样本县平均 507.3 人次。

（二）农村污水处理水平有待提高

孝昌县对污水进行处理的自然村占比 23.9%，低于全国样本县 28.0% 的平均水平。问卷调查显示，接入城镇污水处理管网的自然村占比 4.3%，村民对村内污水处理的满意度为 47.5%，24.8% 的村民认为村庄内的河流、水塘水质情况差。

三、有关建议

加强乡村建设工匠培训和管理。健全"乡村建设工匠"培养标准和技能评价体系，优化培

养方式。完善乡村高技能人才职业技能等级制度，组织乡村建设工匠参加职业技能鉴定、职业技能等级认定、职业技能竞赛等多种技能评价。

提升乡村垃圾和污水治理水平。推广农村生活垃圾分类，提高垃圾就地消纳和回收利用率。依据农村实际需求布设小型污水处理站，鼓励污水处理的尾水再利用。

第四节　罗田县

罗田县位于湖北省东北部、大别山南麓。全县面积 2144 平方公里，2020 年，全县完成生产总值 145.6 亿元。常住人口 47.3 万人，城镇化率约为 45%。

一、乡村建设成效评价

（一）农民生活水平不断提升

农村居民经济收入稳步增长。罗田县农村居民人均可支配收入从 2016 年的 9139 元增长到 2020 年的 12208 元，70.9% 农民认为近三年生活水平有改善。

（二）农房建设水平提高

农房安全隐患排查工作深入推进。在罗田全县范围内开展农房安全普查和建档工作，安全农房（A、B 级农房）占比达 99.6%。

农房配套设施较为完善。82.7% 的农房拥有独立厨房，75.1% 的农房拥有独立浴室，65.3% 的农房拥有水冲式厕所。村民问卷调查显示，59.3% 村民对自家厕所条件满意，56.1% 村民对自家厨房条件满意。

（三）农村生活垃圾转运处理体系基本建立

罗田县初步建立起"村收集—镇转运—县处理"的垃圾处理体系，农村生活垃圾得到收运处理的行政村比例达 100%。对于生活固体垃圾，60.3% 的村民会将垃圾放置到垃圾桶或垃圾收集点。对于厨余垃圾，54.0% 的居民选择放到垃圾收集点或公共垃圾箱。

（四）农村供水、道路和用能设施覆盖率不断提高

罗田县 89.8% 的村庄实现了集中供水，村民入户道路中 85.1% 为水泥路。气与电成为

村民主要生活用能，49.3% 的村民选择罐装液化气作为主要生活燃料，60.9% 的村民选择使用电力。

（五）县城提供较好的生活配套服务

村民问卷调查显，44.8% 的农户购买了商品房，其中 43.1% 在县城购买，县城购房者中农村居民占 59.9%。

县城能够提供较好的教育服务。罗田县县城拥有 4 所重点及以上高中，县域内开展远程教育的学校占比 85.1%，在县城义务教育的学校中，农村学生占比 61.0%。

县城医疗服务设施完善。罗田县城二甲及以上医院数 2 个，接近全国样本县平均值，县域医疗卫生机构床位数为 8.4 张 / 千人，执业（助理）医师数为 2.8 人 / 千人，均高于全国样本县平均值。

二、乡村建设问题评价

（一）村庄污水处理率较低

农村污水处理水平不高。罗田县对污水进行处理的自然村占比 27.4%，低于全国样本县 28.7% 的平均水平，农村污水处理设施覆盖率略低。村民调查问卷显示，43.5% 的村民在处理生活污水时，仍会直接排入村庄沟渠或污水井。

（二）县城污水处理设施、农业服务设施存在短板

县城污水处理率较低。罗田县污水处理率为 86.3%，低于全国样本县 94.0% 的平均水平。

县城提供的现代化农业生产服务不足。罗田县没有建筑面积达到 1 万平方米以上的物流货仓设施。村民调查问卷显示，47.1% 的村民对县内可提供的农业生产服务感到不满意。

三、有关建议

加强农房风貌管控。提高农村住房建设标准及建设水平，探索适宜本地的乡土建造方式，将黄冈市农房设计图集内容作为乡村建设工匠培训的重点，提高乡村建设工匠的识图能力和施工质量安全水平。

统筹推动农村生活污水治理与厕所粪污治理。因地制宜推进厕所粪污分散处理、集中处理或接入污水管网统一处理，适应山地村镇空间发展特征，实行"分户改造、集中处理"与单户

分散处理相结合，鼓励联户、联村、村镇一体治理。

深入开展美好环境与幸福生活共同缔造活动。坚持党建引领，适当引入专业团队，培养本地规划师，鼓励村民表达诉求、参与规划，拓宽村民参与乡村建设的渠道。

第十六章
湖南省乡村建设评价成果

第一节　湖南省

湖南省位于我国中部地区，2020年全年地区生产总值41781.5亿元。全省常住人口6644.5万人，其中农村常住人口2740万人，城镇化率约为57%。

2021年湖南省乡村建设评价由湖南省建筑设计院集团股份有限公司牵头，湖南大学设计研究院有限公司和湖南省锦麒设计咨询有限责任公司组成第三方评价机构开展。评价综合运用部门访谈、问卷调查、实地调研等方式采集数据，共收回村民有效调查问卷3016份，村委会有效调查问卷327份；分别选取代表不同经济发展水平的乡镇开展实地调研，共走访9个镇，27个村庄与村干部、村民面对面开展访谈；通过村景拍拍小程序拍摄村容村貌，通过无人机对村庄进行俯视与鸟瞰拍摄，采集村景照片3242张，无人机照片308张。

一、乡村建设成效评价

（一）农村居民收入水平不断提高

湖南省样本县农村居民人均可支配收入从2016年的8879元增加到2020年的13797元，年均增速达到11.08%，5年间增幅达到55.4%。

（二）农房安全得到保障

农村危房改造工作有序推进。湖南省样本县全面落实住房安全保障整改行动，农村危房比例仅为0.07%，远低于全国样本县0.57%的平均水平，实现"人不住危房，危房不住人"。

农房结构质量安全水平高。村民问卷调查显示，湖南省样本县平均79.1%农房为砖混结构，高于全国样本县71.4%的平均水平。

农房内配套设施不断完善。湖南省样本县有水冲式厕所的农房占比为54.8%，有独立厨房的农房占比为68.2%，可热水淋浴的农房占比为61.8%，均超过全国平均水平。

（三）村庄道路、供水、电力等基础设施覆盖面广

湖南省样本县村内硬化公路通达率为100%，利于村民出行。村内通户道路硬化占比85.8%，略高于全国样本县84.5%的平均水平。

农村供水安全保障性高。湖南省样本县拥有集中供水的自然村比例为87.0%，略高于全国样本县85.6%的平均水平。

农村电力电讯设施建设完备。村民问卷调查显示，农村生活用电稳定可靠的情况占比达

92.6%。样本县农村实现 4G 网络全覆盖，光网覆盖率达到 96.8%，78.0% 的农民认为家庭网络比较稳定。

建立了村收集—镇转运—县处理的垃圾收集处理模式。湖南省样本县农村生活垃圾收运至县、镇处理的自然村占比为 100%，超过全国样本县 94.5% 的平均水平，农村垃圾得到有效处理。村干部问卷调查显示，有专门保洁人员的行政村占比为 98.3%，高于全国样本县 90.9% 的平均水平。

（四）县—镇—村教育、医疗服务设施体系初步建成

样本县教育整体发展水平不断提高。高中高级及以上教师占比为 34.1%，高于全国样本县 31.6% 的平均水平，县域平均开展远程教育的学校占比为 48.2%，高于全国样本县 34.0% 的平均水平，教育资源相对均衡。

乡镇在承载学前教育和义务教育方面发挥重要作用。村民问卷调查显示，湖南省样本县 49.4% 的农村家庭小孩在乡镇幼儿园就读，57.0% 的农村家庭小学生在乡镇就读，61.6% 的农村初中生在乡镇就读。

县域医疗设施覆盖率高，远程医疗服务开展比例较高。湖南省样本县县城平均拥有二甲及以上医院 2.3 家，高于全国样本县平均水平；乡镇卫生院覆盖率 100%；行政村卫生室覆盖率达 100%，高于全国样本县 95.4% 的平均水平。样本县开展远程医疗的医院和乡镇卫生院平均占比为 63.0%，高于全国样本县 37.5% 的平均水平。

分级诊疗机制有效运转。村民问卷调查显示，湖南省样本县平均 72.2% 的村民患大病时选择在县内就诊，高于全国样本县 63.6% 的平均水平。77.0% 的村民患小病选择在村卫生室或乡镇卫生院就诊，71.9% 的行政村在 15 分钟内可以到达村卫生室，61.1% 的行政村能在 30 分钟内达到乡镇卫生院。

（五）县城综合服务能力较高

县城成为村民购房首选地。县城商品房销售总数量中农村居民购房的比例为 68.1%，高于全国样本县 50.7% 的平均水平。村民问卷调查显示，有超过半数（53.1%）的村民购买商品房会选择在县城购买。村民问卷调查显示，子女教育是农民进城买房的重要驱动因素，74.1% 的农民在县城购房是为了子女接受更好教育。

县城教育、医疗设施配套建设较为完善。样本县县城平均拥有市重点及以上高中数 2.3 个，县域内超过 7 成学生在县城读高中。

县城尺度、绿化环境宜人。湖南省样本县的县城建设与当地自然环境协调度较高，通过专家打分，湖南省县城建设与自然环境协调度平均为 7.6 分（满分 10 分），高于全国样本县平

均水平 7.2 分。

二、乡村建设问题评价

（一）农房风貌缺乏特色

根据村景拍拍小程序评价分析，样本县村庄风貌协调度的平均得分仅为 6.0 分（满分 10 分），村庄整洁度平均得为 6.5 分（满分 10 分）。依然存在"有新房没新村、有新村没新貌、有新貌没特色"等问题。

（二）镇村污水处理存在短板

样本县建制镇污水处理率仅有 46.1%，低于全国样本县 59.6% 的平均水平。农村污水处理水平不高。村民问卷调查显示，多数村民认为农村污水处理水平较低，村民对污水收集处理情况的满意度仅为 44.2%。

（三）县城污水收集率低，绿色建筑建设占比低

湖南省样本县县城污水集中收集率仅为 13.3%。县城绿色建筑占比低。样本县 2020 年度县城新建建筑中绿色建筑占比为 40.9%，低于全国样本县 64.1% 的平均水平。

（四）村民较少参与村庄建设，主体作用未有效发挥

湖南省样本县农村村民整体参与村庄建设比例低，湖南省村民 2020 年度行政村村民投工投劳平均人次是 57 人次，远低于全国样本县 79 人次的平均水平。

三、有关建议

（一）加强农村生活污水治理

因地制宜采取污水收集管网、集中式污水处理设施或人工湿地等处理技术，建立长效管护机制，采取财政补助、村集体负担、村民适当缴费或出工出力等方式加强设施管护。确保农村生活污水治理设施建成一个、运行一个、见效一个。

（二）加强县城绿色低碳建设，提升县城综合服务能力

建设完善农村物流配送及综合服务网络，促进农村传统商贸流通，企业转型升级，建成县域物流公共信息平台，负责承接县、镇、村三级物流快递配送，全面推进现代化农业物流发展。

（三）推动美好环境与幸福生活共同缔造活动

在农村人居环境建设和整治中持续开展美好环境与幸福生活共同缔造活动。以农房建设、垃圾分类、公共空间建设与整治、公共服务设施建设为主要内容，进一步拓宽群众参与渠道，调动群众参与乡村建设积极性。

第二节　汝城县

汝城县位于湖南省东南部，地处湘、粤、赣三省交界，全县面积2400.7平方公里。2020年汝城县地区生产总值为91.4亿元。2020年全县常住人口34.5万，城镇化率约为47%。

一、乡村建设成效评价

（一）农村居民收入持续快速增长

2016至2020年汝城县农村居民人均可支配收入从2016年的8323元增长到2020年的11836元。

（二）农房建设管理有效加强

农村危房改造工作稳步推进。汝城县县域内危房即安全鉴定或评定等级为C或D等级的农房占比为0.06%，低于全国样本县平均0.57%水平。农房审批管理工作得到加强。2020年县域内履行审批手续的农房占比为88.1%，远高于湖南省样本县72.9%的均值。汝城县年度培训乡村建设工匠人次达509人次，在湖南省样本县中最多。

（三）村庄垃圾收运体系基本建立，"厕所革命"初见成效，人居环境整治行动快速推进

汝城县农村生活垃圾收运至县、镇处理的自然村占比为100%，村内有保洁人员的行政村占比达到97.7%。汝城县新（改）建卫生户厕4202户、农村公厕30座、拆除旱厕2000间。

（四）农村集中供水入房率、道路硬化率较高

汝城县农村集中供水入房率达93.5%，在湖南省样本县中排名第一，饮用水源水质100%达标。汝城县实现行政村主要道路100%为水泥路面，村内通户道路硬化占比为82.9%，

81.4% 的行政村村内主要道路有路灯。

（五）教育、医疗服务设施基本满足需求

教育设施基本满足农村学生就读需求。村民问卷调查显示 78.7% 的农村高中生在县城就读。88.6% 的农村初中生在乡镇就读，乡镇就读初中比例高。30.7% 的农村小学生在村小学就读，63.3% 的农村小学生在乡镇就读，村、乡镇就读小学比例高。

医疗资源覆盖率高。汝城县行政村卫生室覆盖率为 100.00%。开展远程医疗医院和乡镇卫生院数量占县域医院和乡镇卫生院总数量的比例为 47.1%。县镇村分级诊疗成效明显。村民问卷调查显示，44.5% 的村民患小病选择在村卫生室就诊，高于全国样本县 39.0% 的平均水平。

（六）县城生产生活服务能力增强

生产服务设施较完善。汝城县拥有 1 个年经营量 10 万吨以上的农产品批发市场，1 个建筑面积 1 万平方米及以上的物流货仓，皆集中于县城。

县城医疗服务体系相对健全。县城拥有二甲及以上医院 3 家，高于湖南省（2.3 家）及全国样本县均值（2.2 家）。村民问卷调查显示，65.4% 的村民患大病时选择在县内就诊。县城教育服务质量较高。县城拥有 2 所市重点及以上高中。

县城成为村民购房的主要目的地。县城购房者中农村居民占比 84.1%，县城对农村居民有相对较大的吸引力。在县城购房的农户中，77.4% 是为了子女可以接受更好教育。

二、乡村建设问题评价

县镇村污水治理存在短板，垃圾分类工作开展缓慢。县城污水收集率低，建制镇和村生活污水处理率低。汝城县县城污水收集率仅 5.4%，建制镇污水处理率仅为 35.7%，污水进行处理的自然村占比为 16.3%，均低于全国样本县平均水平。村民调查问卷显示，污水收集处理情况满意度仅为 40.3%。汝城县农村实施垃圾分类的自然村占比为 35.7%，村干部调查问卷显示，60.5% 的村庄垃圾转运时没有分类装好，垃圾分类没有真正实现。

三、有关建议

加强农房审批管理工作。加强农房和管理力量，推动农房建设带图报建、按图验收。
进一步加强对污水处理设施的建设。鼓励采取小集中的生物—生态处理模式，加强设施设备质量评估及监管。

加强农村新型基础设施建设。推进 5G 基站、新能源充电桩等农村新型基础设施建设，满足农民现代化生活需求。

第三节　宁远县

宁远县地处湘南，地形以山地丘陵为主，全县总面积 2510 平方公里。2020 年宁远县地区生产总值为 232.4 亿元，2020 年农村居民人均可支配收入 17186 元。2020 年全县常住人口 68.4 万，城镇化率约为 48%。

一、乡村建设成效评价

（一）农房配套设施较为完善

村民问卷调查显示，宁远县有水冲式厕所的农房占比达到 67.9%，有独立厨房的农房占比达到 73.4%，日常可热水淋浴的农房占比达到 68.2%，在湖南省样本县中排名第一。

（二）农村人居环境质量有效提升，供水、道路等基础设施较完善

生活垃圾收运体系处置较为完善。县城生活垃圾无害化处理率达到 100%，建制镇生活垃圾无害化处理率达 100%，均高于全国样本县平均水平。

农村"厕所革命"和污水治理有序推进。全县农村卫生厕所普及率 86.3%、无害化卫生厕所普及率 38.0%，75.0% 的行政村实现旱厕清零，县城镇污水集中处理率分别达到 99.6%、48.9%。

农村集中供水入房率达到 77.7%，100 人以上自然村通公路全覆盖，村内通户道路硬化率达到 88.7%，84.6% 的行政村村内主要道路有路灯。

（三）县—镇—村基本公共服务体系初步建成

教育设施基本满足农村学生就读需求。县城拥有 4 所市重点及以上高中。县城义务教育学校中农村学生占比为 76.1%，在湖南省样本县中排名第一。县域内开展远程教育的学校（包括小学、初中和高中）数量占县域学校总数量比为 100%。县域医疗设施覆盖率高，远程医疗服务开展较好。宁远县实现开展远程医疗的医院和乡镇卫生院占比 100%，远高于湖南省

样本县平均值。

（四）县城人口吸引力较强

县城成为村民购房的主要目的地。宁远县 2020 年度县城购房者中农村居民占比为 52.2%，在县城购房的农户中，77.0% 是为了子女接受更好教育。

二、乡村建设问题评价

（一）农房风貌协调度不高

宁远县村庄风貌协调度为 5.8 分（满分 10 分），低于湖南样本县平均水平。

（二）学前教育存在短板

宁远县行政村幼儿园覆盖率只有 34.8%，低于全国样本县 35.7% 的平均水平。

三、有关建议

加强农房建设管理，保障农房建设顺利开展。加强管理力量，为农民群众提供技术指导。

优化农村教育资源布局，推动远程教育下沉镇村。统筹布局乡镇中心学校，完善校舍建设、装备配置等办学标准，提升基本教学条件、学习生活条件。

建立"纵向到底、横向到边、共建共治共享"的乡村治理体系。以农房建设、公共服务设施建设、公共空间建设、人居环境整治为主要内容，进一步拓宽群众参与乡村建设的渠道，调动群众参与乡村建设积极性。

第四节 凤凰县

凤凰县位于湖南省西部，地形以山地丘陵为主，全县面积 1759.1 平方公里。2020 年凤凰县地区生产总值为 87.9 亿元。2020 年全县常住人口 35.2 万，城镇化率约为 44%。

一、乡村建设成效评价

（一）农村居民收入持续稳步增长

凤凰县 2020 年农民人均可支配收入 12368 元，人均城乡居民储蓄存款余额 4.0 万元/人。

（二）农村住房安全得到保障，村庄整体风貌较为协调

完成农房安全普查和建档工作。县域内鉴定等级为 C 或 D 等级的农房占比为 0.15%，低于全国样本县 0.57% 的平均水平。村庄整体风貌协调度高。村庄整洁度达 6.6 分（满分 10 分）、风貌协调度为 6.4 分，位于全省样本县第一。

（三）农村道路设施较完善

凤凰县自然村公路通达率达 100%。村内通户道路硬化占比 85.9%，农户家中通电率达到 100%。

（四）生态环境保护成效显著

地表水水质优良。凤凰县地表水水质优良（Ⅰ～Ⅲ类水质）占比达到 100%，高于全国样本县 87.7% 的平均水平。空气质量达标率高。环境空气质量达标率为 95.9%，高于全国样本县 87.7% 的平均水平。

（五）县城人口吸引力不断加强

县城建设与周边自然环境协调度较高。凤凰县县城建设与自然环境协调度为 7.8 分（满分 10 分），高于全国样本县 7.2 分的平均水平。县城住房成为村民购房首选地。村民调查问卷显示，有 47.7% 的村民选择在县城购房，高于全国样本县 45.5% 的平均水平。

二、乡村建设问题评价

（一）村民对农房居住条件、农村人居环境满意度低

村民对住房宜居性的满意度不高。村民问卷调查显示，仅 46.9% 的村民对住房条件满意，低于全省样本平均水平。村民对村庄整体环境满意度为 55.9%，低于全省样本县平均水平。

（二）县镇生活垃圾、污水处理存在短板

县城生活垃圾无害化处理率为 98.6%，低于全国样本县 99.6% 的平均水平。县城污水集

中收集率、处理率分别为 15.3%、93.3% 和建制镇污水处理率 53.8%，均低于全国样本平均水平。

（三）村民在乡村建设中参与度低

村民参与乡村建设的积极性不高。村民问卷调查显示，只有 23.3% 的村民经常参与村里组织的村民集体活动。

三、有关建议

积极落实《关于加快农房和村庄建设现代化的指导意见》提高农房现代化宜居水平，推动农村人居环境改善。

因地制宜推进农村污水治理。采用小型化、分散化的污水治理模式。

加强县城绿色低碳建设，推动县城功能提升，提高县城的承载能力。

第十七章

广东省乡村建设评价成果

第一节　广东省

广东省位于我国东部地区，2020 年全年地区生产总值 110760.9 亿元。城镇化率约为
74%。

2021 年广东省乡村建设评价由中山大学中国区域协调发展与乡村建设研究院作为第三方
评价机构开展。第三方评价机构分别与 3 个样本县有关部门开展座谈，收集了指标体系相关
数据；广泛开展问卷调查，共收回村民有效调查问卷 3132 份，村干部有效调查问卷 110 份；
分别选取代表不同经济发展水平的乡镇开展实地调研，共走访 12 个镇，与 31 个村庄的村干
部、80 位村民面对面开展访谈；通过村景拍拍小程序拍摄村容村貌，通过无人机对村庄进行
俯视与鸟瞰拍摄，采集村景照片 4352 张，无人机照片 428 张。

一、乡村建设成效评价

（一）农村生活水平提高，县域经济吸引人口返乡就业

三个样本县村民可支配收入水平明显提高。地方上报数据显示，2020 年广东省样本县农
村居民人均可支配收入平均为 18066.5 元，高于全国样本县 16680.3 元的平均水平。村民问
卷调查数据显示，广东省样本县平均有 32.2% 受访家庭年收入在 6 万元以上，高于全国样本
县 23.8% 的平均水平。超过 60% 的受访村民反映近年生活水平提高。县域经济吸引人口返
乡就业，2020 年度三个样本县有相当于外出人口数 13.6% 的居民返回县内就业，高于全国
样本县 10.0% 的平均水平。

（二）农房安全和现代化水平高

村民对住房满意度高。47.0% 的受访村民对住房表示满意；32.4% 的受访村民表示农村
自建房比城市住房更好或两者没有差别。

广东省三个样本县农房安全性高。现有农房中全用砖混结构或框架结构的农房占比平均为
89.3%，农房以现浇工艺为主。三个样本县受访村民农村住房外墙均进行粉刷或贴砖的农房
比例达 57.1%，高于全国样本县 47.7% 的平均水平。

农房现代化水平普遍较高，户厕卫生水平明显提升。广东省样本县受访村民农房有独立
厨房的占比平均为 77.7%，超过全国 66.5% 的平均水平；可热水淋浴的农房占比为 73.8%，
超过全国 55.9% 的平均水平。村民对自家厕所、厨房条件的满意度分别为 55.4%、50.6%。

（三）镇村教育、医疗等公共服务设施体系以及日常生活服务体系较为完善

"村—镇"两级为主提供学前教育和基础义务教育保障。村干部问卷调查显示，广东省样本县行政村小学覆盖率 70.2%，高于全国样本县 38.1% 的平均水平。村民问卷调查显示，村—镇两级教育设施可以满足 84.1% 的幼儿上幼儿园、84.7% 的孩子上小学、63.4% 的孩子上初中的需求。基础医疗服务设施覆盖到位。地方上报数据显示，广东省 3 个样本县均实现了行政村卫生室全覆盖，高于全国样本县 95.4% 的平均水平。村干部问卷调查显示，村镇医疗设施可达性较好，80.4% 行政村的村民在 15 分钟内可以到达村卫生室，78.5% 行政村的村民能在 30 分钟内到达乡镇卫生院。村民问卷调查显示，73.6% 村民表示生小病时首选村卫生室或乡镇卫生院就医。"村—镇"日常 15 分钟生活圈服务体系初步形成。村干部问卷显示，53.1% 的村民 15 分钟内可到达公交站、巴士站，80.4% 的村民 15 分钟内可到达村卫生室，54.2% 的村民 15 分钟可到达快递点，52.2% 的村民 15 分钟内可到达商店、超市、菜市场，73.0% 的村民 15 分钟内可到达小学。

（四）农村基础设施覆盖面广，人居环境得到较大改善

农村生活垃圾收集、转运、处理体系基本建立且运行稳定。2021 年广东省样本县内农村生活垃圾收运至县、镇处理的自然村占比达 100%，高于全国样本县 95.6% 的平均水平，农村垃圾得到有效处理。农村基本达到干净整洁水平。农村公厕管护机制较为完善。全省无害化卫生户厕普及率为 100%；村干部问卷调查显示，有 85.4% 的行政村有专人进行公厕管护，高于全国样本县 55.2% 的平均水平。农村道路硬化普及率高。村民问卷调查显示，村内通户道路硬化占比达 83.9%，硬化方式以水泥路为主，占比为 93.4%。农村集中供水、电力、宽带网络等基础设施建设完备。供水方面，问卷调查显示，广东省样本县实现了集中供水的自然村占比平均为 89.4%，集中供水入房率平均为 88.8%。电力方面，电已经成为村民主要的生活燃料来源，村民问卷调查显示，平均 74.6% 村民家中使用电做饭烧水，供电较为稳定，仅有 4.4% 的村民表示家中供电会经常出现电压不稳定、断电等情况。

（五）县城承载力较高

县城成为村民购房首选地。广东省三个样本县的县城集聚了 27.7% 的县域常住人口，2020 年度返乡人员中有 35.3% 回到县城。村民问卷调查显示，有 38.8% 的村民购买了商品房，其中 42.1% 在县城购买。2020 年度县城购房者中农村居民占比约为 40.3%，县城对于县域内乡村地区吸引力较强。子女教育是农民进城买房的重要驱动因素。进城购房农户中，36.2% 是为了子女接受更好教育，23.9% 希望享受更好的服务设施。县城医疗设施数

量合理。广东省三个样本县县城至少都有 1 所二甲及以上的医院，可为县域提供较高水平的医疗服务。

二、乡村建设问题评价

（一）农房风貌管控不到位

当前广东省样本县农房翻新建设多未体现本地乡村建设特色。在村景图片专家评价中，连平县、阳西县、翁源县分别为 6.4 分、5.6 分、6.0 分（满分为 10 分）。据现场走访了解，许多新建农房未按图集进行建设，风貌没有地方特色。

（二）垃圾分类未得到有效推广，污水处理设施建设与管护仍存在短板

农村垃圾分类未得到有效推广。地方上报数据显示，广东省样本县实施垃圾分类的自然村占比平均仅为 0.2%。

农村污水处理设施建设与管护仍存在短板。广东省样本县污水处理设施在运行的行政村占比平均仅为 69.5%。

（三）县域养老设施未能满足需求，教育服务质量仍有待提高

县域养老设施建设和服务供给未满足需求。仅 20.3% 村民认为村级养老服务设施使用率高；村民问卷调查显示，仅 33.5% 村民对县域养老服务感到满意。

村民对教育质量满意度较低。广东省三个样本县的学校均未开展远程教育；寄宿学校条件待改善，样本县 66.1% 中学生在校寄宿，而村民对于就读学校寄宿条件的满意度仅为 44.4%。

三、有关建议

（一）健全农房建设管理机制，加强乡村风貌管控塑造和数字乡村建设

一是健全农房建设管理组织体系。健全县、乡镇、村三级工作机制，加强农房规划建设安全管理。二是完善农房建设管理政策体系。制定农房建设管理制度，完善工作机制，规范新建、扩建、改建、加盖及用途变更等管理机制，遏止乱占耕地和抢建乱建的问题。三是加强农房风貌图集制定与推行。为农户提供经济适用的农房风貌图集，鼓励农民按图集进行农房新建改建活动，彰显岭南村庄特色。四是健全农房数据库信息系统。以农房为核心，健全乡村建设信息系统，结合农房安全排查工作、农房村景采集工作，实现农房建设现状的摸查、动态监测与实时管理。

（二）推广垃圾分类，探索本地资源化利用

大力推广垃圾分类工作。一是发挥农村党组织的先锋示范作用，带动村民正确地对生活垃圾分类并投放。二是指导地方与县垃圾处理承包服务公司达成合作协议，改造原有垃圾中转站为分类垃圾转运站，探索适合农村地区分散化特征的小型无害化就地资源化处理模式。

（三）开展污水治理体系建设行动，探索建管一体化模式

因地制宜推进污水治理和生态化利用。鼓励以小流域为单元开展村庄连片污水治理工作。统筹考虑村庄污水排放与水利工程建设、河流水系建设，构建循环畅通的雨污体系。探索专业公司＋本地管护人员相结合的污水处理设施管护模式。县域农村污水处理设施建设和管护统一招标，第三方公司负责终端处理设施和管网建设，负责后期运营和管护。

（四）强化县域统筹，缩小公共服务质量的城乡差距

以县域为统筹单元，借助县镇村的等级体系提供公共服务，缩小农村地区在公共服务、生活质量、就业机会等方面的与城市的差距。一是发挥珠三角等城市优质教育资源带动作用，支持共建品牌学校。二是加强紧密型医共体建设，增强县城医院的医疗技术水平。三是指导地方完善村级养老服务设施建设，提升农村养老服务水平。

（五）深入开展共同缔造活动，提升乡村治理水平

坚持党建引领，以农房建设、垃圾分类、"三清三拆"、公共空间建设、公共服务设施建设为主要内容，进一步丰富群众参与的渠道和机制。建立村民参与商议和决策的共谋制度，建立投工投劳、以奖代补、资源整合的共建制度，建立共同商议拟订公约并监督执行的共管制度，建立村民具有效果评价权利的共评制度，建立惠及全员的共享制度，唤醒村民的"主人翁"意识，促进村民自我管理、自我教育、自我服务。

第二节　翁源县

翁源县位于广东省北部，总面积 2175 平方公里，地形以山地和盆地为主。2020 年全年地区生产总值突破 100 亿元。全县常住人口 32.2 万人，城镇化率约为 35%。

一、乡村建设成效评价

（一）农村居民收入稳步增长，农房现代化水平不断提高

翁源县农村居民人均可支配收入从 2015 年的 10665 元增长到 2020 年的 17462 元。

农房配套设施功能较为完善。村民问卷调查显示，翁源县有水冲式厕所的农房占比达到 60.9%，有独立厨房的农房占比达到 77.6%，日常可热水淋浴的农房占比达到 75.6%，大多数农房实现食寝分离和净污分离。

（二）村庄人居环境不断提升

翁源县截至 2019 年底共拆除泥砖房 14.5 万间，拆除面积约 266 万平方米，拆除率达 86.5%，基本消灭农村破旧泥砖房。村干部问卷调查显示，翁源县对村民建房风貌有要求的行政村占比为 83.3%。农村厕所完成改造，公厕配备专人管护。截至 2020 年 8 月，已完成 767 户户厕改造，完成率为 100%。

（三）村庄基础设施建设不断完善

农村供水入房率不断提高。村干部问卷调查显示，有集中供水的自然村占比为 83.3%。农村道路建设不断完善。翁源县实现建制村 100% 通硬化路，村内入户道路硬化率达到 85.9%，83.3% 的行政村村内主要道路有路灯。农村新型基础设施建设加快。全县行政村光纤网络及手机 4G 信号实现 100% 全覆盖，宽带、通信、广电等农村新型基础设施不断完善。

（四）县镇提供较好生产生活服务

县城市政设施服务不断完善。县城污水处理率达到 92.1%；建制镇污水处理率达到 72.3%；县城、建制镇生活垃圾无害化处理率均达到 100%。

服务农业生产能力较强。农产品物流体系建设相对完善，建设县、乡镇、村级物流中心，已建成县级物流中心 1 个，乡镇物流服务站 11 个，村级物流网络节点超过 200 个，为县内农产品运输销售提供了便利。

高中教育服务质量较高。目前县城有 2 所市重点及以上高中，高中高级教师及以上的教师占比为 36.3%。

二、乡村建设问题评价

（一）农民群众对公共服务设施满意度不高

小学教育存在短板。村民问卷调查显示，村民对孩子就读学校教育质量的满意度仅为53.1%，整体满意度不高。乡镇寄宿制学校建设有待加强。有46.1%的村民认为需要改善小孩就读学校的寄宿条件，村民对于寄宿条件满意度仅为39.8%。

养老服务设施使用率不高。有64.7%的村民反映村内没有养老服务设施。在各类公共服务设施中，养老服务设施的整体满意度最低，仅为28.5%。

（二）村庄建设宜居水平不高

农村污水治理仍存在短板。翁源县有污水处理设施的自然村约占60.1%；村干部问卷调查显示，污水处理设施在运行率仅为78.1%，村民对于村内污水收集处理的满意度仅为32.2%。农村垃圾分类开展缓慢，全县实施垃圾分类的自然村占比仅为0.5%。

（三）村民参与乡村建设的积极性不高

村民问卷调查显示，只有19.8%的村民经常参与村里组织的村民集体活动，23.7%的村民不清楚村里有这些组织和活动。

三、有关建议

加强农房管控风貌提升。制定农房风貌整治激励政策，开展房前屋后的美化改造和村内小节点的景观提升行动，塑造粤北民居特色风貌。积极开展乡村建设工匠培训，组建乡村优秀建筑技工人才库。

推进农村生活污水处理。分级分类推进农村生活污水治理，优先治理城镇周边村庄、人口集聚的村庄等地区的农村生活污水，靠近县城或镇区的村庄纳入城镇污水处理管网。

开展美好环境与幸福生活共同缔造活动。坚持党建引领，发挥乡贤作用，适当引入专业团队，培养本地规划师，鼓励村民表达诉求、参与规划，探索建立村民参与乡村建设的机制体制。

第三节　连平县

连平县位于广东省北部，总面积 2275 平方公里，地形以山地和盆地为主。2020 年全年地区生产总值 83.9 亿元。全县常住人口 28.5 万人，城镇化率约为 38%。

一、乡村建设成效评价

（一）城乡发展水平差距缩小

农村居民生活水平不断提高，城乡发展水平差距缩小。连平县农村居民人均可支配收入从 2015 年的 11233.5 元增长到 2020 年的 16615 元。2020 年，连平县城乡居民人均可支配收入比为 1.52：1，城乡发展相对均衡。村民问卷结果显示，69.6% 的村民表示家庭生活水平越来越好，对家庭整体生活水平的满意度达到 41.2%。

（二）农房功能现代化水平较高，农房风貌管控取得一定成效

农房功能现代化水平较高。村民调查问卷显示，有水冲式厕所、独立厨房和可热水淋浴的农房占比分别为 76.1%、83.1% 和 78.6%；村民对当前总体住房条件的满意度达到了 52.1%。连平县指导镇、村按《连平县农村宅基地审批管理工作制度（试行）》开展宅基地审批工作；县住建局牵头统一下发农房建设样式图集，供村民参考建造农村房屋，初步形成农房管控制度，乡村风貌得到改善。

（三）农村人居环境整治初见成效

农村公共厕所覆盖率高，管护机制较完善。村干部调查问卷显示，公共厕所有专人管护的行政村占比达到 81.2%。以"四小园"建设为抓手改善村容村貌。连平县建设"四小园"2100多个，村民调查问卷显示，村民在房前屋后会种植花草、蔬菜与果树等。农村垃圾收运体系完备，无害化处理率高。农村生活垃圾收运至县、镇处理的自然村占比为 100%，县城、建制镇垃圾无害化处理率 100%；村干部问卷调查显示，行政村村内有专门的保洁人员的比例高达 100%。

（四）农村基础设施建设不断完善

农村集中供水入房率不断提高。村干部调查问卷显示，有集中供水的自然村占比为 92.0%。农村道路建设不断完善。村民调查问卷显示，村内通户道路硬化占比达到 88.5%，高于全国

样本县 84.5% 的平均水平。农村快递点覆盖率能够满足村民网购需求，有 77.2% 的村民表示能够在 15 分钟内到达村内的快递点。村民调查问卷显示，连平县 96.2% 的村民每月都会进行网购。

（五）农村医疗服务资源配置相对完善

村级医疗服务实现行政村全覆盖。2020 年，连平县行政村卫生室覆盖率 100.00%；2020 年县域乡镇卫生院实现远程医疗全覆盖。

二、乡村建设问题评价

（一）农村住房现代化水平仍有提升空间

连平县农村用能现代化水平有待提高。根据村民问卷结果，有 24.9% 的村民家中仍会采取薪柴、秸秆、煤炭等直接燃烧的传统用能方式。农户供水质量不稳定，村民问卷调查显示，有 25.9% 的村民家中的自来水经常出现浑浊、有异味、停水、水压不稳等现象。

（二）农村公共服务质量与村民期待存在差距

农村小学覆盖率低，上下学路程远。县城和乡镇学校的寄宿条件有待改善。村民调查问卷显示，63.5% 的村民子女在就读的学校寄宿，有 37.6% 的村民认为小孩就读的学校需要改善住宿条件。村级养老设施覆盖率低、使用率低。连平县村级养老服务设施覆盖率仅 7.7%，村民对县域养老服务的满意度仅为 37.0%。

三、有关建议

制定农房整治专项计划，开展乡村建设工匠培训。针对全县存在安全隐患的农房制定专项整治计划，优先对属于农民唯一住房的危房进行改造；继续组织开展乡村建设工匠培训班。

完善寄宿制学校设施配套，提高寄宿制学校配套设施建设标准。加快 5G、光纤等教育信息化基础设施建设，提高镇村远程教育普及率。

推动县医院与乡镇卫生院建立紧密型县域医疗卫生共同体，加强县—镇—村三级医疗资源共享，建设乡村远程医疗服务试点，提升基层医疗服务质量。

第四节　阳西县

阳西县位于广东省西南沿海，总面积 1435 平方公里，可分为沿海地带和山区地带两大部分。2020 年全年地区生产总值 190.5 亿元。全县常住人口 57 万人，城镇化率约为 43%。

一、乡村建设成效评价

（一）农村居民收入稳步增长，城乡差距逐步缩小

农村居民增收稳定，县域经济较为活跃。阳西县农村居民人均可支配收入从 2015 年的 12592.3 元增长到 2020 年的 20122.5 元，增收趋势稳定。城乡居民可支配收入差距不断缩小。2020 年，阳西县城乡居民人均可支配收入比为 1.61：1，与 2016 年的 1.85：1 相比差距有所缩小。

（二）农房安全得到保障，农村厕所改造工作进展顺利

基本实现住房安全。阳西县已完成农村房屋安全隐患摸底排查工作。全县农村卫生厕所和无害化卫生厕所普及率均达 100%。

（三）农村基础设施建设不断推进，环境卫生得到改善

农村道路、网络等设施覆盖率不断提高。村民问卷调查显示，村内通户道路硬化比例达到 77.4%，村民家中安装宽带的比例为 55.5%。农村生活垃圾基本实现清运保洁全覆盖。阳西县农村生活垃圾收运至县处理的自然村占比达到 100%，建制镇和县城的生活垃圾无害化处理率均达到 100%；村干部问卷调查显示，村内有保洁人员的行政村占比达到 100%。生态环境状况良好，阳西县地表水水质优良（Ⅰ～Ⅲ类水质）占比达到 100%，县城无劣五类水体。

（四）村庄公共服务覆盖率高

小学教学点覆盖面广。村干部问卷调查显示，村级小学（完小和教学点）覆盖率为 90.5%，15 分钟内可到达小学的行政村占比为 83.2%；村民问卷调查显示，90.6% 的农村小学生在乡镇或村里就读。村级医疗卫生服务设施全覆盖。行政村卫生室实现 100% 全覆盖，村民到卫生室较为方便；村干部问卷调查显示，15 分钟内到村卫生室的行政村占比达到 88.8%。

二、乡村建设问题评价

（一）农房现代化水平低

农村集中供水入房率为 80.7%，有水冲式厕所的农房占比为 58.6%，有独立厨房的农房占比为 72.5%，日常可热水淋浴的农房占比为 67.3%。村民问卷调查显示，16.4% 的村民对总体住房条件不满意或较不满意。

（二）农村垃圾与污水治理存在短板

农村垃圾转运情况不佳。村民对村内垃圾收集转运处理情况的满意度仅 42.6%；村干部问卷调查显示，仍有 16.7% 的村存在部分生活垃圾在村里简单处理的情况。农村污水处理情况不佳。村民问卷调查显示，有 35.4% 的农房生活污水直接排放，村民对村庄污水处理的满意度仅为 36.6%。

（三）农村医疗、养老服务不能满足村民需要

村级医疗服务水平不足，村民满意度低。村民问卷调查显示，患小病时仅有 21.4% 的村民选择在村卫生室就诊，村民对村卫生室医疗服务水平的满意度仅为 36.9%。村级养老服务使用率和满意度均较低。村民问卷调查显示，56.8% 的村没有村级养老服务设施，仅 16.4% 的村民认为养老设施使用率高，村民对县养老服务的满意度仅为 34.9%。

（四）县城公共服务水平不高

县城医疗服务质量低，医疗服务满意度低。县域千人医疗卫生机构床位数为 4.3 张，县域总体医疗服务水平满意度仅为 33.3%。

三、有关建议

以农房建设为抓手，带动乡村风貌整体提升。分区确定乡村建筑外观的风格和基调；推行农房建设带设计图审批制度，对新建农房和改建农房实行体量和风貌控制；加强本地乡村建设工匠培训和管理。

倡导农村生活垃圾分类和资源化利用。选择有条件的村庄先行开展试点，明确垃圾分类方式，建立与分类相适应的投放、收集、运输、处理体系。推进农村生活污水资源化处理。推广农村生活污水分级分类治理，优先治理人口集聚区、生态敏感区、海边村等地区农村生活污水。

提升农村教育资源布局，推动远程教育下沉镇村。完善校舍建设、装备配置等办学标准，选取条件较好、积极性较高的乡镇开展远程教育试点。

开展美好环境与幸福生活共同缔造活动。建立村民参与商议和决策的共谋制度，建立投工投劳、以奖代补、资源整合的共建制度，建立共同商议拟订公约并监督执行的共管制度，建立村民具有效果评价权利的共评制度，建立惠及全员的共享制度。

第十八章

广西壮族自治区
乡村建设评价成果

第一节　广西壮族自治区

广西壮族自治区位于我国西部地区，2020 年全年地区生产总值 22156.7 亿元。全自治区常住人口 5012.7 万人，其中农村常住人口 2295.6 万人，城镇化率约为 54%。

2021 年广西壮族自治区乡村建设评价由第三方组织开展。评价选择浦北县、凌云县和恭城瑶族自治县 3 个样本县，数据采集包括政府相关部门填报、部门访谈、问卷调查、实地调研等方式。广泛开展问卷调查，共收回村民有效调查问卷 3011 份和村干部有效调查问卷 480 份；分别选取代表不同经济发展水平的乡镇开展实地调研，共走访 11 个镇 30 个村庄；通过村景拍拍小程序拍摄村容村貌，通过无人机对村庄进行俯视与鸟瞰拍摄。

一、乡村建设成效评价

（一）农民收入水平提升

广西样本县的农民人均可支配收入从 2015 年的 8020 元增加到 2019 年的 12585 元，增幅达到 56.9%。村民问卷调查数据显示，广西样本县有 74.5% 的村民认为家庭生活水平变好，高于全国样本县 69.5% 的平均水平。

（二）农房安全和现代化水平提高

农房安全质量水平较高。广西样本县鉴定为危房的农房占比仅为 0.09%，低于全国样本县 0.57% 的平均水平。

农房配套设施较为完善。地方上报数据显示，广西样本县中有 59.0% 的农房可使用燃气、62.7% 有水冲式厕所、65.3% 有独立厨房、65.1% 日常可热水淋浴，均接近或高于全国样本县平均水平。

电力等清洁能源逐渐成为村民日常用能。村民问卷调查显示，广西样本县的村民能源结构发生转变，其中 73.7% 的村民主要使用电作为日常用能，高于全国样本县 68.8% 的平均水平，有 55.6% 的村民使用罐装液化气，也高于全国样本县 43.7% 的平均水平。

（三）农村人居环境质量不断提升，基础设施有所改善

样本县的地表水、环境空气质量等生态环境良好。2020 年广西样本县地表水质优良占比达到 97.2%，高于全国样本县 85.4% 的平均水平；环境空气质量达标率为 97.6%，高于全国样本县 87.5% 的平均水平。

村民环保意识增强，生活垃圾治理效果较好。村民调查问卷显示，63.5% 的村民会将垃圾放到村庄垃圾收集点或公共垃圾箱，74.6% 的村民将能卖钱的固体垃圾收集起来卖掉，垃圾乱扔乱倒现象明显减少。

村庄道路硬化比例较高。地方上报数据显示，广西样本县中村庄通户道路硬化占比达86.7%。村民对村内道路质量表示满意的占到49.9%。

（四）村庄的教育、医疗、商业等公共服务设施建设有序推进，服务水平逐步提高

基础教育覆盖面较广。地方上报数据显示，广西样本县行政村幼儿园覆盖率平均水平48.3%，高于全国样本县 35.7% 的平均水平。有 73.1% 的自然村 15 分钟内能到达就近幼儿园，高于全国样本县 55.3% 的平均水平，部分幼儿园还有校车接送；15 分钟内到达小学的自然村占比为 74.8%，亦高于全国样本县 55.4% 的平均水平。

医疗服务设施基本健全，就地就医情况改善。地方上报数据显示，广西样本县行政村卫生室覆盖率为 100%。村干部问卷调查显示，94.0% 的村卫生室有医护人员在岗值守，高于全国样本县 86.9% 的平均水平。村民问卷调查显示，医疗服务设施的可达性较好，77.4% 的自然村在 15 分钟内能到达村卫生室，村民看病就诊较为便利；35.2% 的自然村在 15 分钟内能到达镇卫生院，获得更好的就医条件。

农村快递点能较好地满足村民的线上消费需求。村干问卷调查显示，快递点的覆盖率达到65.4%，高于全国样本县 47.1% 的平均水平。

（五）县城建设不断强化，医疗服务水平较高

人口密度基本合理，县城宜居性强。广西样本县平均人口密度为 9719.1 人 / 平方公里，符合《关于加强县城绿色低碳建设的意见》中县城建成区人口密度应控制在每平方公里 0.6~1万人的指标范围。

县城购房者中多数来自农村。地方上报数据显示，广西样本县的县城购房者中有 75.3%是农村居民。结合村民问卷调查，村民在县城购买商品房主要是因为方便子女就读、生活便利以及医疗条件等。

县城医院质量和诊疗水平较高。广西样本县县城二甲及以上医院平均为 2.3 个。村民问卷显示，61.4% 的村民遇到大病时，优先选择在县城医院就诊，高于全国本县 52.9% 的平均水平；55.3% 的村民对医疗服务水平表示满意。

二、乡村建设问题评价

（一）农房建设品质不高

农房建筑缺乏设计。村民问卷调查显示，广西样本县的农房设计施工，请专业公司的施工队设计建造的占比仅有 2.1%，而家人自己设计施工的占比高达 55.5%。

（二）村庄供水和污水处理设施有待完善

供水设施建设仍有短板。根据村干部问卷调查结果，广西拥有集中供水的自然村比例为 74.6%，大幅低于全国平均水平。

污水收集、处理率低。地方上报数据显示，广西样本县县城污水集中收集率仅为 17%；县城污水处理率为 88.5%。

（三）县域教育养老公共服务存在短板

教育服务水平较低。基础教育方面，广西样本县拥有 1 所市重点及以上高中；县域开展远程教育的学校占比仅 7.3%。

养老服务设施覆盖不均。广西样本县村级养老服务设施覆盖率为 35.4%，结合村民的满意度调查，有 39.3% 的村民对养老设施表示一般或不满意。

三、有关建议

（一）提升农房和配套设施建设水平，改善乡村整体风貌

一是提高农房建筑品质。强化农房建设设计和服务管理水平，推进装配式房屋建设，加快推进农房改造工作，鼓励农民按图集进行农房改建。二是推进乡村风貌提升。提升清洁乡村、生态乡村、宜居乡村整治成效，保持乡村整洁卫生，同时推动村庄特色风貌塑造，挖掘村庄文化内涵，传承利用传统文脉、传统肌理和特色元素。三是建立设计师下乡长效机制，建设乡村污水处理系统，提高污水处理能力。四是完善饮水安全保障体系，优先进行城乡扩网和连片集中供水的工程建设。

（二）完善县域公共设施，提高农村生活幸福指数

一是整合农村教育资源，实施学前教育普及普惠工程，建立区域中心小学的集约整合模式，加强寄宿制学校和远程教育资源建设。二是完善农民医疗保障制度，提升县级医疗机构的医疗服务水平。三是推进统一的城乡居民基本养老保险制度建设，逐步提高基础养老金水平。

增加农村养老服务设施，推广农村"互助幸福院"和农村"养老育幼"做法。

（三）增强县城综合承载能力，促进城乡统筹发展

一是加强县城绿色低碳建设。加强县城市政设施建设，提高县城污水收集和处理能力，完善路网，增加县城公共绿地。二是推进教育和医疗资源合作共享。加快 5G、光纤等信息基础设施建设，强化在线教育资源的引进与建设。建议发展"互联网 + 医疗健康"诊疗体系，建立紧密型医联体，促进优质医疗技术和服务向县域延伸。

（四）推进共建共治共享，开展美好环境与幸福生活共同缔造活动

发挥村民议事会、村民理事会等自治组织作用，组织农民群众参与乡村建设和管理。以人居环境建设和整治、农房和村庄建设等为载体，改善群众身边、房前屋后环境的实事为切入点，组织动员农民群众共同建设美好家园。

第二节　恭城瑶族自治县

恭城瑶族自治县位于广西壮族自治区桂林市东南部，地形以山地丘陵为主，县域总面积 2139 平方公里。2020 年，全县地区生产总值为 83.7 亿元。全县常住人口 24.5 万人，城镇化率约为 33%。

一、乡村建设成效评价

（一）农民收入增加，农业稳步发展

恭城瑶族自治县农村居民人均可支配收入由 2015 年的 8890 元增加到 2020 年的 15160 元，年平均增长 11.4%。恭城瑶族自治县产业结构比值为 47.7：13.8：38.5，第一产业占比接近一半。2015~2019 年，第一产业增加值逐年增加，平均年增长率为 15%。

（二）农房建设管理较规范，燃气普及率较高

农房管控严格、规范。履行宅基地审批手续的农房占比为 64.6%，高于全国样本县51.4% 的平均水平，实施竣工验收手续的农房占比达到 89.8%。

燃气得到较为广泛的使用。恭城瑶族自治县使用燃气的农户占比高达 80.2%，远远超出

广西和全国样本县的平均水平。

（三）村庄人居环境整洁舒适

污水处理设施覆盖较广，生活垃圾收运体系全覆盖。恭城瑶族自治县对污水进行处理的自然村占比达 38.6%，高于全国样本县 28% 的平均水平，行政村污水处理设施正常运行率达到 92.0%。生活垃圾收运至县、镇处理的自然村占比为 100%。

（四）村庄医疗、养老服务设施覆盖率高

村级医疗卫生、养老设施覆盖较广。恭城瑶族自治县实现行政村卫生室建设 100% 全覆盖。村级养老服务设施覆盖率达 67.5%，高于全国样本县 47.3% 的均值。

（五）县城风貌协调度高，教育、医疗服务水平较好

县城建设与自然环境协调度高。恭城瑶族自治县县城环境协调度得分 8.1 分（满分为 10分）。建成区绿地率 30.7%，县城风貌环境处于全区较高水平。

中学教育服务水平较高。县城有市重点及以上高中 1 所，高中高级教师及以上教师占比40%。中学寄宿占比 99.1%。

远程医疗服务水平好。恭城瑶族自治县开展远程医疗的医院和乡镇卫生院的占比达到100%，远高于广西和全国样本县均值。

二、乡村建设问题评价

（一）农房配套设施不够完善

有水冲式厕所、有独立厨房、日常可热水淋浴的农房占比分别为 52.8%、61.4%、57.6%。农村集中供水入房率 69.4%。

（二）村庄设施建设存在短板

道路建设存在明显短板。村内通户道路硬化占比为 72.8%。村民问卷调查显示，57.2%村民认为村内道路质量一般，20.3% 的村民认为道路质量差。

垃圾分类明显滞后，生活垃圾转运效率不高。恭城瑶族自治县内实施垃圾分类的自然村占比为 0。村民问卷调查显示，有 49.7% 的村民认为村内垃圾收集转运处理情况一般，13.5%的村民表示不满意。

（三）县镇污水处理水平不高

污水处理水平较低。地方上报数据显示，恭城瑶族自治县县城污水集中收集率为 15.5%，县城污水处理率 86.7%，建制镇污水处理率仅为 32.1%。

（四）村民在乡村建设中参与度不高

村民主体作用还没有充分发挥。村民问卷调查显示，有 71.2% 的村民对于如村庄选举、成立合作社等组织、集资修路等村庄公共事务表示不熟悉、不清楚，13.9% 的村民表示完全不熟悉。56.4% 的村民表示很少参加或不清楚有这些组织和活动。

三、有关建议

加强农房和村庄建设现代化，突出地方和瑶族特色风貌。严格执行带图报建、按图验收制度。利用瑶族元素进行农房风貌建设。

改善农村人居环境，推进基础设施建设。补齐农村道路建设短板，改善农村入户道路水平。积极开展村庄绿化。推动农村生活垃圾源头减量。村庄组织带动村民共同参与乡村建设。建立村庄建设农民满意度调查评价制度。

加强县城绿色低碳建设，提升县城承载能力。发展绿色建筑和绿色节约型基础设施。建设绿色低碳交通系统，优化县城步行系统，与郊野绿道连接形成网络化步行道系统。

第三节　浦北县

浦北县位于广西南部，全县总面积 2521 平方公里，地形以山地丘陵为主。2020 年浦北县地区生产总值 215.0 亿元。全县常住人口 68.4 万人，城镇化率约为 33%。

一、乡村建设成效评价

（一）农民收入增长，农业发展水平较高

农村居民人均可支配收入逐年提高。2016 年至 2020 年，浦北县农村居民人均可支配收入从 10716 元增长到 15041 元。2020 年浦北县亩均第一产业增加值 0.5 万元 / 亩，高于广

西样本县 0.2 万元 / 亩的平均水平和全国样本县 0.3 万元 / 亩的平均水平。

（二）农房安全性较好，农民对住房满意度较高

住房安全得到较好保障。2020 年，浦北县鉴定为危房的农房占比 0.22%，低于全国样本县 0.57% 的平均水平。有 60.8% 的村民对总体住房条件满意，高于广西样本县 57.4% 的平均水平和全国样本县 55.6% 的平均水平。

（三）村庄环境明显改善

生活垃圾收运体系基本覆盖。2020 年，浦北县农村生活垃圾收运至县、镇处理的自然村数量占比 96.2%。村民整体环境满意度较高。村民问卷数据显示，2020 年浦北县 70.3% 的村民对村庄整体环境比较满意。

（四）公共服务设施建设取得成效

行政村幼儿园和小学全覆盖，可达性高。2020 年，浦北县的行政村幼儿园和小学覆盖率均为 100%。村民问卷数据显示，60.4% 的幼儿园 10 分钟以内可到达，农村子女多选择村小学来读小学，初中则往乡镇初中就读，高中去往当地县城就读。医疗设施覆盖率较高，村民满意度较高。2020 年，浦北县行政村卫生室 100% 全覆盖。村民问卷数据显示，74.5% 的村民对村卫生室的医疗服务水平表示满意。快递点覆盖较广，浦北县快递点的覆盖率达 83.0%，高于广西样本县 65.4% 的平均水平和全国样本县 47.1% 的平均水平。

（五）县城绿色低碳建设逐步加强，公共设施不断完善

县城绿色建筑占比较高。2020 年县城新建建筑中基本级及以上的绿色建筑占比 80.8%。县城建设与周边自然环境和谐有度。浦北县县城建设与自然环境协调度评分为 7.4 分（满分为 10 分）。窄路密网模式基本形成，2020 年，浦北县县城道路网密度为 7.8 公里 / 平方公里。县城污水处理率较高，2020 年达到 98.4%。

县城医疗服务水平不断提升。县城二甲及以上医院数为 3 个，72.1% 的村民对县医疗服务能力较满意，65.8% 的村民大病就诊时优先选择县城医院。农民成为县城购房的主体。县城购房者中农村居民占比 79.5%。

二、乡村建设问题评价

（一）农房建设缺乏管控，特色缺失

农房管控水平低。2020 年浦北县农村建房履行审批手续的占比仅为 0.06%。浦北县农村风貌协调度 5.1 分（满分为 10 分）。

（二）村庄污水和垃圾处理水平有待提升

对污水进行处理的自然村少。地方上报数据显示，对污水进行处理的自然村占比仅5.1%，接入城镇污水管网的自然村占比仅为 0.7%，仅有 1.3% 的自然村有独立污水处理设施。垃圾分类进展缓慢。2020 年，浦北县实施垃圾分类的自然村占比仅为 4.5%。

（三）教育服务水平不高

远程教育水平较低。2020 年，浦北县县域开展远程教育的学校占比 19.7%。优质教师资源少。县城高中高级教师及以上的教师占比 24.5%。

三、有关建议

加强农房和村庄建设现代化。提高农村集中供水入房率。鼓励利用乡土材料，提取乡土元素，加强特色风貌管控。

整治提升农村人居环境。因地制宜加强乡村生活污水处理设施建设。建立完善村庄保洁机制与垃圾收运社会化服务模式。

优先发展教育事业。加强薄弱学校基础设施建设和仪器设备配备，推动县域内学校尽快开展远程在线教育。

大力推进医疗服务系统建设。整合县域医疗资源，设置家庭医生制度，积极开展远程在线治疗。

第四节　凌云县

凌云县地处广西西北部，属国家生态保护屏障功能区，县域面积 2053 平方公里。2020 年凌云县地区生产总值 47.7 亿元，农村居民人均可支配收入为 10601 元，全县常住人口 18.8 万

人，城镇化率约为 38%。

一、乡村建设成效评价

（一）农房安全得以保障，品质有所提升

鉴定为危房的农房占比从 2010 年的 19.03% 降至 2020 年的 0.04%。农房功能不断完善，2020 年，凌云县有水冲式厕所和独立厨房的农房占比分别为 61.0%、68.0%，农村集中供水入房率和日常可热水淋浴的农房占比分别为 93.5% 和 64.8%。

（二）村庄道路设施较为完善

乡村道路硬化程度高。凌云县 2020 年村内通户道路硬化占比 92.7%，高于全国样本县 85.4% 的平均水平。

（三）农村医疗服务设施建设稳步推进

乡村卫生室覆盖面广。2020 年凌云县行政村卫生室覆盖率达 100%，32.4% 的村民表示 5 分钟内可到达村卫生室。

（四）县城吸引力和综合服务能力逐步提升

农民成为县城购房的主体。2020 年，凌云县县城购房者中农村居民占比 71.1%，目的多为了子女就读、生活方便等。农村学生成为县城义务教育学校的主体。2020 年，县城义务教育学校中农村学生占比为 72.7%。

二、乡村建设问题评价

（一）农房建设缺乏管控

2020 年凌云县履行审批手续的农房占比为 40.7%。农房建设缺乏专业指导，2020 年县域年度培训乡村建设工匠仅为 80 人次。

（二）农房多使用传统能源，燃气覆盖率低

村民问卷调查显示，凌云县约 64.0% 的村民表示使用煤、薪柴或秸秆等传统能源。2020 年凌云县使用燃气的农户占比为 24.0%。村干部问卷调查显示，凌云县有燃气管道覆盖的行政村占比仅为 2.9%。

（三）村庄人居环境有待改善

生活垃圾收运能力和垃圾分类存在短板。凌云县农村生活垃圾收运至县、镇处理的自然村占比为 71.7%。实施垃圾分类的自然村占比仅为 0.5%。污水处理设施覆盖率较低。对污水进行处理的自然村占比为 25.2%，污水处理设施在运行的自然村占比为 87.0%。公厕缺乏有效管护。公厕由专人管护的行政村占比仅为 20.6%。

（四）公共服务设施有待完善

村卫生室小病就诊率低。村民问卷调查显示，患小病时，只有 12.7% 的村民选择村卫生室进行治疗。教育、养老服务设施覆盖率不高。2020 年凌云县行政村幼儿园覆盖率仅为 13.3%，村级养老服务设施覆盖率仅为 8.6%。

三、有关建议

加强农房建设管理。积极开展乡村建设工匠培训。梳理凌云县民居地域特征的风貌要素，塑造特色风貌。

加强村庄人居环境整治。完善村镇环卫设施，开展农村生活垃圾集中处理工作。实施垃圾分类。提高污水处理设备的运行效率。减少传统能源使用，加快推动农村用能革新。

提高县城综合公共服务能力。推广远程教育，提升教育服务水平，补齐教育发展短板。开展远程医疗，提高县城医疗卫生服务水平。增设县域养老服务设施，提高养老服务设施的使用效率。加强县城绿色低碳建设。建设绿色节约型基础设施。

第十九章

海南省乡村建设评价成果

第一节　海南省

海南省位于我国东部地区，2020 年全年地区生产总值 5532.4 亿元。城镇化率约为 60%。

2021 年海南省乡村建设评价由海南大学为第三方评价机构开展调研。第三方评价机构与 2 个样本县有关部门开展座谈，收集了相关数据；广泛开展问卷调查，共收回村民有效调查问卷 2047 份，村干部有效调查问卷 57 份；分别选取代表不同经济发展水平的乡镇开展实地调研，共走访 6 个镇、18 个村，深入客观了解样本县乡村建设情况。

一、乡村建设成效评价

（一）农民生活水平持续提高

村民问卷调查数据显示，样本县 76.6% 的村民认为近三年家庭生活水平不断改善。县域返乡人口占比 19.8%，远高于全国 10.0% 的平均水平。

（二）农房配套设施不断完善，住房条件提升

50.6% 的村民对住房条件都较满意。住房配套设施持续改善。海南省样本县有水冲式厕所的农房平均占比为 55.8%，可热水淋浴的农户占比为 58.4%，均高于全国平均水平。燃气下乡"气代柴薪"成效显著，全省农村居民燃气普及率达到 95.1%。

（三）农村垃圾分类初见成效，人居环境有效改善

海南省样本县将农村生活垃圾收运至县、镇处理的自然村占比均为 100%，90.2% 的村民会将垃圾放到村庄垃圾收集点或公共垃圾箱进行处理。垃圾分类工作有序推进。其中，琼中黎族苗族自治县实施垃圾分类的自然村占比为 54.8%，高于 23.1% 的全国平均水平。59.3% 的村民对于村内的垃圾收集转运处理情况感到满意，村庄整洁度不断提升。

二、乡村建设问题评价

（一）农村污水处理水平不高

海南省样本县对污水进行处理的自然村占比平均水平为 30.6%。村民对所在村污水处理的满意度也较低，村民问卷反映样本县村民对村内污水收集和处理的满意度仅为 42.6%，低于全国平均水平。

（二）县域教育资源质量不高

县域教育质量有待提升。海南省样本县重点高中数为 1.5 个。寄宿服务水平有待提高。村民问卷调查显示，海南省样本县中有 52.9% 的村民希望能够改善学校教学设施设备。37.5% 的村民希望学校能够扩大宿舍设施，改善住宿条件。

（三）村级养老服务设施覆盖率低

海南省样本县村级养老服务设施覆盖率偏低，仅为 3.1%。64.2% 的村民反映没有村级养老服务设施。村民对县域养老服务的满意度仅为 48.4%。实地调研发现，村民居家养老意愿更强烈，55.0% 村民选择在村内居家养老。

三、有关建议

（一）加强农村生活污水治理

持续推进农村生活污水治理工作，以乡镇政府驻地和中心村为重点梯次推进农村生活污水治理，对偏远和居住过于分散的农村及农户，采取农村污水"分户、联户、村组"分散处理模式。采取财政补助、村集体负担、村民适当缴费或出工出力等方式建立长效管护机制，确保农村生活污水治理设施建成一个、运行一个、见效一个。

（二）推动城乡教育资源均衡配置

加强城乡教育资源共享。加强对县城、乡镇和乡村学校（含教学点）的教育资源统一有效调配，完善教育信息化发展机制，实现"专递课堂""名师课堂""名校网络课堂"三个课堂全覆盖，推动优质教育资源城乡共享；持续开展优质教育资源引进，加快推广集团化办学新模式；创新教师教育制度，推进师范生免费教育，深化教师教育改革；多渠道增加乡村普惠性学前教育资源，推行城乡义务教育学校标准化建设，加强寄宿制学校建设。

（三）提升农村养老服务水平

加强农村养老服务体系建设。积极构建县级区域性养老中心、乡镇敬老院、村级养老服务设施三级衔接的农村养老服务体系。加大农村养老服务设施建设力度，优化农村存量养老机构，保障农村老年人日间照料中心健康运营。

（四）深入开展美好环境与幸福生活共同缔造活动

以农房和村庄建设、人居环境整治、村容村貌提升等为载体，组织发动农民群众全过程参与乡村建设和管理。通过发动群众决策共谋、发展共建、建设共管、效果共评、成果共享，共同建设美好家园。

第二节　澄迈县

澄迈县位于海南岛西北部，总面积 2068 平方公里。2020 年全年地区生产总值 348.4 亿元。全县常住人口 49.7 万人，城镇化率约为 87%。

一、乡村建设成效评价

（一）农村居民收入较高

经济发展质量不断提高。2020 年澄迈县人均 GDP 达 7 万元 / 人，高于全国样本县 4.7 万元的平均水平。农村居民收入持续增长。2020 年澄迈县农村常住居民人均可支配收入为 17481 元，高于全国样本县平均水平。村民调查问卷显示，有 74.6% 村民认为近三年家庭生活水平明显变好。

（二）农房改造稳步推进，现代化水平高

2016 年以来共完成农村危房改造 5741 户。农房现代化水平不断提高。村民问卷调查显示，有水冲式厕所的农房占比为 58.0%，高于全国样本县 46.5% 的平均水平；使用燃气的农户占比为 77.0%，高于全国样本县 53.2% 的平均水平。村民对农房厕所条件和厨房条件满意度较高，分别达到了 61.3% 和 54.3%。

（三）垃圾处理成效显著，人居环境不断改善

生活垃圾无害化处理率高。澄迈县城乡生活垃圾无害化处理率达 100%，农村生活垃圾收运至县、镇处理的自然村占比为 100%，高于全国样本县平均水平。村民对垃圾处理的满意度为 59.3%。

人居环境质量保持优良。2020 年澄迈县环境空气质量达标率为 99.5%，高于全国样本县

87.7% 的平均值。村民问卷数据显示，居民对生态环境满意度达到了 54.7%。

（四）县城教育医疗水平高

教育服务质量不断提升。澄迈县积极引进了国内知名中学开展合作，加快推进乡镇集中寄宿制办学项目。县城市重点及以上高中数 2 个，高于全国样本县平均水平。村民对小孩就读学校教学质量满意的比例达 95.9%。

远程医疗服务发展较快。县域开展远程医疗的医院和乡镇卫生院占比为 52.8%，远高于全国样本县 37.5% 的平均水平。

二、乡村建设问题评价

（一）村级公共服务水平较低

村级医疗资源短缺，服务水平有待提升。澄迈县行政村卫生室覆盖率为 74.4%，与全国 95.4% 的平均水平相比有差距。

村级养老设施不足，服务满意度不高。澄迈县村级养老服务设施覆盖率为 6.3%，低于全国平均水平。村民问卷调查显示，有近 60% 的村民选择居家养老，有近 70% 的村民认为村级养老设施未充分利用。村民对县养老服务水平的满意度仅为 52.2%。

（二）农村污水处理水平不高

澄迈县对污水进行处理的自然村占比为 16.8%，低于全国样本县平均水平。村民问卷调查显示，有 45.0% 的村民反映会将生活污水直接排入村庄沟渠或污水井。村干部问卷调查显示，澄迈县自然村中只有 70.6% 的污水设备在运行，超一半的村民对村内污水处理不满意。

（三）县城医疗、农业服务能力较弱

县城医疗资源配置不足。澄迈县千人医疗机构床位数 6.1 张。县城农业服务能力不强。县城没有 10 万吨以上的农产品批发市场和 1 万平方米以上的物流货仓；超过半数农民对县城农业生产服务不满意。

三、有关建议

加大农村基础设施建设投入，进一步完善道路，建好耕作道；搞好以水利为重点的农业基础设施建设。

提升农村污水处理能力。以优化全县水环境为导向，分析各乡村人口数量、居住状况等，结合不同村庄的地形地貌、排水方式及去向等特点，因地制宜选择适宜的治理模式和处理技术。

开展美好环境与幸福生活共同缔造活动。坚持党建引领，发挥乡贤作用，适当引入专业团队，培养本地规划师，组织农民群众参与农房建设、垃圾分类、"三清三拆"、公共空间建设、公共服务设施建设。

第三节　琼中黎族苗族自治县

琼中黎族苗族自治县位于海南岛中部，总面积 2704.2 平方公里，地形以山地为主。2020 年全年地区生产总值 58.9 亿元。全县常住人口 18.2 万人，城镇化率约为 42%。

一、乡村建设成效评价

（一）农村居民收入水平高，参与村集体活动积极性高

农村居民收入水平不断提高。2020 年琼中黎族苗族自治县农村居民可支配收入为 14116 元，较 2017 年增长 30.2%，农民收入稳步增长，79.1% 的村民认为近三年的家庭生活水平变得越来越好。村民参与村集体活动的积极性强。村民问卷调查显示，45.0% 的村民会经常参加集体活动，高于全国样本县 32.5% 的平均水平。

（二）农村住房现代化建设水平不断提升

燃气普及率高。2020 年琼中黎族苗族自治县的天然气入户率已达 71.5%，远高于全国 53.2% 的平均水平。危房改造效果突出。全县 4 类重点危房改造对象均已竣工入住，完成省下达任务 100%。2020 年，全县鉴定为危房的占比仅为 0.06%，远低于全国样本县的平均水平。

（三）村庄人居环境不断改善

农村生活垃圾处理效果较好。琼中黎族苗族自治县所有村生活垃圾均收运至县处理，自然村生活垃圾转运率达到 100%，高于全国 94.5% 的平均水平。村民问卷调查显示，超过 50% 的村民对村庄整体环境比较满意。2020 年琼中黎族苗族自治县对污水进行处理的自然村占比 44.4%，污水处理设施在运行的自然村占比达到 86.4%，高于全国和海南省样本县平均水平。

二、乡村建设问题评价

（一）农村公共服务设施不完善，公共服务质量有待提高

卫生室覆盖率与服务质量有待提高。琼中黎族苗族自治县行政村卫生室覆盖率为 81.0%，低于全国样本县 95.4% 的平均水平。村干部问卷调查显示，有村医值守的行政村占比仅为 71.4%。村民问卷调查显示，村民对村卫生室医疗服务水平的满意度仅为 35.7%，低于全国样本县 56.1% 的平均水平。

行政村小学、幼儿园覆盖率不足。琼中黎族苗族自治县行政村小学覆盖率为 14.3%，幼儿园覆盖率仅有 22.0%，大部分村里都没有建设小学或者幼儿园，均集中到乡镇或者国营农场上学。

（二）农村开展垃圾分类比例较低

农村开展垃圾分类比例较低。村干部问卷调查显示，67.9% 的农村没有开展垃圾分类，64.3% 的农村在村内垃圾转运时并不会将垃圾分类装好。2020 年琼中黎族苗族自治县实施垃圾分类的自然村占比仅 54.8%。

三、有关建议

加强农房建设监管指导，协调农房风貌建设。提供技术服务，培育工匠人才，推进农房现代化建设。

构建"县—镇—村"三级联动的基础设施体系。统筹布局污水处理厂、垃圾处理厂等环境基础设施，提高"县—镇—村"污水与垃圾的收集率与处理率，实现城乡污水、垃圾一体化处理体系。

第二十章

重庆市乡村建设评价成果

第一节　重庆市

重庆市位于我国西部地区，2020 年全年地区生产总值 25002.8 亿元。全市常住人口共 3205.4 万人，其中农村常住人口 979 万人，常住人口城镇化率约为 70%。

2021 年乡村建设评价由重庆市住房和城乡建设研究会作为第三方机构开展，评价工作综合运用部门座谈、村民和村干部问卷调查、实地调研等方式显示情况和采集数据。针对村民个人及家庭、农业生产、县和乡镇及村公共服务、住房和配套设施、村庄人居环境和村庄治理等情况开展村民问卷调查；收集到村民有效调查问卷 2676 份，村干部有效调查问卷 333 份；共实地调研了 6 个乡镇 18 个村，采集村景拍拍照片 3894 张。

一、乡村建设成效评价

（一）农民收入稳步提高

样本县农民可支配收入均实现大幅度增长。地方上报数据显示，重庆市样本县农民人均可支配收入均值从 2011 年的 4320 元增加到 2020 年的 12518 元，年均增长 12.5%。

（二）农房现代化水平有所提高

重庆市采取了一系列政策措施，促进农房现代化水平的提高。根据地方上报数据，重庆市样本县履行审批手续的农房占比平均为 76.4%，高于全国样本县 52.1% 的平均水平；有水冲式厕所的农房占比为 56.6%，高于全国样本县 46.5% 的平均水平；使用燃气的农户占比为 53.5%，略高于全国样本县 53.1% 的平均水平。

（三）农村生活垃圾得到有效处理

重庆市大力开展农村人居环境整治工作，农村生活垃圾处理成效显著。地方上报数据显示，样本县农村生活垃圾收运至县、镇处理的自然村占比达 100%，高于全国样本县 94.5% 的平均水平；实施垃圾分类的自然村占比平均为 51.4%，高于全国样本县 23.1% 的平均水平。

（四）县城公共服务和设施建设水平有所提高

县城教育质量高。县—镇—村的教育服务设施体系基本建立。重庆市样本县县城的市重点及以上高中数平均值为 2 所，高于全国样本县 1.6 所的平均值；在校寄宿的中学生占比平均为 62.6%，高于全国样本县 56.0% 的平均水平。医疗服务设施基本完善。重庆样本县县城二甲及以上医院数 2.5 个，高于全国样本县 2.2 个的平均水平。养老服务水平有所提高。养老机构护理型床位占比为 61.1%，显著高于全国样本县 35.2% 的平均水平。

县城污水和垃圾处理能力强。重庆市样本县县城污水集中收集率平均为 52.1%，高于全国样本县 47.8% 的平均水平；县城污水处理率平均为 97.7%，高于全国样本县 94.4% 的平均水平。县城生活垃圾无害化处理率为 100%，高于全国样本县平均水平。

二、乡村建设问题评价

（一）村庄特色风貌缺失，乡村建设工匠培训不足

民居地方特色流失，重庆市样本县村庄风貌协调度平均得分仅 5.9 分（满分为 10 分），传统建筑风貌亟待传承。乡村建设工匠培训不足。重庆市样本县县域年度培训乡村建设工匠平均为 138.5 人次，远远低于全国样本县 507.3 人次的平均水平。

（二）农村人居环境质量不高

乡村环境整洁度不高，管护力度不够。对污水进行处理的自然村占比平均为 11.3%；公厕有专人管护的行政村占比平均为 39.4%。村内通户道路建设有待加强，村内通户道路硬化占比平均为 79.8%，低于全国样本县 84.5% 的平均水平。

（三）县城生产服务能力不足

重庆市样本县没有年经营量 10 万吨以上的农产品批发市场和建筑面积 1 万平方米及以上的物流货仓。

三、有关建议

（一）完善乡村建设管理体系

推动规划建设管理权责下沉到乡镇和村，加强政府资源配置与农民实际需求对接，提高建设投资效率，促进乡村基础设施和公共服务设施建设与农房建设有机衔接。

（二）实施农房建设与乡村风貌提升行动

以农房建设为重点，开展宜居农房建设试点，建设"巴蜀美丽庭院示范片"，全面实施乡村传统建筑风貌提升行动。动员大专院校、规划设计单位和社会组织，开展专家进区县和村镇

活动。出台政策鼓励引导农民选用图集、按图集进行农房新建改建。开展乡村建设工匠培训，提高乡村建设工匠专业技术水平。

（三）多措并举改善农村人居环境

一是推动农村生活垃圾处理体系向自然村（组）延伸，实行生活垃圾分类收集和利用，源头减量。二是加强农村厕所改造和建设。三是加强农村生活污水处理设施建设及管理。进一步提高农村生活污水无害化处理率，有效管控乱排乱倒行为。

（四）推进乡村新型基础设施和公共服务设施建设

推进重庆市数字乡村发展。加快乡村信息基础设施建设，提升乡村建设的数字化水平。发挥重庆市三甲医院资源丰富的优势，通过开展"组团式"结对帮扶，建立紧密型医联体。积极发展"互联网＋医疗健康"，促进高等级医疗机构技术和服务延伸。

（五）加强县城绿色低碳建设，提高县城承载力和综合服务能力

一是加强县城建设密度、强度和建筑高度等方面的管控。二是建设绿色节约型基础设施，大力发展绿色建筑和推进建筑节能。三是在县城探索以街区为单元配置公共服务、商业服务、文化体育等设施的统筹建设方式，打造尺度适宜、配套完善的生活街区，增强县城活力。

（六）深入开展共同缔造活动，提升乡村治理水平

在乡村建设和农村人居环境整治提升中持续开展美好环境与幸福生活共同缔造活动。广泛动员村民参与村庄自治、共建，共同参与到村庄发展的决策和实施中来，共同建设美好家园。

第二节　奉节县

奉节县位于重庆市东部，长江三峡库区腹心，全县总面积4098平方公里，地形以山地为主。2020年全县生产总值323.1亿元，农村居民人均可支配收入为13412元，全县常住人口78.5万人，城镇化率约为50%。

一、乡村建设成效评价

（一）农房现代化水平提升

有水冲式厕所、独立厨房、热水淋浴等农房占比分别为 54.3%、71.5%、60.0%，均高于全国平均水平。农村集中供水入房率 84.7%；使用燃气的农户占比 65.5%。

（二）农村生活垃圾转运处理体系基本建立

按照"户集、村收、镇（乡）转运、区域处理"模式，基本实现农村生活垃圾有效处理。奉节县农村生活垃圾收运至县、镇处理的自然村占比达到 100%，高于全国样本县 94.5% 的平均水平。问卷调查显示，大部分的村民会将垃圾放到村庄垃圾收集点或公共垃圾箱，厨余垃圾和生活垃圾直接丢弃的分别只有 8.7% 和 7.1%，垃圾乱扔乱倒现象明显减少，86.4% 的行政村配有保洁员。

（三）生态环境保护成效显著

奉节县注重乡村生态保护，生态环境条件良好。地表水水质优良（Ⅰ～Ⅲ类水质）占比达到 100%，环境空气质量达标率 96.5%，均超过全国样本县平均水平（87.7% 和 87.7%）。

（四）县城教育服务质量高

奉节县城有 3 所市重点及以上高中，已超过全国样本县 1.6 个的平均水平。村民问卷调查显示，61.5% 的高中生在县城就读。县城教育服务满足基本需求。

二、乡村建设问题评价

（一）农民收入水平较低

奉节县农村居民人均可支配收入 13416 元，低于全国样本县 16680 元的平均值；人均城乡居民储蓄存款余额 3.6 万元 / 人，低于全国均值。

（二）农村人居环境管护存在短板

对村庄环境卫生设施的管理投入不足。公厕有专人管护的行政村占比 45.5%，低于全国样本县平均水平。

三、有关建议

推进农房现代化建设，加强风貌建设引导。改善农村住房条件和生活环境。结合重庆市设计下乡工作，将设计资源适当引入乡村，改善村民居住条件和乡村风貌，满足村民现代化生活需要。

完善县域生产服务设施配套。在规划中尽快布局农产品批发市场、物流货仓等产业服务设施，推进相关项目落实。加快提升县城对乡村产业发展的服务能力。

提升"县—镇—村"公共服务设施管理水平。加大对公共环境管理的投入，探索并落实具有可操作性的乡村公共设施运维措施。加快提升县域公共服务设施管理、运维能力。

加强县城绿色低碳建设，提高县城承载能力。建设绿色节约型基础设施，大力发展绿色建筑和推进建筑节能。

深入开展共同缔造活动，完善乡村治理体系。发挥党建引领作用，带动村民参与乡村建设；动员村民投工投劳，激发村民参与积极性。

第三节 酉阳土家族苗族自治县

酉阳土家族苗族自治县属武陵山区，地形以山地为主，全县面积 5173 平方公里。2020年全县地区生产总值 201.2 亿元。全县常住人口 60.7 万人，城镇化率约为 37%。

一、乡村建设成效评价

（一）农村居民收入持续增长

酉阳土家族苗族自治县农民人均可支配收入从 2015 年的 7367 元增加到 2020 年的 11620 元，5 年间增幅达到 36.6%，农民收入不断提高。

（二）农房现代化水平提升

住房宜居建设工作取得阶段性成效，厨卫等生活设施的普及度较高。有水冲式厕所、热水淋浴等农房占比分别为 46.5% 和 55.9%，高于全国样本县平均水平。农村人均住宅面积为 40.7 平方米 / 人。

（三）农村生活垃圾转运处理体系基本建立

酉阳土家族苗族自治县按照"户集、村收、镇（乡）转运、区域处理"模式进行生活垃圾收运处理，农村生活垃圾收运至县、镇处理的自然村占比 100%，高于全国样本县 94.5% 的平均水平。大部分村民会将垃圾放到村庄垃圾收集点或公共垃圾箱，厨余垃圾和生活垃圾直接丢弃的分别仅有 5.7% 和 4.2%，88.9% 的行政村配有保洁员。

（四）教育服务设施较为完善

酉阳土家族苗族自治县行政村小学覆盖率 64.4%，高于全国样本县均值。

（五）县镇污水垃圾处理水平较高

县城污水处理率为 100%，建制镇污水处理率为 85.9%，均高于全国样本县均值。县城和建制镇生活垃圾无害化处理率均为 100%，高于全国样本县均值。

二、乡村建设问题评价

（一）农房宜居性不强

农民对住房条件满意度低，工匠培训不足。调查结果显示，酉阳土家族苗族自治县仅有 46.4% 的村民对总体住房条件感到满意，仅有 43.8% 的村民对自建房厨房条件感到满意。年度培训乡村建设工匠 171.0 人次，远低于全国样本县平均值 507.3 人次的水平。

（二）公共服务水平有待提高

县城优质教育资源紧张，教育满意度不高。村民问卷调查显示，酉阳土家族苗族自治县村民对小孩就读学校的教学质量和就读学校的满意度均较低。农村养老服务有待进一步提升。村级养老设施覆盖率为 38.9%，低于全国样本县平均水平，仅有 42.9% 的村民对县养老设施感到满意。医疗服务水平有待提高。酉阳土家族苗族自治县医疗机构卫生床位数 5.4 张 / 千人，低于全国样本县平均水平。行政村卫生室覆盖率为 91.1%，低于全国样本县 95.4% 的平均水平。

三、有关建议

推进农房现代化建设，加强风貌管控，改善农村住房条件和生活环境。满足村民现代化生活需求，结合设计下乡提升农房建设质量。

优化布局，提高村级公共设施覆盖率。兼顾 15 分钟生活圈的服务效率，结合山地特征，兼顾效率与公平，合理布局公共服务设施。因地制宜推进清洁能源使用、配套生活垃圾和污水处理设施。

提升教育服务质量和养老设施的市场化管理水平。加大对公共环境管理的投入，建立具有可操作性的乡村公共服务设施运维制度。

开展美好环境与幸福生活共同缔造活动。加强基层党建引领，发挥村民议事会、村民理事会等自治组织作用；创新方式方法，组织动员农民群众共同建设美好家园。

第二十一章

四川省乡村建设评价成果

第一节　四川省

四川省位于我国西部地区，2020年全年地区生产总值4.9万亿元。全省常住人口共8367.5万人，其中农村常住人口3620.9万人，城镇化率约为56%。

2021年四川省乡村建设评价工作由四川省城乡建设研究院、四川省统筹城乡研究会作为第三方评价机构开展。评价综合运用部门座谈、问卷调查、实地调研等方式，共收回村民有效调查问卷13599份，村干部有效调查问卷314份，采集村景照片9840张、无人机照片206张，深入走访12个乡镇的36个村开展实地调研，并结合遥感数据、人工智能分析、社会大数据等综合比对，深入客观了解四川省乡村建设实际情况。

一、乡村建设成效评价

（一）农民收入水平提高，乡村建设村民参与度较高

农民生活水平不断提高。四川省样本县农村居民人均可支配收入从2016年的11930元增加到2020年的17116.5元，年均增速达到9.4%。城乡居民储蓄存款余额平均值为4.7万元/人，高于全国样本县4.6万元/人的平均水平。超过60%的受访村民反映近三年家庭生活水平越来越好。

村民参与乡村建设积极性较高。村民问卷调查显示，村民参与村庄建设程度高于全国样本县平均水平，以集资修路、修桥等基础设施建设为主。村干部问卷调查显示，四川省样本县2020年度行政村村民投工投劳人次平均为149.7人次/村，高于全国样本县79.4人次/村的平均值。

（二）农房建设技术及管理水平逐渐提高

农房抗震改造技术提升。四川省住建厅制定推广《四川省农房抗震评估与加固技术导则（试行）》，确保改造后的房屋达到当地抗震设防标准。村民问卷调查显示，框架结构农房占比已达7.9%，高于全国样本县平均5.7%的水平。

农房审批管理制度基本形成。四川省出台《四川省农村住房建设管理办法》《四川省农村建筑工匠管理办法》，进一步规范农房建设程序、加强质量把控和乡村建设工匠管理。样本县县域内履行审批手续的农房占比为57.5%，高于全国样本县52.1%的平均水平。为提升农房风貌，四川省住建厅牵头编制了《四川省农房风貌指引导则（试行）》《四川省农村生土房屋维修加固图册》等技术规范，启动全省农房风貌整治提升试点工作。

（三）农村生活垃圾治理和建制镇污水处理水平不断提高

农村生活垃圾治理逐渐实现常态化。2020 年四川省样本县内农村生活垃圾收运至县、镇处理的自然村占比达 100%，高于全国样本县 94.5% 的平均水平，农村垃圾得到有效处理。"村收集、乡镇转运、市县处理"为主，"村收、镇运、片区处理""就近就地处理"为辅的生活垃圾处理模式基本建立。

乡镇污水处理设施建设取得初步成效。四川省样本县建制镇污水处理率平均值为 72.9%，高于全国样本县 59.6% 的平均水平。

（四）村镇公共服务较为完善

村镇教育、医疗服务设施覆盖面较广。村民问卷调查显示，"村—镇"两级为主提供学前教育和基础义务教育保障，可以满足 81.9% 的幼儿上幼儿园、83.7% 的孩子上小学、61.0% 的孩子上初中的需求。基础医疗服务设施覆盖到位，四川省样本县均实现了行政村卫生室全覆盖，高于全国样本县 95.4% 的平均水平。

（五）县城建设尺度宜人，教育及生产服务能力较强

人口资源更多向县城集聚。四川省样本县县城平均聚集 26.6% 的常住人口。县城作为县域行政中心、经济中心、文化中心的地位进一步强化。

县城建设与自然环境较协调，尺度宜人。根据专家打分结果，四川省样本县县城建设与自然环境协调度平均值为 7.6 分（满分为 10 分），高于全国样本县 7.2 分的平均值。

县城教育设施配套较为完善。四川省样本县高中高级教师及以上的教师占比平均值为 37.6%，高于全国样本县 31.6% 的平均值。县城义务教育学校中农村学生占比平均值为 60.3%，高于全国样本县 53.8% 的平均值，县城承载县域义务教育学生比例不断提高。

县城农业生产服务能力较强。四川省样本县县城年交易超过 10 万吨的农产品批发市场数量平均值为 0.75 个，高于全国样本县 0.44 个的平均值。样本县县城超过 1 万平方米物流货仓数量平均值为 0.5 个，高于全国样本县 0.4 个的平均值。

二、乡村建设问题评价

（一）农房建设专业化水平不高

村民问卷调查显示，四川省样本县自建房中 58.0% 为自主设计建造。四川省样本县乡村建设工匠培训人次平均值为 471.5 人次，低于全国样本县平均值。

（二）乡村人居环境仍存在短板

农村污水处理设施建设与管护存在短板。村民问卷调查显示，四川省样本县村民对村内污水收集处理满意度平均仅 42.2%。

（三）县城绿色低碳建设及公共服务质量有待优化

县城绿色低碳建设意识需加强。县城公共服务存在短板。四川省样本县域千人医疗卫生机构床位数、千人执业（助理）医师数的平均值分别为 6.3 张、2.4 人。

三、有关建议

（一）提升农房建设质量

一是修订农房建设管理法规。建议结合国家相关法律法规要求，适时修订《四川省农村住房建设管理办法》。二是扩大农房抗震改造支持范围。三是推广新型结构农房建设。建议研究制定现代宜居型农房标准，因地制宜推广装配式农房、现代夯土农房建设技术，实现新型建材和传统工艺有机融合。四是推进农房风貌改造。做好新建农房风貌引导，推动既有农房功能提升，逐步拆除彩钢棚，积极推进村庄及乡镇整体风貌提升。

（二）构建村庄建设管理长效机制

一是加强对乡村建设工匠的管理培训，建立乡村建设工匠信息化管理服务模式。二是加快推进厕所改造、建设污水治理和垃圾处理等设施。加快统一城乡学校建设标准；提升村卫生室标准化建设和乡村医生执业水平。

（三）巩固提升农村人居环境

一是加大农村生活污水治理力度。统筹考虑农村厕所粪污治理与生活污水治理，因地制宜采用污水处理设施建设模式。二是加强农村生活垃圾源头分类减量和资源化利用，健全农村垃圾治理长效机制。三是深入开展农村"厕所革命"。

（四）推动绿色低碳县城建设

一是强化县城密度、强度和民用建筑高度管控，加强县城建设与农林景观有机融合。坚持保留利用既有建筑，延续特色风貌。推行"窄马路、密路网、小街区"模式，打造县城宜人的公共空间尺度。二是推广绿色建造方式，大力发展装配式建筑。三是探索小型化、分散化、生态化的县城基础设施建设方式，降低建设和运营维护成本。

（五）深入开展共同缔造活动，提升乡村治理水平

在乡村建设和农村人居环境整治中持续开展美好环境与幸福生活共同缔造活动。一是发挥党建引领作用，带动村民参与村庄建设，从村民关心的村庄建设与人居环境建设出发，动员村民投工投劳，激发村民参与积极性。二是及时总结各地好的经验做法，汇编形成典型案例集，加大宣传和推广力度。

第二节　荣县

荣县地处四川盆地南部，属自贡市西部，地处低山丘陵区，全县总面积 1609 平方公里。2020 年全县地区生产总值 230.5 亿元。全县常住人口 43 万人，城镇化率约为 41%。

一、乡村建设成效评价

（一）发展水平不断提高

农村居民收入持续增长。荣县农村居民人均可支配收入从 2016 年的 13077 元增加到 2020 年的 18660 元。生态环境持续优化。2020 年，荣县环境空气质量达标率 90.7%，地表水水质优良（Ⅰ～Ⅲ类水质）占比达到 100%。

（二）农房建设取得成效

农房现代化水平不断提高。村民问卷调查显示，荣县有独立厨房的农房占比为 76.9%，日常可淋浴的农房为 57.7%，使用燃气的农户占比为 63.2%。农房建设管理进一步完善。县域内履行审批手续的农房占全部农房的比重为 66.1%。

（三）县城环境良好和服务能力较强

县城环境品质进一步提升。荣县构建智慧平台管理体系，推进城乡环卫一体化等项目建设，开展县城外立面整治，根据专家打分结果，县城建设与自然环境协调度为 7.5 分（满分为 10 分）。教育服务质量较高。全县市重点及以上高中数为 2 个，县城高中高级教师及以上的教师占比为 60.2%。

二、乡村建设问题评价

（一）农房安全和品质有待提高

全县鉴定为危房的农房占比为 3.7%。村民对住房整体满意度不高，近一半村民认为自住房一般。农村集中供水入房率为 69.5%。有水冲式厕所的农房占比为 44.6%，低于四川省样本县 51.5% 的平均值和全国样本县 46.5% 的平均值。

（二）村级道路设施存在短板

村级交通基础设施建设有待加强。村民问卷调查显示，村内通户道路硬化占比仅为 56.2%。

（三）农民对公共服务满意度低

农村教育服务满意度不高。村民问卷调查显示，村民对小孩就读学校的满意度仅为 31.9%。养老服务水平有待提高。选择居家养老的村民占 54.9%。对本县养老服务表示满意的村民仅有 15.3%，61.9% 的村民表示一般。

三、有关建议

提升农村住房建设水平。加强农房与村庄建设管理，全方位实施职、责、权一体化模式。稳步推进农房风貌改造，提升传统民居品质。推进宜居型农房建设，创新乡村建设工匠管理方式。

整治提升农村人居环境。巩固和健全城乡生活垃圾分类收转运体系。探索农村生活垃圾治理收费制度，深入推进农村生活污水治理，深入开展农村"厕所革命"。

提升乡村基本公共服务。盘活利用闲置农房提供公共活动空间，降低公共建筑建设成本，提升村庄公共服务水平。提高城乡医疗养老服务质量，推动城乡教育均衡发展。

加强县城绿色低碳建设。建设绿色节约型基础设施，大力发展绿色建筑和推进建筑节能。

深入开展美好环境与幸福生活共同缔造活动。创新基层管理和服务体系。发动群众决策共谋、发展共建、建设共管、效果共评、成果共享。

第三节　米易县

米易县地处四川省西南角，攀枝花市东北部，地形以山地丘陵为主，全县总面积 2153 平方公里。2020 年全县地区生产总值 155.7 亿元。全县常住人口 22.7 万人，城镇化率约 44%。

一、乡村建设成效评价

（一）发展水平逐步提升

居民收入持续增长。米易县农村居民人均可支配收入从 2016 年的 14447 元增长到 2020 年的 20578 元，人均城乡居民储蓄存款余额从 2016 年的 2.4 万元增长到 2020 年的 4.0 万元。生态环境质量持续优化。2020 年米易县地表水水质优良占比达到 100%。

（二）农房建设初具成效

危房改造力度大，积极探索现代夯土技术。制定乡村风貌建设指引，开展农房风貌提升试点。编制发布了《米易县农房建设通用图集》《米易县美丽宜居乡村建设农房通用图集》等。农房现代化水平不断提高。村民问卷调查显示，有独立厨房的农房占比 74.5%，日常可热水淋浴的农房占比 66.2%，农村集中供水入房率 88.0%。

（三）农村人居环境实现综合整治提升

农村生活垃圾收运至县、镇处理的自然村占比为 100%，对污水进行处理的自然村占比为 78.1%，农村公厕实现所有行政村全覆盖。

（四）村庄公共设施较为完善

村级公共服务设施覆盖率较高。米易县行政村幼儿园覆盖率为 39.7%，行政村卫生室覆盖率为 100%，村级养老服务设施覆盖率为 68.5%。

（五）县城绿色低碳建设不断加强

县城建设与自然环境较协调。建成区绿地率达 35.5%，建成区绿化覆盖率达 39.9%。县城绿色建筑建设比例高。2020 年米易县县城新建建筑中基本级及以上的绿色建筑占比达到 98.9%。县城道路建设尺度宜人。路网密度达到 8.0 公里 / 平方公里。

二、乡村建设问题评价

（一）农房建设水平及整体风貌仍需提升

农房设计建造水平不高。米易县县域年度培训乡村建设工匠 170 人次，远低于全国样本县平均值。农房建设管控力度不够，履行审批手续的农房占比仅 37.2%。农房建设通用图集推广使用率低，农房风貌仍需提升。村民问卷调查显示，村民自建房外墙没有粉刷或瓷砖铺装占比 39.5%。

（二）村级基础设施建设和管护存在不足

农村垃圾分类普及率不高。实施垃圾分类的自然村占比只有 44.0%。农村污水处理设施存在短板。村干部问卷调查显示，污水设施闲置情况较普遍，污水处理设施在运行的自然村占比为 66.7%。农村交通基础设施建设仍需加强。村民问卷调查显示，村内通户道路硬化占比为 69.8%，村内主要道路有路灯的行政村占比仅 33.3%。

（三）乡村公共服务存在短板

村级教育、养老服务设施使用率较低。村民问卷调查显示，农村子女 62.1% 在乡镇上幼儿园，仅 23.2% 选择在本村幼儿园就读。村级养老服务设施使用频率高的仅占 26.5%，村民有 56.4% 选择居家养老。

（四）县城建设强度较大，公共服务存在短板

米易县县城人口密度为 10777.4 人 / 平方公里。县城教育服务水平不高。县城高中高级教师及以上的教师占比为 29.8%，低于四川省和全国样本县平均值。

三、有关建议

持续实施农房改造，全面提高农房建设管理水平。继续实施农村危房改造和农房抗震改造，推进农村房屋安全隐患排查整治工作，严格管控新建农房质量。规范实施既有农房改建、扩建，推进宜居型农房建设。探索"数字农房"建设，创新乡村建设工匠管理。

推进村庄基础设施建设，深化农村人居环境整治。有序推进较大人口规模自然村组通村硬化路建设。积极开展农村生活垃圾分类，加强污水处理设施管护利用，鼓励在县域内组建集投资、建设、运营、管理于一体的生态环保投资公司。

加强县城绿色低碳建设，提高县城承载力。建设绿色节约型基础设施。

推进共建共治共享，开展美好环境与幸福生活共同缔造活动。发挥村民议事会、村民理事会等自治组织作用，创新方式方法，学习借鉴各地好的经验做法，组织动员农民群众共同建设美好家园。

第四节 仪陇县

仪陇县位于四川省东北部，地形以低山为主，丘陵次之，全县总面积 1791 平方公里。2020 年全县地区生产总值 248.7 亿元，农村居民人均可支配收入为 14479 元，全县常住人口 47.5 万人，城镇化率约为 42%。

一、乡村建设成效评价

（一）发展水平不断提高

农业规模化种植效益高。全县亩均第一产业增加值为 0.3 万元/亩，高于四川省样本县 0.1 万元/亩的平均值，与全国样本县平均值持平。生态环境质量持续优化。2020 年地表水水质优良（Ⅰ~Ⅲ类水质）占比达到 100%；环境空气质量达标率为 94.3%。村民参与乡村建设的积极性高。村民参与村集体活动的积极性 65.3%，在四川省四个样本县中最高，高于全国样本县 31.7% 的平均值。

（二）农房建设取得积极成效

农房管理水平逐渐提高。仪陇县履行审批手续的农房占比为 89.8%，高于四川省样本县 57.5% 的平均值与全国样本县 59.0% 的平均值。农房配套设施相对较为齐全，村民对总体住房条件表示满意的占 51.0%，高于全省样本县 33.0% 的平均水平。

（三）村级医疗服务设施覆盖范围较广

医疗服务水平明显提升。全县实现行政村村卫生室 100% 覆盖。县、乡、村三级医疗卫生服务体系逐步健全。

（四）县城建设成效明显

县城建设与自然环境协调度较高。县城建设与自然环境协调度为 7.5 分（满分为 10 分），高于全国样本县 7.2 分的平均值。县城绿色建筑建设比例高。2020 年，仪陇县城新建建筑中基本级及以上的绿色建筑占比达到 79.6%，高于四川省样本县 65.9% 的平均值和全国样本县 64.1% 的平均水平。县城医疗设施较为完善。县城二甲及以上医院 4.0 个，县域千人医疗卫生机构床位数平均值为 5.7 张。农业生产服务能力较强。仪陇县域建筑面积 1 万平方米及以上的物流货仓数量为 1.0 个，高于四川省样本县 0.5 个的平均值和全国样本县 0.4 个的平均值。

二、乡村建设问题评价

（一）农房建设水平及乡村风貌存在短板

农房建设专业化水平不高。村民问卷调查显示，仅 4.4% 请专业公司的施工队设计建造。村景照片打分结果显示，仪陇县风貌协调度为 5.2 分（满分为 10 分）。

（二）县域公共服务有待加强

教育服务质量不高。村民问卷调查显示，44.8% 的村民希望聘请优秀教师，25.0% 的村民希望提供营养校餐，26.3% 的村民希望扩大宿舍设施、改善住宿条件。医疗资源不足。仪陇县每千人拥有医疗卫生机构床位数仅 5.7 张，每千人执业（助理）医师数仅 1.9 人。

三、有关建议

持续实施农村危房改造和农房抗震改造。推进宜居型新农房建设。开展乡村建设工匠培训，提升乡村建设水平。

持续深入改善人居环境。巩固和健全城乡生活垃圾"户分类、村收集、镇运输、市县处理"收转运体系；落实县、乡、村三级共同投入机制。深入推进农村生活污水治理，深入开展农村"厕所革命"，稳步推进农房风貌改造。

提升乡村公共服务水平。建立养老服务推动机制，纵深推进居家和社区养老改革试点，探索智慧型、互助型、医养融合型等养老服务新模式。加强农村学校建设，加强硬件设备建设，改善农村教学环境、教学设施、教学条件。

开展美好环境与幸福生活共同缔造活动。创新方式方法，创新基层管理和服务体系，探索具有仪陇特色的乡村善治之路。

第五节　汉源县

汉源县位于四川省雅安市南部，地形以山地丘陵为主，全县总面积 2388 平方公里。2020 年全县地区生产总值 110.6 亿元，农村居民人均可支配收入为 14749 元，全县常住人口 30.7 万人，城镇化率约为 43%。

一、乡村建设成效评价

（一）农房安全得到保障，现代化水平提升

汉源县鉴定为危房的农房占比为 0.21%，低于四川省和全国样本县平均值。村民问卷调查显示，汉源县有独立厨房的农房占比 70.4%，日常可热水淋浴的农房占比 67.8%，农村集中供水入房率 93.0%，均高于全国样本县平均水平。

（二）农村人居环境质量较好

农村生活垃圾分类治理体系基本建立。2020 年，汉源县实施垃圾分类的自然村占比 93.2%，农村生活垃圾收运至县、镇处理的自然村占比达 100%。积极推进农村生活污水治理。村干部问卷调查显示，2020 年，污水处理设施在运行的自然村占比为 84.6%。农村道路建设效果显著，行政村百分百实现通村公路硬化改造。村民问卷调查显示，村内通户道路硬化占比为 87.4%。

（三）村民参与乡村建设积极性高

村干部问卷调查显示，汉源县 2020 年度行政村村民投工投劳平均 387.5 人次 / 村，在四川省样本县中最高，也远高于全国样本县 79.4 人次 / 村的平均值。

二、乡村建设问题评价

（一）农房建设管理与风貌管控仍需加强

农房履行审批手续情况不佳。汉源县履行审批手续的农房占比仅 37.1%。农房建设专业化水平不高。村民问卷调查显示，村民自建房建设方式中，70.4% 由自主设计建造。农房风貌管控仍需提升。村干部问卷调查显示，对村民建房的风貌有要求的行政村占比为 48.6%。

（二）村级医疗服务存在短板

村级医疗服务满意度不高。村民问卷调查显示，村民对村卫生室医疗服务水平表示满意的仅为 42.4%，村民患小病时仅有 22.1% 选择在村卫生室就诊，36.8% 选择乡镇卫生院，37.0% 选择县城医院。

（三）县城公共服务和绿色低碳发展水平不高

县城医疗资源满意度低。村民对县城医疗服务水平的满意度仅 39.6%。县城养老服务难

以满足需求。县域养老机构护理型床位占比为 4.7%。县城新建绿色建筑建设比例低。2020年县城新建建筑中基本级及以上的绿色建筑占比仅 21.7%。

三、有关建议

提高农房建设管理水平，大力推进宜居型农房建设。持续实施农村危房改造和农房抗震改造，严格管控新建农房质量，规范实施既有农房改建、扩建。推动既有农房的低碳绿色改造。持续开展乡村建设工匠管理培训。

深化农村环境整治，继续提升人居品质。加强镇村污水垃圾处理设施建设管理。推动厕所粪污无害化处理或资源化利用，继续加大农业面源污染防控。

加强农村基础设施建设。加强道路、电力等农村基础设施建设。优化基础教育资源布局，提升乡村医疗卫生与养老服务能力。

积极引导县城绿色低碳发展。促进县城建设与自然环境相协调。大力发展绿色低碳建筑，探索小型化、分散化、生态化的县城基础设施建设方式。

第二十二章

贵州省乡村建设评价成果

第一节　贵州省

贵州省位于我国西部地区，2020年全年地区生产总值17826.6亿元。全省常住人口共3856.2万人，其中农村常住人口1806.6万人，城镇化率约为53%。

2021年贵州省乡村建设评价由中共贵州省委党校、贵州民族大学作为第三方评价机构开展。评价工作综合运用部门座谈、村民和村干部问卷调查、实地调研等方式采集数据。回收到村民有效调查问卷4542份，村干部有效调查问卷463份；共实地调研了9个乡镇27个村，采集村景拍拍照片3890张。

一、乡村建设成效评价

（一）发展水平逐步提升

农民收入水平明显提高。地方上报数据显示，贵州省样本县农民人均可支配收入从2012年的5630元提升至2020年的13028.3元。生态环境良好。2020年，贵州省样本县的地表水水质优良（Ⅰ～Ⅲ类水质）占比为96.5%。

（二）农房安全质量有保障，配套设施不断完善，传统村落风貌良好

地方上报数据显示，2020年贵州省样本县鉴定为危房的农房占比平均为0.51%。有水冲式厕所的农房占比为58.9%，日常可热水淋浴的农房占比为61.2%，农村集中供水入房率94.4%。村民问卷调查显示，村民对农房的满意度较高。有66.2%的村民表示对自建房厕所满意，63.7%对自建房厨房满意，64.9%对总体住房条件满意。传统村落风貌良好，展示贵州乡村特色。贵州省样本县的历史建筑空置率较低，平均为2.1%。

（三）农村公共服务设施覆盖率高，村庄环境整洁

地方上报数据显示，2020年，贵州省样本县行政村幼儿园覆盖率48.7%，行政村卫生室覆盖率93.9%。村民问卷调查数据显示，贵州省样本县村民对卫生室的满意度达到67.8%。

村民人居环境满意度较高。2020年，村庄整洁度得分平均为6.4分（满分为10分）。村民问卷调查显示，贵州省样本县农民对村庄整体环境满意度为68.1%，高于全国样本县58.0%的平均水平。

（四）县城住房、教育和交通服务能力提升

县城吸引力增强，村民问卷调查显示，贵州省样本县村民购买商品房地点首选县城，占比达到 60.1%。

县城为农村提供教育服务比重高。地方上报数据显示，2020 年样本县县城义务教育学校中农村学生占比为 69.7%。村民问卷调查显示，小孩在县城上小学的占比为 39.3%，在县城上初中的占比为 49.9%。县域开展远程教育学校占比为 55.8%。

县城交通路网密度较为适宜。2020 年，贵州省样本县县城路网密度为 7.4 公里 / 平方公里。

二、乡村建设问题评价

（一）农房建设管理仍需加强

自建农房履行审批手续的比例不高。地方上报数据显示，贵州省样本县履行审批手续的农房占比仅为 23.3%。

（二）县域生产服务能力不足

地方上报数据显示，2020 年，贵州省样本县没有年经营量 10 万吨以上的农产品批发市场。贵州省样本县中，仅开阳县县域有 1 个建筑面积 1 万平方米及以上的物流货仓。

三、有关建议

（一）提升农房建设管理水平

加强农房建设巡查和监督执法工作，加大新建农房和既有农房的改建、扩建审批力度，对违法建筑予以拆除。对农民新建住房设计施工严格把关，由符合有关规定的施工单位和工匠进行设计施工，提高农房建设质量。同时，加强施工单位和乡村建设工匠的管理，加强培训和资质审核。

（二）提高农村公共服务水平

一是提升农村养老服务质量。鼓励各村办好村内日间照料中心、幸福院，推动农村采取日间托老和居家养老相结合的方式提高半失能老人生活质量，适当增加医养结合床位，解决部分失能老人的养老问题。鼓励各地采用政府投资和社会投资结合的方式，解决养老服务设施建设

的资金问题。二是加强农村医疗卫生队伍建设。加强农村全科医生培训，统筹设置乡镇卫生院岗位，落实村医入编政策，适当提高工资待遇，稳定乡村医疗卫生队伍。

（三）推进共建共治共享，开展美好环境与幸福生活共同缔造活动

加强基层党建引领，发挥村民议事会、村民理事会等自治组织作用，组织农民群众全过程参与乡村建设和管理。以人居环境建设和整治、农房和村庄建设等为载体，以改善群众身边、房前屋后人居环境的实事、小事为切入点，发动群众共谋、共建、共管、共评、共享，共同建设美好家园。

第二节　开阳县

贵阳市开阳县地处黔中腹地，地形以高原山地为主，全县总面积 2026 平方公里。2020年全县生产总值 237 亿元。全县常住人口 34.4 万人，城镇化率约为 60%。

一、乡村建设成效评价

（一）发展水平逐步提升

农村居民收入稳步提高，城乡收入差距不断缩小。开阳县农村居民人均可支配收入从2010 年的 5398 元增加至 2020 年的 17973 元，年增速达到 12.8%。城乡居民收入比从2010 年的 3.0：1 下降到 2020 年的 2.2：1。

（二）农房现代化水平提高

农房安全基本得到保障。2020 年，鉴定为危房的农房占比 0.49%，低于全国样本县平均水平。农房功能不断完善。地方上报数据显示，有水冲式厕所的农房占比 58.3%。村民问卷调查显示，对现在住房厕所条件感到满意的村民占 75.0%。有独立厨房的农房占比 68.2%，对现在住房厨房条件满意的人 73.2%。日常可热水淋浴的农房占比 62.9%，农村集中供水入房率 94.6%。

（三）村庄环境建设不断加强

2020 年开阳县行政村公厕覆盖率达 100%。75.9% 的村民对村庄整体环境感到满意。公

厕有专人管护的行政村占比 71.4%。村内通户道路硬化占比 94.4%。

（四）村庄公共服务设施覆盖率较高

地方上报数据显示，行政村幼儿园覆盖率 45.1%，高于全国样本县 35.7% 的平均水平。行政村卫生室覆盖率为 100%。村干部调查问卷显示，82.9% 的村民能在 15 分钟内到达村卫生室。村民问卷调查显示，44.7% 的村民生小病选择村卫生室，高于贵州省和全国样本县平均水平。

（五）县城交通、污水处理设施建设不断增强

交通服务水平不断提高。开阳县城路网密度 8.7 公里 / 平方公里，2020 年度县城新建红线小于 40 米的道路占比 100%。调查问卷显示，75.0% 的村民对县城公共交通感到满意。县城污水设施建设不断加强。地方上报数据显示，2020 年开阳县城污水处理率 95.9%。

二、乡村建设问题评价

（一）农房建设管理不到位

2020 年开阳县履行审批手续的农房占比仅为 40.2%。乡村建设工匠培训不足。开阳县 2020 年度培训乡村建设工匠 135 人次，远低于全国样本县 507 人次的平均水平。

（二）村庄垃圾和污水处理存在短板

生活垃圾收运体系尚需完善。开阳县 2020 年度农村生活垃圾收运至县、镇处理的自然村占比 92.0%，实行垃圾分类的自然村占比仅为 10.0%。污水处理设施覆盖率不高。对污水进行处理的自然村占比仅为 9.4%。

（三）县城服务能力有待加强

县域养老机构护理型床位占比 12.2%。县域农产品批发与物流设施不足。开阳县没有农产品批发市场、物流货仓等生产服务设施。县城新建建筑中绿色建筑占比低。开阳县城新建建筑中基本级及以上的绿色建筑占比 16.6%。

三、有关建议

大力推进宜居农房建设，加强农房建设审批管理，加强乡村建设工匠培训管理。持续开展

乡村建设工匠管理培训，不断提升乡村建设水平。

提升城乡人居环境质量。推进乡镇生活污水处理设施及配套管网提升试点工程，确保县乡污水处理设施正常运行。增加环卫设施，合理规划垃圾收集点布局。推进城乡垃圾分类建设及乡镇收转运体系建设项目，逐步完善生活垃圾分类投放设施，不断完善再生资源回收利用体系。

加强县城绿色低碳建设。加强县城建设密度、强度和建筑高度等方面的管控。建设绿色节约型基础设施，大力发展绿色建筑和推进建筑节能。

第三节　关岭布依族苗族自治县

关岭布依族苗族自治县地处贵州中部，地貌以山地丘陵为主，全县总面积 1468 平方公里。2020 年全县生产总值 104.9 亿元，农村居民人均可支配收入为 10541 元，全县常住人口 15.4 万人，城镇化率约为 48%。

一、乡村建设成效评价

（一）农房安全和现代化水平提高

农房安全得到保障。地方上报数据显示，2020 年，关岭布依族苗族自治县鉴定为危房的占比为 0.01%。农房现代化水平提升。地方上报数据显示，2020 年，关岭布依族苗族自治县农村人均住宅建筑面积为 46.5 平方米。村民问卷调查显示，有水冲式厕所的农房占比 48.0%，有独立厨房的农房占比 61.4%，日常可热水淋浴的农房占比 52.7%。农村集中供水入房率 91.0%，高于全国样本县平均水平。

（二）农村村内道路硬化率较高

村民问卷调查显示，有 88.5% 的村民表示家门口的道路实现了硬化。

（三）生态环境质量较好

地方上报数据显示，2020 年关岭布依族苗族自治县地表水水质优良（Ⅰ～Ⅲ类水质）占比达到 100%，县域水环境质量好；县城环境空气质量达标率为 98.9%，空气质量好。

（四）县城污水处理水平提升

地方上报数据显示，2020 年关岭布依族苗族自治县县城污水处理率为 91.0%，超过全国样本县平均水平。

二、乡村建设问题评价

（一）农房建设管理不到位

农房建设管控力度不够。地方上报数据显示，履行审批手续的农房占比仅 20.3%。农房设计建造水平不高。关岭布依族苗族自治县 2020 年度培训乡村建设工匠 150 人次，低于同期全国样本县 507 人次的平均值。

（二）村庄公共服务水平需提高

村民问卷调查显示，有小孩在上幼儿园的家庭中 21.0% 选择在村幼儿园就读，对小孩就读学校的教学质量满意度为 42.7%。关岭布依族苗族自治县村级养老服务设施覆盖率为 28.6%。农村养老服务不健全，村民有超过 50% 选择居家养老。

（三）县城公共服务存在短板

县城高中高级教师及以上的教师占比为 21.0%，低于全国样本县 31.3% 的平均水平。县域千人医疗卫生机构床位数为 4.2 张，县域千人执业（助理）医师数为 1.2 人，低于贵州省和全国样本县平均水平。县域养老机构护理型床位占比 14.4%。农业生产服务设施不足。地方上报数据显示，关岭布依族苗族自治县年经营量 10 万吨以上的农产品批发市场、建筑面积 1 万平方米及以上的物流货仓数量均为 0，低于全国样本县平均水平。

三、有关建议

大力推进农房和村庄建设现代化。健全农村住房安全保障动态监测机制。推进农房风貌整治提升。

持续提升乡村人居环境。推进城乡垃圾分类建设及乡镇收转运体系建设项目，逐步完善生活垃圾分类投放设施，不断完善再生资源回收利用体系。

提高县城公共服务水平。提高县城生产性服务水平，加强县城生产服务能力。制定优惠政策。提高教育、医疗和养老水平，加快建设现代化教学设施，提高信息化水平。

推进共建共治共享，以人居环境建设和整治、农房和村庄建设等为载体，以改善群众身边、房前屋后人居环境的实事、小事为切入点，发动群众共谋、共建、共管、共评、共享，组织动员农民群众全过程参与乡村建设。

第四节　榕江县

榕江县地处贵州东南部，属贵州高原向广西丘陵过渡的边缘地带，全县总面积 1468 平方公里。2020 年全县生产总值 84.3 亿元，农村居民人均可支配收入为 10571 元，全县常住人口 29.8 万人，城镇化率约为 34%。

一、乡村建设成效评价

（一）农房品质得到提高

地方上报数据显示，有水冲式厕所的农房占比为 70.3%，有独立厨房的农房占比为 69.2%，日常可热水淋浴的农房占比为 68.1%，农村集中供水入房率为 97.5%。从村民调查问卷情况来看，78.4% 的村民对自建房厕所条件感到满意，73.6% 的村民对自建房厨房条件感到满意，54.8% 的村民对总体住房条件感到满意。

（二）村内道路硬化率较高，环境较为整洁

地方上报数据显示，村内通户道路硬化占比为 96.2%。农民对村庄整体环境满意的占比为 82.1%。生态环境质量优良，人居环境满意度高。地方上报数据显示，2020 年，榕江县地表水水质优良占比为 100%，高于全国样本县平均水平；环境空气质量达标率达到 98.9%。从调查问卷情况来看，感觉村内河流、水塘水质很好和良好的村民占比为 76.8%。

（三）村级公共服务设施覆盖率高

地方上报数据显示，2020 年榕江县行政村幼儿园覆盖率 60.7%，行政村卫生室覆盖率为 88.9%。村民调查问卷显示，有 78.9% 的农民对卫生室感到满意。

（四）县城教育服务设施为县域农民提供服务

县城教育吸引农村学生。地方上报数据显示，2020 年县城义务教育学校中农村学生占

比为 77.1%；在校寄宿生占比 80.5%。村民问卷调查显示，农村小孩在县城上小学的占比 20.2%、在县城上初中的占比 57.7%。

二、乡村建设问题评价

（一）农房建设管理不到位

履行审批手续的农房占比仅为 9.5%，低于贵州省样本县 23.3% 的平均水平。

（二）县城综合服务能力有待提升

县城生产服务能力有待加强。县域内没有年经营量达到 10 万吨以上的农产品批发市场，没有建筑面积 1 万平方米以上的物流货仓。县城教育服务水平有待提高。县城市重点及以上高中仅一个，县城高中高级教师及以上的教师占比为 25.3%，低于全国样本县 31.3% 的平均水平。县城医疗服务水平有待增强。县域千人执业（助理）医师数为 1.7 张，低于全国样本县 2.4 张 / 千人的平均水平。

三、有关建议

大力推进农房和村庄建设现代化。加强乡村建设规划许可管理。推进农村房屋安全隐患排查整治工作。规范办理宅基地使用和竣工验收等手续。加强农房建设管理水平。

加强县城绿色低碳建设。加强县城建设密度、强度和建筑高度等方面的管控。建设绿色节约型基础设施，倡导大分散与小区域集中相结合的布局方式，减少输配管线建设和运行成本，大力发展绿色建筑和建筑节能。

推进共建共治共享，以人居环境建设和整治、农房和村庄建设等为载体，组织动员农民群众全过程参与乡村建设。

第二十三章

云南省乡村建设评价成果

第一节 云南省

云南省位于我国西部地区，2020 年全年地区生产总值 24521.9 亿元。全省常住人口共 4720.9 万人，其中农村常住人口 2358.1 万人，常住人口城镇化率约为 50%。

2021 年云南省乡村建设评价由昆明理工大学等多所高校参与组成第三方评价机构开展，综合运用部门访谈、问卷调查、实地调研等方式开展。本次评价共收回村民有效调查问卷 3885 份，村干部有效调查问卷 469 份；共实地调研 9 个乡镇 27 个村。通过数据对比、归纳、总结等方式，系统评价云南乡村建设取得的成效，总结乡村建设存在的问题和短板，提出工作建议。

一、乡村建设成效评价

（一）农民生活水平提高，农民参与乡村建设积极性高

村民问卷调查显示，67.2% 的村民认为家庭生活水平变好，大多数村民对于家庭生活水平的满意度明显提高。村民参与村集体活动积极性较高，云南省样本县平均有 37.6% 的村民表示会经常积极参与村集体的村民集体活动，超过全国样本县 31.7% 的平均值。村民问卷调查显示，97.5% 的村民认为所在村邻里关系和谐。

（二）农房安全得到保障，配套设施建设不断加强

问卷调查显示，84.1% 的农房有圈梁或者构造柱。地方上报数据显示，云南省样本县中有水冲式厕所的农房占比达到 58.7%，高于全国样本县 46.5% 的平均值，有独立厨房的农房占比达到 67.0%，高于全国样本县 66.5% 的平均值；日常可热水沐浴的农房占比达到 69.0%，高于全国样本县 56.0% 的平均值。

（三）村庄道路、公厕建设逐步推进

调查显示，云南省样本县村内通户道路硬化占比达到 86.4%，超过全国样本县 84.5% 的平均值。公厕专人看护比例达到 78.2%，远高于全国样本县 53.2% 的平均值。

（四）农村医疗、教育等公共服务设施覆盖面广

村级医疗服务设施逐渐健全，云南省样本县行政村卫生室覆盖率达到 100%，高于全国样本县 95.4% 的平均水平。行政村幼儿园覆盖率为 84.1%，远高于全国样本县 35.7% 的平均水平。

（五）县城建设和服务能力逐步提升

云南省样本县平均路网密度达 7.6 公里 / 平方公里，高于全国样本县 6.5 公里 / 平方公里的平均水平。教育服务质量有所改善。云南省样本县高中高级教师及以上的教师占比达到 39.5%，高于全国样本县 31.6% 的平均水平。县城义务教育学校中农村学生占比达到 53.9%，略高于全国样本县平均水平。2020 年，在校寄宿的中学生占比达 91.0%，高于全国样本县 56.0% 的平均水平。2020 年，云南省样本县二甲及以上医院平均有 2.7 个，高于全国样本县 2.2 个的平均水平。

二、乡村建设问题评价

（一）农房建设管理不到位

云南省样本县履行审批手续的农房占比 24.2%，远低于全国样本县 52.1% 的平均值。农房风貌协调度得分为 5.5 分（满分为 10 分），低于全国 6.0 分的平均值。

（二）村庄垃圾处理存在短板

垃圾转运处理情况不佳，垃圾分类工作进展缓慢。云南省样本县农村生活垃圾收运至县、镇处理的自然村占比为 86.5%，低于全国样本县 94.5% 的平均值；实施垃圾分类的自然村占比 8.8%，低于全国样本县 23.1% 的平均值。

（三）城镇污水和垃圾处理设施建设不足

云南省样本县县城污水集中收集率为 31.2%，低于全国样本县 47.8% 的平均值。建制镇污水处理率 21.8%，远低于全国样本县平均水平。云南省样本县建制镇生活垃圾无害化处理率 84.8%，比全国样本县平均值 97.3% 低。

三、有关建议

（一）加强乡村建设管理与特色风貌保护

因地制宜编制符合安全要求及农民生活习惯的农房设计通用图集，免费提供农户参考。发掘地域性、民族性的传统建造工艺、用材，展现传统建筑风貌，加强传统村落保护力度。加大乡村建设工匠培训和管理，提升农房和村庄建设现代化水平，组织设计下乡，切实做好技术支持和服务。

（二）提升农村人居环境质量

建立农村垃圾分类回收、集中处置体系，推进村庄日常保洁管理。引导社会资本投向农村垃圾管理及有偿回收服务，垃圾管理设施运营逐步向专业化服务组织转移。

技术与管理并行，解决污水处理问题。建立农村分散式污水处理技术标准和农村生活污水处理技术规范。引导企业与村民合作，解决设备运营维护的问题，提高设施运营和服务水平。

（三）提升公共服务水平

着力推进教育资源均衡化。合理配置教育资源，向薄弱学校倾斜，切实缩小校际之间的差距。

完善基层医疗设施，推行医养结合。利用集体闲置校舍、厂房或闲置房产，整合村卫生室医疗资源，建立集生活照料、医疗保健、文化娱乐等服务功能于一体的幸福院。与乡镇卫生院整合或联动，合理设置日间照料床位。

第二节　嵩明县

嵩明县地处云南省中部，昆明市东北部，全县总面积830平方公里。2020年，嵩明县地区生产总值为152.7亿元。全县常住人口35.7万人，城镇化率约为65%。

一、乡村建设成效评价

（一）农村居民收入水平逐步提升

嵩明县农村居民人均可支配收入从2016年的12236元增长到2020年的17239元，年均增速达到9.0%。2020年农村居民人均可支配收入高于全国样本县平均水平。

（二）教育服务设施基本满足需求

教育设施基本满足农村学生就近就读需求。县城义务教育学校中农村学生占比为42.5%。村级师资方面，高中高级教师及以上的教师占比为40.5%，高于全国样本县平均水平。

（三）农村生活垃圾收运体系基本建立

农村生活垃圾收运至县、镇处理的自然村占比 93.8%。实施了垃圾分类的自然村占比 23.6%，高于云南省其他样本县水平。村景评价结果显示，嵩明县村庄整洁度 6.9 分（满分为 10 分），高于云南省和全国样本县平均水平。

二、乡村建设问题评价

（一）农房建设和风貌管理水平有待提升

嵩明县履行审批手续的农房占比仅为 4.8%，远低于全国样本县 52.1% 的平均值。嵩明县风貌协调度得分为 7.0 分（满分为 10 分），低于全国样本县 7.3 分的平均值。

（二）垃圾与污水处理存在短板

垃圾分类工作尚在起步阶段。乡村生活污水处理率低，建制镇污水处理率仅 24.2%，对污水进行处理的自然村占比 26.6%。

（三）医疗服务水平尚需提升

人均医疗资源不足，基层医疗卫生设施较为薄弱。全县每千人口拥有医疗卫生机构床位数 5.3 张、每千人口拥有执业（助理）医师 2.1 人，低于云南省和全国样本县平均水平。县城拥有二甲及以上医院 2 个，开展远程医疗的医院和乡镇卫生院占比仅 3.7%。

三、有关建议

加强乡镇规划建设管理。推进乡村规划工作，充分发挥规划在乡村建设中的引领作用。加快推进乡村建设工匠培训，提升宅基地管理、农房建设管理和风貌管控水平。

提高乡村污水治理能力。鼓励采取生物—生态处理模式，加强设施设备质量评估及监管。推动农村户厕改造与污水治理相结合，探索采用以奖代补的方式提高村民参与污水设施建设和运行管理的积极性。

提升公共服务水平。加大政策支持和资金投入，加强基层医疗队伍建设，提升从业人员素质和能力。支持村集体或社会组织建设农村互助养老服务设施。

第三节　罗平县

罗平县位于云南省东部，地处滇黔桂三省（区）结合部，面积 3018 平方公里。2020 年全县生产总值 273.9 亿元。全县常住人口 53.6 万人，城镇化率约为 39%。

一、乡村建设成效评价

（一）农民生活水平提升，农业发展水平较高

农村居民生活满意度较高。村民问卷调查显示，75.2% 的村民认为近三年家庭生活水平在变好。近七成村民认为所在村邻里关系和谐。农业稳步发展。罗平县以农业产业为主，根据问卷调查，农业生产收入占比为 31.2%，高于全国样本县平均值。

（二）农村住房安全得到保障

问卷调查显示，罗平县 80.2% 的村民家中自建房有圈梁或者构造柱结构。

（三）村庄公共服务设施覆盖范围较广

幼儿园教育实现全覆盖，满足村民日常需求。行政村幼儿园覆盖率达到 100%，远高于云南省和全国样本县平均值。"县—镇—村"医疗体系基本建立，方便村民日常就医。2020 年，县城二甲及以上医院 2 个，行政村卫生室覆盖率达到 100%。调查问卷显示，罗平县 52.8% 的村民对卫生室的服务感到满意，高于云南省样本县平均水平。

（四）县城污水和垃圾处理设施覆盖率较高

县城污水处理率达到 95.1%，高于云南省和全国样本县平均值。县城生活垃圾无害化处理率达到 100%，高于云南省与全国样本县平均值。

二、乡村建设问题评价

（一）农房现代化设施存在短板，风貌管控需持续推进

罗平县有独立厨房的农房占比为 59.0%，集中供水率为 81.9%，均低于云南省和全国样本县平均值。风貌管控有待提升，罗平县农房风貌协调度打分为 5.7 分（满分为 10 分），明显低于云南省和全国样本县平均值。

（二）村庄垃圾和污水治理存在短板

罗平县没有实施垃圾分类的自然村。村庄污水处理能力较低。问卷调查显示，22.2% 的村民对所在村的污水收集处理情况感到不满意。42.7% 的农民家中的生活污水是直接排入村庄沟渠或者污水井中。仅 11.2% 的农民家中的粪水排入村或镇污水处理设施。

（三）县城综合服务能力有待提升

县城教育医疗服务存在短板。县城高中高级教师及以上的教师占比 35.4%，明显低于云南省其他样本县。罗平县县城二甲及以上医院 2 个；全县每千人拥有医疗卫生机构床位数 6.2 张，低于云南省样本县平均值；每千人拥有执业（助理）医师 2.3 人，低于全国样本县平均值。县城商业物流设施缺乏。罗平县没有年经营量 10 万吨以上的农产品批发市场数量、建筑面积 1 万平方米及以上的物流货仓。

三、有关建议

加强乡村规划，强化实施管理。在有条件的地方应编制村庄规划，加强规划许可管理，推进规划实施。健全乡村环境基础设施管护的规章制度，鼓励专业化服务组织承担环境卫生保洁和设施管护。

加强污水垃圾治理，提升处理水平。建立完善技术标准体系，为农村生活污水设施的设计、施工、评价、运行以及监管提供技术支撑。推动农村生活垃圾分类，促进垃圾回收利用。

完善养老设施，提升服务功能。支持村集体或社会组织建设农村互助养老服务设施。利用集体闲置校舍、厂房或闲置房产，建立集生活照料、医疗保健、文化娱乐等服务功能于一体的幸福院。合理设置日间照料床位，为农村老人提供日间照料、短期托养等服务。

积极推动数字农村建设，推进 5G 基站、新能源充电桩等农村新型基础设施建设，满足远程医疗、远程教育、新能源汽车等现代化生活需求。

第四节　建水县

建水县隶属于云南省红河哈尼族彝族自治州，位于云南省东南部，面积 3789 平方公里。

2020年，建水县地区生产总值224亿元。全县常住人口53.4万人，城镇化率约为51%。

一、乡村建设成效评价

（一）农村居民收入稳步增长

2020年，农村常住居民人均可支配收入为16560元，是2015年的1.6倍。人均城乡居民储蓄存款余额为4.1万元/人，在云南省三个样本县中处于首位。

（二）全面开展传统工匠培训，加强传统村落保护利用取得明显进展

建水县注重开展培训，2020年度传统工匠培训人次为951人，超过全国样本县的平均水平。采取全面排查、重点抽查、实地查看和检查台账相结合的方式进行，详细掌握全县33个传统村落保护及消防安全现状。

（三）县城教育和医疗服务水平较高

教育服务质量较好。高中高级教师及以上的教师占比为42.7%，超过全国样本县的平均水平。医疗服务水平较高。2020年，全县二甲及以上医院4家，超过云南省和全国样本县平均水平。每千常住人口医疗卫生机构床位数7.5张，超过全国样本县的平均水平。

二、乡村建设问题评价

（一）农房建设水平及村容村貌有待提高

村民问卷调查显示，建水县村民对现在厨房条件的满意度仅为12.5%。地方上报数据表明，履行审批手续的农房占比为20.8%，远低于全国样本县的平均水平。第三方评价结果显示，建水县风貌协调度得分为5.2分，低于云南省和全国样本县的平均得分。

（二）农村垃圾与污水处理存在短板

建水县实施垃圾分类的自然村占比仅为2.7%，和全国样本县的平均水平差距较大。2020年建水县对污水进行处理的自然村占比仅为6.5%，低于全国样本县平均水平。

三、有关建议

加强引导，完善农村垃圾分类体系。建立长期有效的宣传机制，提升村民参与生活垃圾分

类的积极性和主动性。合理配备环卫收运车辆、规划收运路线和模式，形成可回收物、有害垃圾、厨余垃圾和其他垃圾分类收运体系。

严格控制传统村落整体风貌。指导督促各乡镇加强传统村落整体风貌管控，积极争取项目资金，完善村内公共基础设施，加强古民居、古建筑保护修缮。加大宣传，提高当地居民保护意识。

增加基层医疗经费投入，发展特色医养结合服务。改善农村卫生服务机构的设施条件，逐步提高基层卫生技术人员待遇。通过建设医疗养老联合体等多种方式，整合医疗、康复、养老和护理资源，为老年人提供治疗期住院、康复期护理、稳定期生活照料以及临终关怀一体化的健康和养老服务。鼓励社会力量兴办医养结合机构。

第二十四章

陕西省乡村建设评价成果

第一节　陕西省

陕西省位于我国西部地区，2020 年全年地区生产总值 26181.9 亿元。全省常住人口共 3952.9 万人，其中农村常住人口 1475.9 万人，城镇化率约为 63%。

2021 年陕西省乡村建设评价由西北综合勘察设计研究院、陕西省城乡规划设计研究院、西安建筑科技大学作为第三方评价机构开展调研。第三方评价机构与合阳县、子洲县、平利县 3 个样本县有关部门开展座谈，收集了相关数据；广泛开展问卷调查，共收回村民有效调查问卷 34032 份，村干部有效调查问卷 1918 份；分别选取代表不同经济发展水平的乡镇开展实地调研，共走访 9 个镇、27 个村，深入客观了解样本县乡村建设情况。

一、乡村建设成效评价

（一）农村居民人均收入持续增加

陕西省样本县农村居民人均可支配收入从 2016 年的 8515 元增长至 2020 年的 12221 元，增幅达 43.5%。55.9% 的农村居民认为近三年家庭生活水平越来越好。

（二）农房安全得到有效保障

陕西省样本县鉴定为危房的农房占比为 0.16%，低于全国样本县 0.57% 的平均占比。陕西省样本县去年平均组织工匠培训 1029 人次，高于全国样本县 507 人次的平均水平。

（三）农村供电、宽带、道路等基础设施较完善

供电条件良好，用电稳定性和可靠性较好。样本县行政村宽带覆盖率达 100%。通村公路硬化率达 100%，村内道路硬化率平均为 81.2%，居民出行较为便捷。

（四）县城教育承载力不断提升，对县域人口吸引力增强

陕西省样本县中县城义务教育学校中农村学生占比 54.0%，县域内与县外学校开展远程教育的学校占比达 75.0%，高于全国 34.0% 的平均水平。农民在县城购房意愿高。县城购房者中农村居民占比高达 68.8%，远高于全国样本县 50.7% 的平均水平。

二、乡村建设问题评价

（一）农房建设水平和管理能力有待提升

农房现代化水平不高。样本县有水冲式厕所的住房平均比例为 39.2%，有独立厨房的住房比例为 52.7%，有热水淋浴浴室的住房比例为 51.1%。清洁能源推广使用水平较低，69.2% 的农村居民仍在使用煤炭、薪柴或秸秆等燃料。

农房建设管理水平有待提升。有规划建设手续的农房占比为 45.1%，有竣工验收手续的农房占比为 28.7%，有房屋登记手续的农房占比为 59.8%。

（二）农村公厕管理水平不高

公厕环境差，服务质量低。大部分村庄公厕卫生环境较差，部分村庄公厕日常不开放。

（三）乡村养老服务设施利用率不高

陕西省样本县行政村养老设施平均覆盖率 54.4%，78.7% 的农村居民认为村级养老设施使用率一般或极低。

（四）县城绿色低碳建设质量不高

绿色建筑占比低。陕西省样本县县城新建建筑基本级及以上的绿色建筑占比平均值仅为 5.0%。县城建设与自然环境协调度低。陕西省样本县县城建设与自然环境协调度平均为 6.2 分（满分为 10 分）。

三、有关建议

（一）提高农房建设管理水平

建设农房建设监管信息平台，在现有"陕西省农村危房改造监管平台"的基础上，协同建立"数字农房"平台。引导设计下乡，探索农房设计下乡新模式。规范乡村建设工匠培训，深化培训课程内容，建立培训及管理制度，提高乡村建设工匠培训及管理的规范化水平。

（二）提升乡村服务设施质量和服务水平

健全县、镇、村三级养老服务网络，加强农村互助幸福院运营管理。探索多种养老设施经营管理模式，解决乡村养老机构经营难的问题。

（三）加强县城绿色低碳建设

合理控制县城建设密度和强度，推行"窄马路、密路网、小街区"的建设理念，推广绿色建筑，不断提高新建建筑中绿色建筑的比例。

（四）深入开展美好环境与幸福生活共同缔造活动

全面落实部省协议，指导全省 12 个市（区）建立党委统一领导、党政齐抓共管、有关部门各负其责、全社会积极参与的共同缔造活动领导体制和工作机制。在城市更新、乡村建设行动中全面开展共同缔造活动，组织动员群众参与社区建设，共同建设美好家园。

第二节　合阳县

渭南市合阳县地处陕西省中部偏东，黄土高原东部，总面积 1437 平方公里。2020 年全县生产总值 113 亿元。全县常住人口 36.1 万人，城镇化率约为 46%。

一、乡村建设成效评价

（一）城乡收入差距不断缩小

农村居民人均可支配收入从 8311 元增长至 2020 年的 13321 元。城乡居民收入比不断缩小，从 2016 年的 3.09∶1 缩小至 2020 年的 2.67∶1。根据村民问卷调查结果，54.5%的农村居民认为近三年家庭生活水平越来越好。

（二）农村住房安全有保障，乡村建设工匠培训工作不断加强

合阳县鉴定为危房的农房占比仅为 0.1%，低于陕西省样本县 0.2% 的平均水平和全国样本县 0.6% 的平均水平。截至 2020 年，合阳县已开展了三期 1300 余人次的"乡村建设工匠培训"活动，并颁发了人社部门认定的技能资格证书。

（三）农村供水、道路、宽带设施覆盖率高

农村集中供水入房率达到 89.9%，行政村宽带覆盖率达 100%，通村公路硬化率达100%，村内道路硬化率达 93.3%。

（四）乡村医疗与养老设施覆盖率高，基础设施建设成效显著

2020 年行政村卫生室覆盖率 100%，村医护人员到岗率达到 96.3%。农村互助幸福院覆盖率从 2019 年的 57.2% 提升至 60.9%，高于全国样本县 43.9% 的平均水平。

（五）县城教育、农业生产服务能力较强，对人口吸引力较高

县城内与县外学校开展远程教育的学校占比达 100%。县城高中教师中拥有副高级职称及以上的教师占比 26.0%。县城拥有年经营量 10 万吨以上的农产品批发市场 2 个。2020 年县城购房者中农村居民占比为 67.8%，高于全国样本县 50.7% 的平均水平。

二、乡村建设问题评价

（一）农房现代化水平低

现存农房中 57.8% 没有设置圈梁或构造柱。有水冲式厕所的住房比例仅 4.6%，有独立厨房的住房比例为 65.9%。

（二）乡村教育、养老服务设施存在短板

行政村幼儿园覆盖率为 38.1%，86.5% 的农村学生在周边乡镇或县城入学。村级养老设施利用率不高，72.1% 的农村居民认为村级养老设施使用率低。

（三）县城绿色低碳建设水平不高

合阳县县城新建建筑基本级及以上的绿色建筑占比平均值仅为 15.0%。

三、有关建议

加强农房建设指导，加快农房建设现代化。加强农房设计引导，加大图集推广力度，提升农房建设管理水平。

推动城乡教育资源均衡发展，推进乡村养老市场化进程。做好乡村教育资源的合理布置和师资力量配置，改善县城中学住宿条件。推动乡镇农村养老服务中心等养老服务设施建设，发展农村普惠型养老和互助性养老。

加强县城绿色低碳建设。推广绿色建筑，不断提高新建建筑中绿色建筑的比例。

第三节　子洲县

子洲县位于陕西省北部、榆林市南缘，属典型的黄土丘陵沟壑区，面积2042平方公里。2020年，子洲县GDP 67.9亿元，农村常住居民人均可支配收入为11572元。全县常住人口13.9万人，城镇化率约为41%。

一、乡村建设成效评价

（一）村庄道路硬化、宽带设施覆盖率高

71.9%的村民家门口道路基本实现硬化处理。62.3%的村民家中连接了宽带网络。

（二）乡镇教育、医疗服务设施发挥重要作用

子洲县乡镇幼儿园覆盖率为91.7%，乡镇小学覆盖率为100%，乡镇中学覆盖率为45.0%。全县乡镇卫生院覆盖率100%。

（三）乡村建设工匠培训不断加强

2020年，参与培训的乡村建设工匠达2460人，远高于全国样本县的平均水平。

二、乡村建设问题评价

（一）农房配套设施建设水平较低，环境宜居水平有待提升

样本县仅有13.2%的农房拥有独立厨房，18.4%的农房拥有水冲式厕所，日常可热水淋浴的农房占比23.7%，集中供水入房率为60.5%，农村还未通燃气。

（二）村庄整洁度和风貌协调度不佳

村庄风貌协调度得分为6.3分（满分为10分），村庄整洁度得分为6.0分（满分为10分）。

（三）县城风貌有待提升，教育、养老服务质量不高

县城自然风貌协调度低，得分仅为6.0（满分为10分）。县城教育资源薄弱。重点及以上的高中仅有子洲中学一所，开展远程教育的学校占比25.0%。养老设施缺乏，服务水平较低。县域养老机构护理型床位占比仅为1.2%。

三、有关建议

推进农房建设。探索建立农房风貌管理制度，探索农房设计下乡新模式。

全面提升农村垃圾处置能力。建立垃圾收集转运处理体系，通过垃圾换积分、积分兑换商品等机制，引导农民参与垃圾分类工作。

增强县城辐射带动作用，加强县城绿色低碳建设，完善县—镇—村服务体系。

第四节 平利县

平利县地处秦岭南侧，大巴山东缘，总面积 2647 平方公里。2020 年全县生产总值 89.1 亿元。全县常住人口 19.6 万人，城镇化率约为 49%。

一、乡村建设成效评价

（一）农民收入水平提高

农民收入水平持续提高。2020 年平利县农村居民人均可支配收入为 11769 元。

（二）农房质量安全水平提升

平利县通过生态移民搬迁和易地扶贫政策搬迁了 3.3 万户，占到农户的 50% 以上。

（三）农房集中供水入房率较高

县域行政村基本实现集中供水，集中供水入房率达到 92.6%。

（四）村医疗、养老设施覆盖率较高

行政村卫生室覆盖率 100%，村医护人员到岗率达到 95.8%。村级养老设施覆盖率 63.5%，高于全国平均水平 43.9%。

二、乡村建设问题评价

（一）村庄人居环境建设仍然存在短板

全县对污水进行收集处理的自然村占比仅为 7.9%，实施垃圾分类的自然村占比为 4.9%。公厕管护水平不高，村庄公厕有专人管护的比例为 52.1%。

（二）农村幼儿园较少，养老服务设施利用率不高

平利县行政村幼儿园覆盖率为 16.8%。75.2% 的农村居民认为村级养老设施使用率低。

三、有关建议

优化农房建设管理，提升农房建设管理水平，做好村容村貌管理。

优化学校布局，加强师资力量配置，提高乡村儿童入学便捷性和乡村教育质量。提高乡村养老设施服务质量。充分利用资源，大力发展农村养老事业，为农村老人提供养老、娱乐等服务。

加强县城绿色低碳建设，提高县城的承载能力。积极推进老旧小区改造和城市更新。全力完善服务功能，增强县城承载力。

第二十五章

甘肃省乡村建设评价成果

第一节　甘肃省

甘肃省位于我国西部地区，2020 年全年地区生产总值 9016.7 亿元。全省常住人口共 2502 万人，其中农村常住人口 1195.3 万人，常住人口城镇化率约为 52%。

2021 年甘肃省乡村建设评价由甘肃省建筑科学研究院（集团）有限公司、兰州理工大学、甘肃农业大学等单位组成第三方评价机构开展。分别选取 3 个样本县，综合运用部门访谈、问卷调查、实地调研等方式进行数据采集和评价工作。收回村民有效调查问卷 4416 份，村干部有效调查问卷 125 份；共走访 9 个乡镇、30 个村庄开展调研；通过村景拍拍小程序拍摄村容村貌，通过无人机对村庄进行俯视与鸟瞰拍摄，采集村景照片 3301 张。

一、乡村建设成效评价

（一）农村居民收入持续提升

甘肃省样本县农村居民人均可支配收入平均值从 2019 年的 8998.1 元增加到 2020 年的 11427.9 元，同比增长 27.0%。人均城乡居民储蓄存款余额达到 4.6 万元/人。

（二）农房安全保障水平显著提升

甘肃省实施农村危房三年整治行动，将房屋安全隐患整治工作与农房抗震改造工作相结合，对改造、整治房屋进行全程技术指导，确保房屋安全质量。

（三）农村生活垃圾处理效果较好

甘肃省实行生活垃圾"户分类、村收集、镇转运、县处理"的处理模式，配备垃圾清扫、分类和集中收集的密闭式容器，或进行密闭化改造，成效良好。

（四）村级医疗教育服务设施覆盖率高

村级医疗实现行政村卫生室全覆盖。甘肃省样本县村级卫生室覆盖率达到 100%。行政村幼儿园覆盖率达到 45.5%，能较好满足适龄幼儿入园需求。

（五）县城人口吸引力较强

地方上报数据显示，甘肃省样本县县城人口密度均值为 8075.1 人/平方公里。农村居民县城购房率明显提升。县城购房者中农村居民占比达 64.4%。接近 80.0% 的农村购房者的主要目的是让子女可以上好学校。甘肃省样本县县域千人医疗卫生机构床位数达到 7.8 张，高于全国样本县 5.5 张 / 千人的平均水平；县域每千人执业（助理）医师数达到 2.7 人，高于全国样本县 2.4 人 / 千人的平均水平。

二、乡村建设问题评价

（一）垃圾和污水处理存在短板

垃圾分类未得到有效推广。地方上报数据显示，甘肃省样本县实施垃圾分类的自然村占比为 28.6%。农村污水处理水平亟待提升。甘肃省样本县对污水进行处理的自然村占比仅为 10.1%。

（二）村级养老服务设施不完善

甘肃省样本县村级养老服务设施覆盖率仅为 26.2%，低于全国样本县 43.9% 的平均水平。

（三）县城建设和服务水平有待提升

县城污水收集率低。地方上报数据显示，甘肃省样本县县城污水集中收集率为 55.6%。县城服务农业能力较低。甘肃省样本县中，仅徽县拥有 1 个建筑面积 1 万平方米及以上的物流货仓。

三、有关建议

（一）完善农房配套设施建设，提升农房安全宜居性

加快农房抗震改造进度，提高农户房屋安全质量。推动农房内厕所、厨房、热水淋浴设施建设。加强农房建设管理，及时掌握农户房屋状态。

（二）推进乡村生活垃圾与污水治理

一是推进农村生活垃圾分类，利用"以奖代补"等方式激发农户垃圾分类的积极性。二是推进乡村生活污水处理工作，积极推广低成本、低能耗、易维护、高效率的污水处理技术。

（三）完善县域公共服务体系，提升农村公共服务质量

一是调整中小学布局，按照"高中县城化、初中集镇化、小学中心化"的工作思路，整合优化教育资源。二是通过城市医院与县级医院开展"组团式"结对帮扶，建立紧密型医联体，优化医疗卫生资源配置，积极发展远程医疗。三是建议完善养老服务机制。推进以居家为主的

养老服务供给体系，健全和完善政府主导、社会化运作、家庭参与的居家养老服务模式。

（四）加强县城绿色低碳建设

加强适合本地特点的县城基础设施建设，降低建设和运营维护成本。打造适宜步行的县城交通体系。打造县城宜人的空间尺度，大力发展绿色建筑和建筑节能。

（五）开展美好环境与幸福生活共同缔造活动

推进共建共治共享，发挥农村自治组织作用。以人居环境建设和整治、农房和村庄建设等，组织农民群众全过程参与乡村建设和管理，共同建设美好家园。

第二节　高台县

高台县地处甘肃河西走廊中部、黑河中游下段，全县总面积 4346.6 平方公里。2020 年，全县生产总值 55.4 亿元，农村居民人均可支配收入 16202 元。2020 年底，全县常住人口达到 14.7 万人，城镇化率约为 51%。

一、乡村建设成效评价

（一）城乡居民收入差距较小

高台县城乡居民人均可支配收入比为 1.73：1，在甘肃省 3 个样本县中差距最小，也低于全国样本县 2.25：1 的平均水平。

（二）农房安全得到保障

农房建设管理较为规范，全县基本实现危房清零的目标，履行审批手续的农房占比为 65.4%。

（三）农村生活垃圾收运体系基本实现自然村全覆盖

农村生活垃圾收运至县、镇处理的自然村占比为 100%，高于全国样本县 94.5% 的平均水平。

（四）农村公共服务设施建设较为完善

教育设施满足基本需求。高级及以上教师占比达到 56.4%。医疗设施覆盖率高。开展远程医疗的医院占 88.2%，远超全国样本县的平均水平。养老服务水平逐步提升。养老机构护理型床位占比达到 50.8%，高于全国样本县 35.3% 的平均水平。

（五）县镇基础设施覆盖面不断扩大

县城污水收集和污水处理分别达到 75.8% 和 96.1%，建制镇污水处理率和生活垃圾无害化率分别为 100%、64.1%。

二、乡村建设问题评价

（一）农房现代化水平有待提升

有水冲式厕所的农房占比仅为 28%，可热水淋浴的农房占比为 41.2%。

（二）农村垃圾分类和污水处理存在短板

实施垃圾分类的自然村占比仅为 12.5%，对污水处理的自然村占比仅为 9.0%，村内存在污水直排问题。

（三）村级养老服务设施使用率不高

村级养老设施的使用率为 28.5%，48.8% 的村民表示会选择居家的养老方式。

三、有关建议

改善农村住房条件。推进宜居农房建设，加强乡村建设工匠培训，完善农房配套设施建设，提升农房建设质量。

提升生活垃圾和污水治理水平。加强"网格化"管理，构建农村生活垃圾分类投放、收集、运输、处理体系。完善配套管网建设，推动污水处理覆盖区域向自然村组延伸。

完善村级公共服务体系。加强对养老机构的管理，提高其服务水平。

第三节 庄浪县

庄浪县位于甘肃中东部，属黄土高原丘陵沟壑区，总面积 1553 平方公里。2020 年全县生产总值 68.3 亿元。2020 年全县常住人口为 33.6 万，城镇化率约为 28%。

一、乡村建设成效评价

（一）农村居民收入持续增长

庄浪县农村居民人均可支配收入从 2010 年的 2610 元增长到 2020 年的 7934 元，年均增速达到 11.8%。

（二）农房安全保障水平不断加强

按照"人不住危房，危房不住人"的要求，完成全县住房安全核验工作，对全县农房进行了全面普查、鉴定、改造、转移、安置，实现农村危房清零。

（三）村庄人居环境逐步改善

全县已建立起"户分类、村收集、乡转运、县处理"的垃圾处理体系，实现了垃圾处理设施全覆盖。

（四）村庄教育、医疗服务设施覆盖率较高

全县行政村幼儿园覆盖率为 47.4%，高于全国样本县 35.4% 的平均水平，村民对学校教学质量满意度达 77.9%。

（五）县城污水处理设施较完备，医疗服务较完善

县城污水集中收集率为 84.5%，在甘肃省样本县中排名第一。庄浪县拥有二甲及以上医院 2 家，千人拥有二甲及以上医院床位数为 6.0 张，县域千人执业医师数量为 2.4 人，均高于全国样本县平均水平。

二、乡村建设问题评价

（一）城乡发展水平差距大

庄浪县城乡居民人均可支配收入比为 3.89：1，城乡居民收入差距在甘肃省三个样本县中最大。

（二）村庄垃圾和污水治理存在短板

庄浪县实施垃圾分类的自然村占比仅为 35.4%，对污水进行处理的自然村占比仅为 11.0%。

（三）县城服务农业能力较低

庄浪县没有年经营量在 10 万吨以上的农产品批发市场，也无建筑面积在 1 万平米以上的物流货仓。

三、有关建议

加强农房建设管控、提升乡村风貌，以陇东地区农房建设风貌为主，为农户提供经济适用、因地制宜的农房风貌图集，加强风貌指引。

提高村庄人居环境质量。提升农房厕所和供暖条件，加强村庄垃圾处理、污水处理设施建设，推动厕改与污水治理相结合。

提升乡村公共服务水平。加强远程医疗信息化建设，完善养老服务体系，打造覆盖乡村的智慧健康养老服务网络。

第四节　徽县

徽县位于甘肃省东南部、陇南市东北部，地处秦岭山脉南麓，总面积 2722.9 平方公里。2020 年全县生产总值 51 亿元。2020 年常住人口为 19 万，城镇化率约为 42%。

一、乡村建设成效评价

（一）农村居民收入稳步增长

徽县农村居民人均可支配收入从 2015 年的 6559 元增长到 2020 年的 10147.6 元，增长 54.7%，城乡收入差距不断缩小。

（二）农村生活垃圾分类转运体系基本覆盖

全县初步实现对生活垃圾分类的简单前端处理，建立起"村收集—镇转运—县处理"的垃圾处理体系。

（三）农村道路、供水等基础设施覆盖率提高

徽县集中供水的自然村占比96.6%，村内通户道路硬化占比达到82.6%。

二、乡村建设问题评价

（一）村庄人居环境质量不高

农村污水治理仍存在短板。对污水进行处理的自然村占比仅为10.2%。农村生活垃圾分类进展缓慢。地方上报数据显示，实施垃圾分类的自然村占比为37.9%，且只做了普通的前端处理。

（二）村级公共服务水平较低

学前教育、小学教育存在短板。教育质量城乡差距大，中小学布局不协调，乡镇寄宿制学校建设有待加强。医疗服务水平仍需提升。村卫生室覆盖率高但服务水平一般。养老设施短缺，全县村级养老服务设施覆盖率仅为14.1%，为甘肃省三个样本县中最低。

三、有关建议

倡导农村生活垃圾分类，推进农村生活垃圾源头减量和资源化回收利用。推进农村生活污水资源化处理。统筹考虑农村改厕和生活污水治理的方案编制、技术模式选择、设施建设维护和排放标准制定等工作。

优化村庄公共服务设施建设布局。统筹基础教育资源，优化中小学布局，改善教育教学设施。加强村级卫生室标准建设，加快卫生技术人员培训。合理利用闲置资源，对农村闲置宅基地和房屋进行改造，完善养老服务设施。

推进共建共治共享。加强基层党建引领，发挥村民议事会、村民理事会等自治组织作用，以人居环境建设和整治、农房和村庄建设等为载体，组织动员农民群众全过程参与乡村建设，共建美好家园。

第二十六章

青海省乡村建设评价成果

第一节　青海省

青海省位于我国西部地区，2020 年全年地区生产总值 3005.9 亿元。全省常住人口共592.4 万人，常住人口城镇化率约为 60%。

2021 年青海省乡村建设评价由青海省规划设计研究院、青海建筑职业技术学院作为第三方评价机构开展。综合运用部门访谈、问卷调查、实地调研等方式采集数据。分别与 3 个样本县有关部门开展座谈；广泛开展问卷调查，共收回村民有效调查问卷 3947 份，村干部有效调查问卷 102 份；分别选取代表不同经济发展水平的乡镇开展实地调研，共走访 9 个镇、27个村，深入客观了解样本县乡村建设情况。通过无人机对村庄进行俯视与鸟瞰拍摄，实地查看农房建设、村容村貌、人居环境、基础设施建设运行等情况。

一、乡村建设成效评价

（一）发展水平不断提高，生态环境保持良好

青海省样本县农村常住居民人均可支配收入从 2015 年的 7933.4 元增加到 2020 年的12342 元，增幅达到 55.3%，农村居民收入水平不断提高。村民问卷调查显示，76.8% 的村民认为近三年来家庭生活水平越来越好。地表水质优良占比达到 88.9%，超过全国样本县平均水平。空气质量达标率达到 91.4%，也高于全国样本县平均水平。

（二）农村住房安全得到有效保障

青海省样本县鉴定为危房的农房占比仅 0.33%，低于全国样本县 0.57% 的平均水平。村民问卷调查显示，57.9% 的村民对总体住房条件感到满意。

（三）村庄人居环境质量稳步提升，基础设施不断完善

农村生活垃圾集中处理率逐年提升。通过探索建立"村收集—乡转运—县处理"的模式，青海省样本县村庄内生活垃圾集中收集处理率逐年提升，大通回族土族自治县、循化撒拉族自治县已达到 100%。村民问卷调查显示，66.6% 的村民会将生活垃圾投放至集中收集点，超过全国样本县平均水平。

农村基本实现集中供水。青海省样本县 96.7% 的自然村实现集中供水，村民集中供水入房率达到了 87.0%，均超过全国样本县平均水平。农村道路硬化普及水平高。青海省样本县村内通户道路硬化占比达 89.0%，超过全国样本县 84.5% 的平均水平。

（四）县域医疗服务体系较为完善

县、镇、村三级医疗服务设施基本健全。青海省样本县至少拥有 2 家二甲及以上医院，每个乡镇至少拥有 1 家卫生院，行政村卫生室覆盖率达到 100%，超过全国样本县平均水平。村民问卷调查显示，62.3% 的村民遇到大病时会在乡镇卫生院及县城医院就诊。

（五）县城人口吸引力较强

县城成为农村居民购房首选地。村民问卷调查显示，已购买商品房的村民中有 60.6% 选择在县城购买。关于购房目的，61.8% 的村民是为了让子女受更好的教育，45.0% 的村民是为了享受更好的公共服务。

二、乡村建设问题评价

（一）农房品质不高

农村住房设施现代化程度低。青海省样本县有水冲式厕所的农房占比为 14.0%、有独立厨房的占 47.0%、日常可热水淋浴的占 24.7%、接入燃气的占 11.9%，均远低于全国样本县 46.5%、66.5%、55.9%、53.2% 的平均水平。

（二）农民使用煤炭、薪柴等传统能源比例较高

青海省样本县乡村电力、天然气等能源供应难度较大，利用比例较低。仍有 93.8% 的村民以煤炭、薪柴、牛粪等传统燃料为主，冬季取暖中煤炭的使用率高达 86.9%。

（三）村庄人居环境建设存在短板

农村生活垃圾分类工作进展缓慢。样本县垃圾分类收集基本空白，仅尖扎县有 9.5% 的村庄进行。村民问卷调查显示，村民对垃圾转运处理情况表示满意的仅有 56.8%。

污水处理设施普及率较低。对污水进行处理的自然村占比仅 8.7%，远低于全国样本县 28.0% 的平均水平。村民问卷调查显示，56.6% 的村民对污水收集处理的情况不满意。

（四）农村教育质量有待提升

青海省样本县各村学生上学路途距离较远，62.6% 的中学生到达学校的时间在 30 分钟以上。寄宿制学校逐渐成为办学的主要形式，寄宿学生比例为 59.2%。但村民问卷调查显示，有 41.5% 的村民认为学校住宿条件一般或不好。

三、有关建议

（一）围绕"高原美丽城镇示范省"建设，促进城乡融合发展

将高原美丽城镇示范省建设作为实施乡村振兴的战略支点和重要突破口，促进城乡融合发展。一是推进县城绿色低碳建设。加强县城城镇化补短板项目谋划，持续补齐县城公共服务设施、环境基础设施、市政公用设施、产业配套设施短板弱项。二是走城乡融合发展之路。推进城镇的污水、燃气等基础设施向村庄延伸，提升城镇在教育、医疗、商业、物流等方面的服务能力，发挥桥梁的作用，不断缩小城乡发展差距。

（二）保障农房质量安全，不断提升乡村风貌

一是持续保障农牧民住房安全。继续探索完善农牧民住房建设管理的体制机制，加强对因灾受损、建设标准不高、安全性评定等级低、返乡定居和处于地质灾害隐患点等具有潜在安全隐患农房的监测预判，建立全省农牧民住房安全长效管理机制，切实巩固农牧民危旧房改造脱贫攻坚成果。二是推动设计下乡，引导高校师生、投资业主、乡村建设工匠等多元主体共同参与，为农户提供经济适用、因地制宜的农房风貌引导图集，鼓励农牧民按图集引导进行建设。三是加强乡村建设工匠培训，打造一批既熟悉乡土特色又适应现代建造要求的专业队伍，为风貌提升提供技术支撑。

（三）加快建立、完善农村人居环境治理机制

一是加强村庄污水处理设施建设。优先治理中心村、人口集聚区、生态敏感区、水源保护区的生活污水。对远离城镇的村庄，可推广低能耗、易维护的户用处理装置；对距离城镇较近的村庄，可纳入城镇管网一并处理。二是加快乡镇垃圾终端处理设施建设，提高设施运行能力。三是健全农村人居环境管护队伍。合理配置保洁员，发挥护林员、草管员等公益性岗位的作用，建立稳定的村庄保洁队伍。探索农牧民群众适当付费、以效付费的长效管护机制，确保农村生活垃圾和污水处理设施持续稳定运行。

（四）持续推进乡村基础设施"补短板"工程

一是加强村庄道路系统建设，因地制宜构建层次清晰、功能完备的农村公路网络，优化城、镇、村之间的公共交通体系，提升居民出行便捷程度。二是加大城镇周边村庄清洁能源使用率，鼓励应用可再生能源、生物质能，推广太阳能热水、分布式发电、水源热泵等新能源技术，推动既有农房节能改造。

（五）加强寄宿制学校建设，促进县城医院提质扩容

一是提高寄宿制学校配套设施建设标准，围绕师生学习生活所需，充分考虑偏远山区学生和留守儿童的寄宿与餐饮需求，配齐各类生活卫生设施。二是通过省级三甲医院与县级医院开展"组团式"结对帮扶，建立紧密型医联体，提升医疗服务水平。三是积极发展"互联网＋教育""互联网＋医疗"，建设省、县、镇、村四级远程教育和医疗的网络体系。

第二节　大通回族土族自治县

大通回族土族自治县地处青海省东部河湟谷地，地形以高原为主，总面积 3090 平方公里。2020 年，县地区生产总值 118.6 亿元。全县常住人口 40.3 万人。

一、乡村建设成效评价

（一）农民收入增长，农民参与乡村建设积极性较高

大通回族土族自治县农村居民人均可支配收入从 2016 年的 9443 元增长到 2020 年的 13469 元，增收趋势稳定，77.3% 的村民认为家庭生活水平得到提升。村民积极参与村集体活动的比例为 34.0%，高于全国样本县 32.5% 的平均水平。对于村内各项事务比较熟悉的村民占比达到 46.7%，高于全国样本县 41.7% 的平均水平。

（二）农房安全得到有效保障

2020 年鉴定为危房的农房占比仅为 0.10%，低于全国样本县 0.57% 的平均水平。自建农房构造中有圈梁或构造柱的占比为 76.6%。

（三）镇村基础设施建设取得积极成效

村内通户道路硬化占比达到 94.2%，高于全国样本县 84.5% 的平均水平。全县乡（镇）、建制村客车通车率均达 100%。农村生活垃圾转运至县、镇处理的自然村占比 100%，建制镇污水处理率为 95.0%，远高于全国 59.6% 的平均水平。

二、乡村建设问题评价

（一）城乡收入差距较大

城乡居民人均可支配收入比达到 2.74：1，高于全国样本县 2.25：1 的平均水平。

（二）农房现代化水平不高

有水冲式厕所的农房占比 11.7%，低于全国样本县 46.5% 的平均水平；日常可热水淋浴的农房占比 25.7%，低于全国样本县 55.9% 的平均水平；使用燃气的农户占比 3.0%，远低于全国样本县 53.2% 的平均水平。

（三）村庄污水和垃圾治理有待改善

对污水进行处理的自然村占比仅为 3.7%，远低于全国样本县 28.0% 的平均水平。污水处理设施在运行的自然村占比 33.3%，远低于全国样本县 81.7% 的平均水平，绝大部分生活污水直接排入村庄沟渠或污水井。没有实施垃圾分类的自然村。村民调查问卷显示，63.9% 和 47.7% 的村民认为村庄垃圾和污水处理有待继续改善。

三、有关建议

加快农房和村庄现代化建设。建立农村房屋建设全过程管理制度。强化技术服务保障，推动设计下乡，提升村容村貌。实施农村居住条件改善工程。

加强农村人居环境整治提升。推进农村生活垃圾治理，建立健全"户分类、村收集、乡镇转运、县（乡）集中处理"的农村垃圾治理模式，持续开展生活垃圾减量化、资源化、无害化处理。持续推进"厕所革命"，深化农村户厕无害化改造。

建立健全农村人居环境长效管护机制。开展生活污水治理，落实乡镇、村干部包村包户包区域"网格化"管理模式，明确村民责任和义务，实行"门前六包"制度，形成共建共治共享的良好局面。

第三节　循化撒拉族自治县

循化撒拉族自治县地处青海省东部，青藏高原东部边缘地带，县域总面积 1815.2 平方公里。2020 年循化撒拉族自治县生产总值达到 38.2 亿元。2020 年全县常住人口 134260 人，城镇化率约为 36%。

一、乡村建设成效评价

（一）农民收入水平不断提高

2020 年循化撒拉族自治县农村居民人均可支配收入达到 12441 元，五年年均增长 8.8%。

（二）县域教育和医疗设施满足农民基本需求

教育设施基本满足农村学生就读需求。全县学校 100% 可开展远程教育，行政村幼儿园覆盖率为 64.9%，行政村小学覆盖率 47.7%，均高于全国样本县平均值。县域内县级医院与乡镇卫生院远程医疗全覆盖。村民问卷调查显示，62.3% 的村民患大病时会选择在县城医院就诊。

二、乡村建设问题评价

（一）农房现代化水平有待提高

村民问卷调查显示，对自家厕所和厨房条件满意的村民仅占 25.0%。地方上报数据显示，有水冲式厕所的农房占比为 16.2%，有独立厨房的占 45.6%，日常可热水沐浴的占 29.0%，均低于全国样本县平均水平。

（二）农村污水处理设施覆盖率低

对污水进行处理的自然村占比为 18.2%，低于全国样本县 28.0% 的平均水平。有 56.6% 的村民认为村内的污水收集处理水平有待完善和提高。

（三）供水质量不高

村民问卷调查显示，16.1% 的村民表示家中自来水经常出现浑浊、异味、水压不稳定等问题。

（四）村级教育养老服务质量有待提高

农村教育质量不高。根据村民问卷调查，村民对子女就读学校教学质量感到满意的比例仅为 51.2%，低于全国样本县 62.4% 的平均水平。61.9% 的村民希望子女就读的学校聘请优秀教师，48.9% 的村民希望改善学校教学设施设备，34.1% 的村民希望改善学校住宿条件。农村养老服务设施覆盖率及使用率低。村干部问卷调查显示，村级养老设施覆盖率仅为 2.0%，远低于全国样本县 43.9% 的平均水平。

三、有关建议

加强农房和村庄现代化建设。加强对新建农房的管控，为农户提供多样性差异化的设计服务。提高乡村建设工匠专业技术水平。提升村庄整体环境，借助人文景观，营造具有本土特色的村容村貌。

加强农村人居环境整治。优先治理重点地区农村生活污水，推动农村户厕改造与污水治理相结合。推进实现城乡垃圾分类治理、分级处理。

推动农村基础设施补短板。实施农村供水保障工程，改善农村供水水质，推进供水入房。提高村庄清洁能源的使用率。

完善公共服务设施体系。优化教育资源配置，改善教学设施和住宿条件。优化医疗设施布局，推动村级卫生室提标升档。鼓励利用闲置的村级场所或集体房屋，建设养老服务设施，提高村级养老服务水平。

第四节　尖扎县

尖扎县位于青海省东南部，地形以高原为主，总面积 1714 平方公里。2020 年尖扎县生产总值达到 29.7 亿元，农村居民人均可支配收入 11140.7 元。2020 年常住人口为 5.8 万，城镇化率约为 41%。

一、乡村建设成效评价

（一）村民生活水平提高，农民参与乡村建设积极性高

尖扎县人均城乡居民储蓄存款余额为 5.6 万元 / 人，高于全国样本县平均水平。村民问卷调查显示，超过 41.5% 的村民反映近三年生活水平越来越好，高于全国样本县的平均水平。村民问卷调查显示，经常参加村民集体活动的村民占 63.3%，高于全国样本县 32.5% 的平均水平。66.3% 的村民对邻里关系表示满意。

（二）乡村基础医疗服务设施覆盖率高

地方上报数据显示，尖扎县实现了行政村卫生室全覆盖，高于全国样本县 95.4% 的平均水平。村干部问卷调查显示，47.5% 行政村能在 30 分钟内达到乡镇卫生院，村镇医疗设施可达性较好。日常有村医值守的村卫生室占比为 87.5%。

（三）县城建设和服务水平提升

村民调查问卷显示，67.7% 的村民对县的公共交通表示满意或比较满意，高于全国样本县平均水平。县城医疗服务水平较高。尖扎县每千人执业（助理）医师数为 2.8 人；每千人医疗卫生机构床位数为 6.6 张，高于青海省和全国样本县平均水平。村民问卷调查显示，71.1% 的村民对县城的医疗服务水平表示满意，高于青海省样本县 54.4% 的平均水平和全国样本县 51.8% 的平均水平。

二、乡村建设问题评价

（一）农房建设管理和现代化水平有待提高

农房建设管理水平较低。地方上报数据显示，全县履行审批手续的农房占比仅为 5.3%，远低于全国样本县 52.1% 的平均水平。农房配套设施建设需进一步加强。村民问卷调查显示，14.1% 的村民家中有水冲厕所，31.1% 的村民家中有独立厨房，19.2% 的村民家中有浴室，均低于青海省和全国样本县平均水平。

（二）农村人居环境存在短板，垃圾收运及分类处理仍需加强

农村生活垃圾收运至县、镇处理的自然村占比为 47.9%，低于全国样本县 94.5% 的平均水平。实施垃圾分类的自然村占比仅为 9.5%，远低于全国样本县 23.1% 的平均水平。污水处理水平有待提高。对污水进行处理的自然村占 4.2%，低于全国样本县 28.0% 的平均水平。污水处理设施在运行的自然村占比为 75.0%，低于全国样本县平均水平。依据村民问卷调查，只有 28.9% 的村民对村内的污水处理情况表示满意。

（三）教育和养老服务有待提升，教育设施布局和质量有待进一步优化

尖扎县行政村幼儿园覆盖率仅为 1.2%，远低于全国样本县 35.7% 的平均水平。养老服务设施建设有待提升。县域养老机构护理型床位占比仅为 5.0%，远低于全国样本县 35.2% 的平均水平。

三、有关建议

加强农村人居环境整治。因地制宜采用不同方式进行污水处理。进一步完善农牧区生活垃圾"村收集、乡镇转运、县处理"的处理模式。

完善公共服务设施体系。推进乡村幼儿园扩容提升，持续加大公办幼儿园供给。强化基层卫生院医务人员配备，加强乡村医生队伍建设，推进"互联网＋医疗健康"发展。推进医养相结合，促进社会资本进入健康养老产业。

第二十七章

宁夏回族自治区
乡村建设评价成果

第一节　宁夏回族自治区

宁夏回族自治区位于我国西部地区，2020年全区生产总值3920.6亿元。全区常住人口共720.3万人，其中农村常住人口252.4万人，常住人口城镇化率约为65%。

2021年宁夏回族自治区乡村建设评价由北方民族大学、宁夏大学、宁夏建设职业技术学院作为第三方评价机构开展。评价综合运用部门访谈、问卷调查、实地调研等方式采集数据，分别与3个样本县有关部门开展座谈，收集了指标体系相关数据；广泛开展问卷调查，共收回村民有效调查问卷4755份，村委会有效调查问卷549份；分别选取代表不同经济发展水平的乡镇开展实地调研，共走访12个镇36个村庄，与村干部、村民面对面开展访谈；通过村景拍拍小程序拍摄村容村貌，通过无人机对村庄进行俯视与鸟瞰拍摄，采集村景照片2651张，无人机照片102张。

一、乡村建设成效评价

（一）农民收入不断提高，城乡收入差距缩小

农民收入不断提高。宁夏样本县平均农村居民人均可支配收入从2015年的8260元增加到2020年的13275元，5年间增幅达到60.7%。2020年宁夏样本县人均城乡居民储蓄存款余额4.6万元，与全国样本县平均值持平。

城乡收入差距小。截至2020年底，宁夏样本县的平均城乡居民人均可支配收入比为2.26：1。

（二）村庄人居环境持续改善

农村生活垃圾收运至县、镇处理的自然村占比为100%，高于全国样本县94.5%的平均水平。污水处理设施在运行的自然村平均占比83.8%，高于全国样本县81.7%的平均水平。

（三）医疗、养老服务体系较为完善

医疗服务体系基本健全。宁夏样本县行政村卫生室平均覆盖率为93.5%。宁夏回族自治区通过加快建设"互联网＋医疗健康"示范区，基本建成五级远程医疗服务体系。

养老设施不断完善。宁夏样本县行政村村级养老设施覆盖率63.1%，高于全国样本县43.9%的平均水平。

（四）供水、道路等基础设施建设水平较高

宁夏样本县平均农村集中供水入房率 91.4%，高于全国样本县 85.6% 的平均水平。村内通户道路硬化平均占比 89.3%，高于全国样本县 84.5% 的平均水平。

（五）县城承载能力不断提升

宁夏样本县县域平均农产品批发市场数量 1.7 个，远高于全国样本县 0.62 个的平均水平。宁夏样本县县域平均物流货仓数量 3.3 个，高于全国样本县 0.40 个的平均水平。宁夏样本县平均县城建设与自然环境协调度 8.0 分（满分 10 分），高于全国样本县 7.2 分的平均水平。

二、乡村建设问题评价

（一）农房现代化水平亟待提升

宁夏样本县有水冲式厕所的农房占比 30.1%，有独立厨房的农房占比为 56.6%，日常可热水淋浴的农房占比 51.3%，有 43.5% 的村民对现在总体住房条件不满意。

（二）远程教育、医疗的覆盖水平较低

宁夏样本县平均开展远程教育的学校占比 33.5%，隆德县仅为 12.2%。宁夏样本县平均开展远程医疗的医院和乡镇卫生院占比 9.5%。

三、有关建议

（一）建设现代宜居农房，提升乡村风貌

一是统筹各部门资金，着力解决影响农房宜居性的供水、取暖、做饭、洗浴等配套设施问题，以县域为单元开展绿色宜居农房建设，编制宁夏绿色抗震宜居农房设计方案图集，推广使用绿色建材，支持农户改造建设结构安全、功能现代、风貌乡土、成本经济、绿色环保的抗震宜居农房。二是加强乡村风貌管控，编制《宁夏美丽乡村建设图则》，建立并完善"县域乡村风貌总体设计—村庄设计—建筑设计"的三级乡村设计体系，强化设计对乡村风貌的指导和约束，明确各类乡村建设项目设计在形体、色彩、体量、高度和空间环境等方面符合乡村风貌管控要求。

（二）完善公共服务水平，推动基本公共服务均等化

一是促进义务教育均衡发展。优化调整教育布局，积极开展网络云课堂、教师轮岗等行动，促进优质教育资源在县域内流动。二是加强镇级医疗专业人才队伍建设。狠抓医疗质量管理和培训，积极提升乡镇卫生院的医疗水平，满足乡镇卫生院开展远程会诊的硬件条件。开展远程医疗培训与交流。三是针对养老、休闲、文体等新兴服务需求，改造提升闲置资产，提供服务载体，激活村庄活力。

（三）发挥党建引领，推进共建共治共享

发挥党建引领作用，持续开展美好环境与幸福生活共同缔造活动。从村民关心的民生问题入手，调动村民自己动手建设家乡，加大宣传力度，创建适宜的激励机制，激发村民参与家乡建设的积极性。探索实施"谁出力，谁受益"的模式，组织多种形式的农村合作社，并形成相关机制，写入村规民约，逐步形成多方共建共享的局面。

第二节　平罗县

平罗县位于宁夏平原北部，总面积 2060 平方公里。2020 年平罗县完成地区生产总值 177.4 亿元，农村居民人均可支配收入 16890 元。2020 年县常住人口 27.4 万人，城镇化率约为 60%。

一、乡村建设成效评价

（一）返乡就业人口不断增加，城乡收入差距缩小

2020 年全县返乡人口占比 11.9%，高于全国样本县平均水平。2020 年平罗县城乡居民收入比缩小为 1.76：1。

（二）人居环境治理效果突出

全县农村生活垃圾收运至县、镇处理的自然村占比 100%，高于全国样本县 94.5% 的平均水平。污水处理设施在运行的自然村占比 85.7%，高于全国样本县 81.7% 的平均水平。村庄整洁度得分 6.7 分（满分 10 分），高于全国样本县 6.4 分的平均分。

（三）医疗、养老服务体系不断完善

2020 年底，全县卫生机构总数 233 家，公立医疗卫生机构 24 家；每千人拥有执业（助理）医师 2.7 人，高于全国 2.4 人的平均值。教育资源更加丰富。全县共建有各类养老服务机构 88 家，千名老人拥有养老床位 38.4 张。村级养老设施覆盖率 57.6%，高于全国样本县43.9% 的平均值。

二、乡村建设问题评价

（一）村民对污水处理设施的满意度低

村民问卷调查显示，有 23.4% 的村民对村内的污水收集情况不满意，现场访谈过程中90% 以上的村民提出了改善污水处理设施的要求。

（二）垃圾分类普及度不高

平罗县开展农村生活垃圾分类的自然村仅占 33.0%。

三、有关建议

加强农村污水处理。探索村庄分片集中式生态排污系统建设，提高农村卫生厕所利用效率。

大力推广垃圾分类工作，建立农村生活垃圾分类投放、收集、转运和处理的闭环系统，鼓励生活垃圾本地资源化利用。探索适合农村地区分散化特征的小型无害化就地资源化处理模式。

推进乡村数字化建设。改善基层便民服务环境，实行村级政务服务一网通办。实施村庄供电、供水、供热、供气等各类基础设施智能化改造；开展公共活动区域监测、公共服务设施监管、农产品安全监控、销售运输管理等智能化升级，完善村级益农信息社和电商服务站服务功能。

第三节　同心县

同心县地处宁夏中部干旱带核心区，总面积 4662.2 平方公里。2020 年平罗县完成地区生产总值103亿元。2020年县常住人口32.1万人，城镇化率约为44%。

一、乡村建设成效评价

（一）农村居民收入稳步增长

同心县农民人均可支配收入从2016年的7388元增加到2020年的11339元。

（二）人居环境整治效果明显

全县农村生活垃圾收运至县、镇处理的占比达100%，通过村民问卷调查，村民对村庄整体环境满意和比较满意高达71.4%。

（三）道路、供水等基础设施建设不断完善

村内通户道路硬化占比达92.0%，有路灯的行政村占比83.0%，高于宁夏样本县平均及全国样本县平均水平。有自来水供给的村庄达到100%。61.0%的村庄村内设有快递点，没有快递点的村庄，村民寄取快递用时不会超过半小时。

（四）教育服务体系不断完善

同心县行政村小学覆盖率达到85.1%，远高于全国样本县平均水平38.1%。46.8%的受访村民小孩在村内就读幼儿园，15分钟内可到达幼儿园的村庄占比达到74.4%，高于全国样本县55.3%的平均水平，基本满足儿童就近入学需求。

二、乡村建设问题评价

（一）农房配套设施功能不完善

村民问卷显示有水冲式厕所的农房占比仅21.1%。独立厨房配套率较低，有独立厨房的农房占比仅为50.2%。

（二）农村污水处理能力低

仅有2.3%的自然村将污水管网接入城镇，占比较低，没有村级独立污水处理设施。

（三）农村生活垃圾分类进展较慢

截至2020年底同心县实施垃圾处理的自然村占比仅为31.9%，垃圾统一放到垃圾收集

点或公共垃圾箱。

（四）农村清洁能源使用率普遍偏低

56.1% 的村民选择煤炭作为主要生活燃料，冬季火炕主要以煤炭或者农作物秸秆为主，占比高达 95.8%。

三、有关建议

提升农房建设水平。建立健全农村房屋设计、审批、施工、验收等全过程管理制度，明确责任主体，做到有人管、有条件管、有办法管。

加强农村生活污水垃圾处理。分类制定农村基础设施管护标准，健全长效管护机制，在垃圾和污水处理、环境卫生等领域加大投入，探索多种形式的管理模式，充分发挥农民主体作用，建立专门有效的管护队伍，保障设施设备长期发挥效益。

加强公共服务设施建设。建立健全义务教育优质均衡发展保障机制。继续加大村级卫生室建设的投入力度，积极开展远程医疗，对接区内优质资源。实施农村互助养老服务设施建设。

第四节　隆德县

隆德县境内地形以山地为主，全县面积 985 平方公里。2020 年，全县完成地区生产总值 35.5 亿元。2020 年县常住人口 11 万人，城镇化率约为 40%。

一、乡村建设成效评价

（一）农民生活水平持续提升

农村居民收入稳步增长。隆德县农村居民人均可支配收入从 2016 年的 7162 元增长到 2020 年的 11595 元，增收趋势稳定。村民问卷显示，71.7% 的农户认为近三年自家的生活水平有提高，高于全国样本县 69.5% 的平均水平。

（二）污水处理效果有所提升

2020 年全县编制了《隆德县域农村污水治理专项规划（2020~2023）》，加强农村污水治理工作，隆德县污水处理设施正在运转的行政村占 84.6%，高于全国样本县 81.9% 的平均水平。

（三）农村供水、道路等基础设施不断完善

供水设施不断完善。村干部问卷显示，隆德县集中供水的自然村占比为 97.1%，高于全国样本县 93.3% 的平均水平。

村庄道路硬化率较高。村民问卷显示，村内道路硬化占比 94.6%，远高于全国样本县平均水平。

（四）医疗、养老服务水平较高

医疗卫生服务能力不断提升。村卫生室、乡镇卫生院覆盖率达 100%。村干部问卷显示，84.4% 的卫生室工作时间有人值守。村民问卷调查显示，46.3% 的村民生小病时会选择私人诊所、村卫生室和乡镇卫生院，64.8% 的村民患大病时选择在县内就诊。

养老保障体系不断完善。2020 年，隆德县先后建成 96 个农村老饭桌、73 个农村社区服务站、38 个农村幸福院。村级养老服务设施（包括幸福院、日间照料中心等）行政村覆盖率已达 100%。

二、乡村建设问题评价

（一）行政村污水处理率偏低

地方上报数据显示，县城对污水处理的自然村数量占比仅为 15.5%。

（二）使用燃气的农户占比较低

村民问卷调查显示，煤炭是隆德县村民生活用能的主要方式，仍然有 35.8% 的村民使用煤炭和秸秆作为主要生活用能。

（三）公共服务设施服务能力有待提高

远程教育及医疗覆盖率低。地方上报数据显示，隆德县 2020 年开展远程教育的学校仅占 12.2%。地方上报数据显示，隆德县远程医疗普及率较低，只有 11.1%。

养老设施满意度低。村民问卷显示，村民对县养老机构表示满意的仅有 36.0%。

三、有关建议

提升农房建设水平，建设现代宜居农房。加强农房现代化建设，建立健全农村房屋建设全过程管理制度，规范村庄设计与农房设计、建设管理，明确责任主体，做到有人管、有条件管、有办法管。

巩固农村人居环境整治成果。围绕实施农村人居环境整治提升工程五年行动，坚持村庄布局和基础设施建设一体规划、农村改厕和生活污水处理同步实施、农村生活垃圾和村容村貌改善配套处理。

加快城乡统筹融合发展，以县城为中心载体，突出小城镇联接城乡功能，推进城乡基础设施开发建设。

第二十八章

新疆维吾尔自治区
乡村建设评价成果

第一节　新疆维吾尔自治区

新疆维吾尔自治区位于我国西部地区，2020 年全年地区生产总值 13797.6 亿元。全区常住人口城镇化率约为 57%。

2021 年新疆维吾尔自治区乡村建设评价由中国科学院新疆生态与地理研究所、新疆建筑设计研究院有限公司作为第三方评价机构开展。评价综合运用部门访谈、问卷调查、实地调研等方式采集数据，分别与 2 个样本县有关部门开展座谈，收集了指标体系相关数据；广泛开展问卷调查，共收回村民有效调查问卷 949 份，村委会有效调查问卷 188 份；分别选取代表不同经济发展水平的乡镇开展实地调研，共走访 7 个镇 18 个村庄，与村干部、村民面对面开展访谈；通过村景拍拍小程序拍摄村容村貌，采集村景照片 1098 张。

一、乡村建设成效评价

（一）农村居民收入水平提升，城乡差距缩小

新疆维吾尔自治区样本县的农村居民收入从 2015 年的 11845 元增加到 2020 年的 25592 元，年均增幅达到 16.7%。2020 年两个样本县城乡居民人均可支配收入比平均为 1.38∶1，优于全国样本县 2.25∶1 的平均水平。

（二）农村垃圾治理效果较好

农村垃圾收运到乡镇和县处理的自然村比例高达 97.5%，村庄整洁度达到 6.7（满分 10 分），均高于全国样本县平均水平。

（三）公共服务设施体系较为完善

开展远程医疗的医院和乡镇卫生院占比 59.1%，远高于全国的样本县 37.5% 的平均水平。公共服务设施农民满意度高。调查农户中 52.1% 的农户对小孩就读学校的教学质量表示满意，54.7% 的农户对小孩就读学校的寄宿条件表示满意，均高于全国的平均水平。

（四）县城承载能力整体较好

县城市政管网建设不断完善。县城污水集中收集率达到 98.0%，高于全国样本县 47.8% 的平均水平。在县城购买住房的农村居民占比为 33.1%。住宅绿色建筑的普及率高，2020 年度样本县城的新建建筑中基本级及以上的绿色建筑占比达到 70.7%，高于全国 64.1% 的平均

水平。

（五）村民参与乡村建设积极性较高

新疆样本县村民参与村集体活动的积极性为 62.4%，高于全国样本县 31.7% 的平均水平。2020 年度行政村村民投工投劳 175.8 人次 / 村，高于全国样本县 79.4 人次 / 村的平均水平。

二、乡村建设问题评价

（一）农村现代化水平不高

新疆样本县有水冲式厕所的农房占比 52.7%，有独立厨房的农房占比 68.6%，日常可热水淋浴的农房占比为 64.3%。调查农户中 47.2% 的农户对住房总体不满意。

（二）基础设施建设不均衡

新疆维吾尔自治区地域宽广，农村基础设施建设水平差异大，各地州自然条件、经济水平、发展基础均有差异。以样本县为例，村内通户道路硬化占比，吉木萨尔县为 78.1%，低于若羌县 91.6%。

（三）县城教育、医疗服务设施服务水平不高

样本县县城重点及以上高中数平均有 0.5 个。县城二甲及以上医院数平均为 1.5 个。县城教育、医疗卫生等方面的服务能力偏低，村民对县城教育、医疗的满意度较低。

（四）生产服务设施提供不足

样本县县城平均农产品批发市场数量 0.5 个，平均物流货仓数量 0.5 个。

三、有关建议

（一）提高农房建设品质

提升农房设计建造水平，推动农村用能革新，建立健全农村房屋建设全过程管理制度。全方位实施职、责、权一体化模式，建立责任追究机制，按照谁审批、谁监管、谁负责的原则，确保房屋质量安全。探索建立乡村建设工匠培养和管理制度，充实乡村建设队伍。鼓励农村使用适合当地特点和农民需求的清洁能源。

（二）提升农村人居环境质量

巩固人居环境治理成果，明确整治范围，建立健全村级环境卫生管理制度。强化村民垃圾分类意识，实现卫生管理常态化。将农村人居环境整治纳入村规民约。继续强化农村"厕所革命"，实施集中连片自然村公厕、集贸市场公厕、乡村旅游景区公厕等改造建设，建立健全公厕管理制度，提高村庄面貌质量。

（三）加快推进基础设施向农村地区延伸

加快推进城镇化地区各类基础设施向农村地区延伸，补齐农村基础设施发展短板。提升城镇设施服务共享水平，促进城乡设施互联互通。

（四）提升公共服务设施水平

积极发展"互联网＋医疗健康"，促进市—县—乡（镇）—村四级建立紧密型县域医疗卫生共同体，把更多更好的医疗技术引进基层。建立以"村级主办、互助服务、群众参与、政府支持"为原则的老年互助养老服务。强化县级电子商务公共服务中心的统筹能力，为电商企业、家庭农场、农民合作社等各类主体提供市场开拓、资源对接等服务。

（五）推进共建共治共享

积极开展美好环境与幸福生活共同缔造活动。加强基层党建引领，发挥村民议事会、村民理事会等自治组织作用，组织农民群众全过程参与乡村建设和管理。创新方式方法，以人居环境建设和整治、农房和村庄建设等为载体，动员农民群众共同建设美好家园。

第二节　吉木萨尔县

吉木萨尔县位于天山北麓东段，准噶尔盆地东南缘。县域总面积 8848 平方公里。

一、乡村建设成效评价

（一）农村居民人均可支配收入持续增长

吉木萨尔县农村居民人均可支配收入从 2010 年的 7862 元增长到 2020 年的 19157 元，

10 年增长了 143.7%，增收趋势稳定。村民家庭收入满意度较高。村民问卷调查显示，有
51.0% 的村民一年大约收入在 3 万元以上，有 44.1% 的村民对家庭收入感到满意，高于全国
样本县 36.9% 的平均水平。

（二）村庄基础设施建设不断完善

集中供水的自然村占比达到 98.3%。高于全国样本县平均水平 93.3%。农村路网通达性
明显提高。近五年，吉木萨尔县新建农村公路 894 公里，乡村公路通达率 100%。

（三）农村教育、养老设施不断完善

吉木萨尔县行政村幼儿园覆盖率达到 49.1%。高于全国样本县 35.7% 的平均水平。吉木
萨尔县村级养老服务设施覆盖率为 54.4%，高于全国样本县 47.0% 的平均水平。

（四）县城公共服务能力不断增强

吉木萨尔县教育质量相对较好。县城高中高级教师及以上的教师占比 51.0%，远高于全
国样本县 31.5% 的平均水平，村民问卷调查显示，有 64.0% 的村民对孩子就读学校的教学
质量表示满意。

（五）村民参与村集体活动积极性高

问卷调查显示，86.0% 的村民积极参与到村里组织的村集体活动，其中经常参加的占比
达到 55.7%。28.4% 的村民对于村内的村民选举、成立合作社等组织、集资修路等村庄公共
事务比较熟悉和了解。

二、乡村建设问题评价

（一）农房现代化水平不高

村民问卷调查显示，吉木萨尔县有水冲式厕所的农房占比为 36.1%；有独立厨房的农房
占比为 64.2%；日常可热水淋浴的农房占比为 55.7%。

（二）农村人居环境存在短板

农村污水处理设施运行比例低。村干部问卷调查显示，污水处理设施在运行率仅为
66.7%，部分设施已建成但没有发挥应有的作用。村民问卷调查显示，村民对于村内污水收
集处理的满意度仅为 29.6%。农村垃圾分类开展缓慢。村民问卷调查显示，30.6% 的村民在

把生活垃圾扔到收集点时没有进行垃圾分类。保洁人员缺乏。有保洁人员的行政村占比仅为60.0%。村干部问卷显示，吉木萨尔县公厕有专人管护的行政村占比仅为26.7%。

（三）公共服务水平有待提升

养老设施使用率不高。吉木萨尔县养老服务设施使用率为33.8%；村民养老满意度仅为31.0%。村级教育质量不高。据村民调查问卷显示，86.8% 的学生离开农村在乡镇、县城或省市就读。村级医疗服务水平较低。全县有村医值守的行政村占比仅为73.3%。村民问卷调查显示，患小病时仅有 18.5% 的村民选择在村卫生室就诊，村民对村卫生室医疗服务水平的满意度仅为34.1%。

（四）县域农业生产支持不足

现代农业经营组织数量较少。县域内农机合作社数量只有 4 个。根据村民问卷调查，有22.0% 的村民认为县内可提供的农业生产服务一般，19.0% 的村民表示对县内可提供的农业生产服务不了解或不满意。

三、有关建议

提高农房建设水平。结合当前"规划师、建筑师下乡"的政策，吸纳专业技术人员开展定向技术服务，探索适宜本土、经验可复制的农房改造方案。加强对乡村建设工匠的培训，提高农房建设水平。

改善村庄人居环境。扎实推进农村生活污水治理。编制县域农村生活污水治理专项规划，梯次推进农村生活污水治理任务建设，打造农村人居环境整治示范村，保障已建成的农村生活污水处理设施正常运行。持续开展村庄水体清理和黑臭水体排查治理。

探索农村互助养老服务设施建设。支持村集体或社会组织建设农村互助养老服务设施，鼓励对闲置的集体房屋进行利用，降低养老设施建设成本。

加强县城绿色低碳建设，完善县城服务功能。以绿色低碳理念引领县城高质量发展，推行以街区为单元的统筹建设方式，加快推进新型城镇化和乡村全面振兴，强化县城综合服务能力。

第三节　若羌县

若羌县境内高山、盆地相间，地形多样，全县行政面积 20.2 万平方公里。

一、乡村建设成效评价

（一）农村人均收入高，城乡收入差距较小

2020 年若羌县农村居民人均可支配收入为 32026 元，高于新疆全国样本县平均水平，若羌县城乡居民人均可支配收入比为 1.05：1，优于全国样本县平均水平。

（二）农房建设品质较高

若羌县无鉴定为危房的农房，履行审批手续的农房占比达 96.6%。问卷数据显示，若羌村庄有水冲式厕所的农房占比为 69.2%，有独立厨房的农房占比 72.9%，日常可热水淋浴的农房占比 72.8%，有自来水的农房占比 92.4%，使用天然气的农房占比 61.2%，均高于全国样本县平均水平。

（三）农村市政基础设施建设较完善

农村集中供水入房率高。根据村民问卷调查，若羌县农村集中供水入房率达到 92.4%，高于全国样本县平均水平。农村生活垃圾服务体系完善。村民对村内垃圾收集、转运的满意度较高，约 80.5% 的村民对此表示满意。若羌县有燃气管道覆盖的行政村占比已达 90.9%，使用燃气的农户占比也达到了 80.5%，远高于全国样本县平均水平。

（四）村民参与乡村建设与乡村治理的积极性较高

若羌县村民参与乡村建设与治理的积极性高，村民问卷调查显示，村民参与村集体活动的积极性为 69.1%，高于全国样本县 32.5% 的平均水平，2020 年度行政村村民投工投劳平均人次为 190.6 人次 / 村，高于全国样本县 79.4 人次 / 村的平均水平。

二、乡村建设问题评价

（一）教育、医疗等公共服务能力有待提高

县城高中教育服务品质不足，现阶段无重点及以上高中，高中高级教师及以上教师的

占比仅为 13.0%。县城义务教育学校中农村学生占比为 37.8%，在校寄宿的中学生占比为 53.6%，农村学生寄宿率较高。县城医疗服务能力有待提升。县城二甲及以上医院合计 1 个，缺乏优质医疗资源。

（二）县城绿色低碳建设水平不高

若羌县 2020 年度县城新建建筑中基本级及以上的绿色建筑占比为 41.3%，远低于全国样本县 64.1% 的平均水平。县城建设与自然环境协调度为 6.5 分（满分 10 分），低于全国样本县 7.2 分的平均水平。

三、有关建议

加强农房和村庄建设现代化，改善农民居住条件。加强农房设计，严格按图施工。通过突出农房建设特色，展现地域建筑风貌。

因地制宜推动农村污水和垃圾处理，推广采用小型化、生态化、分散化的污水处理模式和处理工艺，推动农村生活污水就近就地资源化利用。以生活垃圾分类为抓手，推动农村生活垃圾源头减量，变废为宝。

改善农村公共服务水平，让乡村更加宜居。促进市—县—乡（镇）—村四级建立紧密型县域医疗卫生共同体，促进医疗机构技术和服务延伸。加强教育基础设施建设，均衡城乡教育资源配置。

推进县城绿色低碳建设行动，彰显地方特色。落实《关于加强县城绿色低碳建设的意见》的要求，大力发展绿色建筑和建筑节能，推进老旧小区节能节水改造和功能提升，实现县城风貌与周边山水林田湖草沙等自然生态系统、农业产业景观有机融合。

加强党建引领，共同缔造美丽乡村、幸福生活。发挥党建引领作用，加强对村民建设美丽村庄、维护村庄建设的宣传力度，动员村民参与乡村建设，共同建设美好家园。

第二十九章

新疆生产建设兵团
乡村建设评价成果

第一节 新疆生产建设兵团

新疆生产建设兵团位于我国西部地区，2020 年全年兵团生产总值 2905.1 亿元。

2021 年新疆生产建设兵团乡村建设评价工作由石河子大学、兵团党委党校、新疆兵团勘测设计院（集团）有限责任公司作为第三方评价机构。评价综合运用部门访谈、问卷调查、实地调研等方式采集数据，分别与 2 个样本团场有关部门开展座谈，收集了指标体系相关数据；广泛开展问卷调查，共回收职工有效调查问卷 252 份；分别选取不同发展水平的连队开展实地调研，走访并调研了 18 个连队，与连队干部、居民面对面开展访谈；通过村景拍拍小程序拍摄村容村貌，采集村景照片 426 张。

一、乡村建设成效评价

（一）城乡居民收入差距小，生活水平不断提高

农村居民可支配收入水平高。样本团农村居民人均可支配收入为 24466 元，远高于全国样本县 16680 元的平均水平。村民调查问卷显示，当前家庭收入水平满意度为 53.7%，高于全国样本县 36.9% 的平均水平。

城乡收入差距较小。2020 年，新疆生产建设兵团样本团城乡居民人均可支配收入比为 1.57∶1，优于全国样本县 2.25∶1 的平均水平。

居民生活水平不断提高。村民调查问卷显示，86.1% 的职工认为近三年家庭生活水平在变好，对当前家庭生活满意度高达 59.4%。

（二）农业现代化水平高，优势作物具备竞争力

新疆生产建设兵团农业生产机械化率相对较高。村民调查问卷显示，样本团农业生产机械化率为 87.4%，高于全国样本县 77.3% 的平均水平。农业生产各环节机械化率均高于全国样本县平均水平。

（三）农村人居环境水平较高

样本团农村生活垃圾收运至县、镇处理的自然村占比为 100%，公厕有专人管护的行政村占比达到 66.2%，污水处理设施在运行的自然村占比为 100%，村内的污水收集处理情况满意度为 60.1%，均高于全国样本县平均水平。

二、乡村建设问题评价

（一）农房现代化水平不高

新疆生产建设兵团有水冲式厕所的农房占比为 47.1%，有独立厨房的农房占比为 65.6%，日常可洗热水澡、具备独立浴室的农房占比为 55.1%，均低于全国平均水平。

（二）团城关镇污水系统建设需完善

新疆生产建设兵团样本团城关镇污水集中收集率仅为 12.8%。

三、有关建议

（一）提升农房风貌和品质

认真落实《关于加快农房和村庄建设现代化的指导意见》，不断提升农房设计建造水平。深入实施农房建筑风貌和品质提升工程，将建筑风貌改造内容纳入新疆生产建设兵团乡村建设重要内容，进一步完善新建农房卫浴、储藏等居住功能设计，对农房改建设计方案审核和竣工验收严格把关。加强管理和技术人员培训，充实乡村建设队伍。

（二）提升基础设施建设水平

把公共基础设施建设的重点放在连队，进一步推进团连旅游路、资源路、产业路和连内主干道路建设，支持连队道路建设，强化道路管护与交通安全监管。加强团镇连队供水、燃气、供热等各类设施建设。

（三）开展美好环境与幸福生活共同缔造活动

调动职工群众积极性、主动性、创造性，发动群众决策共谋、发展共建、建设共管、效果共评、成果共享，共同建设美好家园。

第二节　第一师十一团

一、乡村建设成效评价

（一）城乡居民收入差距较小

第一师十一团 2020 年城乡居民人均可支配收入比为 1.83∶1，优于全国样本县 2.25∶1 平均水平，居民生活水平提升。

（二）人居环境水平较高

第一师十一团团场及建制镇的污水处理水平达到 100%，生活垃圾无害化处理水平达到 100%，均高于全国样本县平均水平。

（三）远程医疗覆盖率较高

第一师十一团重视开展远程医疗服务，开展远程医疗的医院和乡镇卫生院占比为 100%。

（四）村民参与村庄集体活动的积极性比较高

59.1% 的村民经常参与村集体活动，远高于全国样本县 31.7% 的平均水平。

二、乡村建设问题评价

（一）农房现代化设施配套有待加强

第一师十一团有水冲式厕所的农房占比 36.7%，有独立厨房的农房占比为 63.3%，日常可洗热水澡、具备独立浴室的农房占比 55.1%。

（二）连队通户道路硬化率不高

第一师十一团连队通户道路的硬化占比为 59.2%。

三、有关建议

加强农房建设，加大农村环境整治力度。实施农房质量安全提升工程，加快农房和村庄建设现代化。实施村庄道路和边沟改造提升工程，对示范连队内次干路、巷道和入户甬道进行升级改造，推广使用效率更高、寿命更长的装配式、可渗透生态边沟。

开展美好团场连队活动，推进共建共治共享。以改善职工群众身边、房前屋后人居环境的实事、小事为切入点；以建立和完善全覆盖的基层党组织为核心，发动群众决策共谋、发展共建、建设共管、效果共评、成果共享，共同建设美好家园。

第三节　第六师五十团

一、乡村建设成效评价

（一）城乡居民收入差距较小

第六师五十团 2020 年城乡居民人均可支配收入比为 1.32：1，优于全国样本县 2.25：1 平均水平，居民生活水平提升。

（二）农房配套设施功能较完善

村民问卷调查显示，第六师五十团有水冲式厕所的农房占比达到 57.5%，有独立厨房的农房占比达到 67.8%，日常可热水淋浴的农房占比达到 55.2%，均高于全国平均水平。大多数农房实现食寝分离和净污分离，居民生活居住水平不断提高。

（三）连队供水与道路建设成果显著

农村集中供水基本实现。村民问卷调查显示，第六师五十团有集中供水的自然村占比为 100%，高于全国样本县 93.3% 的平均水平。农村道路建设不断完善。第六师五十团实现建制村 100% 通硬化路、村委会到各自然村 100% 通硬化路。

（四）生活垃圾治理效果明显

生活垃圾无害化处理率高。第六师五十团生活垃圾无害化处理率 100%。第六师五十团风貌协调度和整洁度得分分别为 8.0 分和 8.3 分（满分 10 分），高于全国样本县平均水平。

（五）村民对于村庄集体活动的参与积极性比较高

问卷调查显示，89.7% 的村民积极参与到村里组织的村集体活动，其中经常参加的占比达到 57.5%。

二、乡村建设问题评价

（一）农房建设水平仍需加强

截至 2020 年底鉴定为危房的农房占比为 7.7%，农村居民的住房安全问题尚未得到有效解决。

（二）农村污水垃圾治理紧张缓慢

第六师五十团对污水进行处理的自然村数占比 15.8%。垃圾分类开展进程缓慢，全团没有开展相关工作。

（三）农村医疗水平仍需提升

村卫生室服务水平一般。村民对村卫生室医疗服务水平的满意度较低。

（四）团场医疗服务质量较低

第六师五十团无开展远程医疗的医院和乡镇卫生院，难以满足连队居民看大病的需求。

三、有关建议

整治提升团场人居环境质量与水平，巩固农村生活垃圾治理效果。完善行政村生活垃圾收转运体系建设，全面推行生活垃圾源头分类减量和就地资源化利用。结合村庄实际，统筹考虑农村室内改厕污水收集和处理，合理选择纳管收集、区域管网铺设、分散集中处理、原位资源化利用等有效治理模式，加快治理生活污水。实施村内绿化改造提升工程。

提升公共服务设施的质量与水平。稳步推进医共体建设，提高就医质量和效率，健全公共卫生和疾病预防控制体系，建设一批连队标准化卫生室。

持续推进美好环境与幸福生活共同缔造活动。从身边小事入手，建立共建共治共享机制，带领团场职工自己动手建设家乡，打造团场美好环境。

附录 2021年乡村建设评价指标体系

核心目标	分解目标	序号	指标名称	解释
一、发展水平	（一）农民收入水平	1	城乡居民人均可支配收入比	县所在地级市城镇居民人均可支配收入与县农村居民人均可支配收入的比值
		2	农村居民人均可支配收入（元）	县农村居民人均可支配收入
		3	人均城乡居民储蓄存款余额（万元/人）	县城乡居民储蓄存款余额与县域常住人口数的比值
	（二）政府财力水平	4	人均金融机构各项贷款余额（万元/人）	县金融机构各项贷款余额与县域常住人口数的比值
		5	人均财政收入（万元/人）	县地方财政收入与县域常住人口数的比值。地方财政收入计算地方一般公共预算收入与土地出让金收入之和，不包括转移支付收入
		6	人均财政支出（万元/人）	县地方财政支出（全口径）与县域常住人口数的比值
		7	财政自给率（%）	县地方一般公共预算收入占县地方一般公共预算支出的比例
	（三）就业发展水平	8	县域常住人口与户籍人口比	县域常住人口数与县域户籍人口数的比值
		9	县域返乡人口占比（%）	2020年度返乡人口数占2020年度外出务工人口数的比例。通过手机信令数据分析获得
		10	城镇调查失业率（%）	县域城镇调查失业率
	（四）产业发展水平	11	一二三产比重	第一产业增加值：第二产业增加值：第三产业增加值
		12	人均GDP（万元/人）	县域GDP与县域常住人口数的比值
		13	耕地流转面积占比（%）	已流转的耕地总面积占县域耕地总面积的比例
		14	县域农机合作社数量（个）	县域农机合作社的数量
		15	亩均第一产业增加值（万元/亩）	县域第一产业增加值与县域农用地总面积的比值

核心目标	分解目标	序号	指标名称	解释
一、发展水平	（五）治理水平	16	村民参与村集体活动的积极性	通过调查经常参加村集体活动的村民比例，反映村民参与村集体活动的积极性
		17	2020年度行政村村民投工投劳平均人次（人次/村）	抽样行政村2020年度村民投工投劳总人次与抽样行政村总数量的比值
	（六）生态环境	18	地表水水质优良（Ⅰ~Ⅲ类水质）占比（%）	县域地表水监测断面中达到Ⅰ~Ⅲ类水质的断面个数占县域监测断面总个数的比例
		19	环境空气质量达标率（%）	县域年度环境空气质量达标天数占年度总天数的比例
二、农房建设	（七）住房现代	20	农村人均住宅建筑面积（平方米/人）	县域农村住宅建筑总面积与县域农村常住人口数的比值
		21	使用预制板建造的农房占比（%）	使用预制板建造的农房栋数占县域农房总栋数的比例
		22	鉴定为危房的农房占比（%）	安全鉴定或评定等级为C或D级的农房栋数占县域农房总栋数的比例
		23	有水冲式厕所的农房占比（%）	使用水冲式厕所的农房占农村住宅房屋的比例
		24	有独立厨房的农房占比（%）	有独立厨房的农房占农村住宅房屋的比例
		25	日常可热水淋浴的农房占比（%）	可实现日常热水淋浴的农房占农村住宅房屋的比例
		26	农村集中供水入房率（%）	有集中供水并接入房屋内的农房占农村住宅房屋的比例。供水接入房屋内指水龙头安装在厨房、卫生间等并通水
		27	使用燃气的农户占比（%）	使用燃气的农户占农村农户的比例。燃气包括管道燃气和瓶（罐）装液化气等
		28	县域年度培训乡村建设工匠人次（人次）	县域年度培训乡村建设工匠人次数
	（八）风貌特色	29	风貌协调度	村庄整体风貌、建筑风貌的保护塑造情况。利用村景照片通过大数据分析获得
		30	履行审批手续的农房占比（%）	县域内履行了审批手续的农房占全部农房的比例

核心目标	分解目标	序号	指标名称	解释
二、农房建设	（八）风貌特色	31	历史建筑空置率（%）	县域内空置的历史建筑数量占县域内历史建筑总数的比例
三、村庄建设	（九）村级公共服务质量	32	行政村幼儿园覆盖率（%）	县域有普惠性幼儿园的行政村数量占行政村总数量的比例
		33	行政村卫生室覆盖率（%）	县域有卫生室的行政村数量占行政村总数量的比例
		34	村级养老服务设施覆盖率（%）	县域有村级养老服务设施的行政村数量占行政村总数量的比例。村级养老服务设施包括幸福院、日间照料中心等
	（十）环境宜居	35	村庄整洁度	村庄整洁卫生情况。利用村景照片通过大数据分析获得
		36	农村生活垃圾收运至县、镇处理的自然村占比（%）	县域农村生活垃圾收运至县城或乡镇处理的自然村数量占自然村总数量的比例
		37	实施垃圾分类的自然村占比（%）	县域实施垃圾分类的自然村数量占自然村总数量的比例
		38	对污水进行处理的自然村占比（%）	县域对污水进行处理的自然村数量占自然村总数量的比例
		39	污水处理设施在运行的自然村占比（%）	调查的污水处理设施在运行的自然村数量占调查的有污水处理设施的自然村数量的比例
		40	公厕有专人管护的行政村占比（%）	调查的公厕有专人管护的行政村数量占调查的有公厕的行政村数量的比例
		41	村内通户道路硬化占比（%）	调查的家门口道路硬化的农户数占调查农户总数的比例
		42	百人智能手机数（台/百人）	县域城乡居民拥有智能手机总数与县域常住人口数的比值
四、县城建设	（十一）密度强度	43	县城人口密度（人/平方公里）	县城建成区内常住人口数与县城建成区面积的比值
		44	县城建地比	县城建成区建筑总面积与县城建成区现状建设用地面积的比值
		45	2020 年度县城新建 6 层及以下住宅占比（%）	2020 年度县城建成区新建 6 层及以下的住宅建筑总面积占 2020 年度县城建成区新建住宅建筑总面积的比例。新建按新开工计算

续表

核心目标	分解目标	序号	指标名称	解释
四、县城建设	（十一）密度强度	46	2020年度县城新建的集中硬地面积小于2公顷的广场面积（公顷）	2020年度县城新建的集中硬地面积小于2公顷的广场总面积（公顷）。新建按新开工计算
		47	县城建设与自然环境协调度	县城建设与自然环境协调情况。通过县城全景图开展分析评价获得
		48	县城水域面积变化率（%）	县城建成区范围内水域面积上年与前年的变化值占前年县城建成区范围内水域面积的比例。通过遥感影像数据分析获得
	（十二）教育服务	49	县城市重点及以上高中数（个）	县城拥有市重点及以上高中数量
		50	县域开展远程教育的学校占比（%）	县域内与县域外学校开展远程教育的学校（包括小学、初中和高中）数量占县域学校总数量的比例
		51	县城高中高级教师及以上的教师占比（%）	县城高中教师中拥有副高级职称及以上的教师数量占县城高中教师总数量的比例
		52	县城义务教育学校中农村学生占比（%）	县城小学和初中农村学生数量占县城小学和初中学生总数量的比例
		53	在校寄宿的中学生占比（%）	县域在校寄宿的中学生数量占县域中学生总数量的比例。中学生包括初中生和高中生
		54	2020年度县域考取985、211高校的考生占比（%）	2020年度县域考取985、211高校的考生数占县域高考考生总数的比例
	（十三）医疗服务	55	县城二甲及以上医院数（个）	县域拥有二甲及以上医院数量
		56	开展远程医疗的医院和乡镇卫生院占比（%）	县域内与县域外医院开展远程医疗医院和乡镇卫生院数量占县域医院和乡镇卫生院总数量的比例
		57	县域千人医疗卫生机构床位数（张/千人）	县域医疗卫生机构床位数与县域常住人口数的比值
		58	县域千人执业（助理）医师数（人/千人）	县域执业（助理）医师人员数与县域常住人口数的比值
	（十四）养老服务	59	县域养老机构护理型床位占比（%）	县域养老机构护理型床位数量占养老机构床位总数量的比例

续表

核心目标	分解目标	序号	指标名称	解释
四、县城建设	（十五）生产服务	60	农产品批发市场数量（个）	年经营量 10 万吨以上的农产品批发市场数量，分别统计分布在县域和县城的数量
		61	物流货仓数量（个）	建筑面积 1 万平方米及以上的物流货仓数量，分别统计分布在县域和县城的数量
	（十六）交通服务	62	县城路网密度（公里 / 平方公里）	县城建成区道路长度与县城建成区面积的比值
		63	县城步行道总长度（公里）	县城建成区步行道总长度。步行道要与相邻的机动车或自行车道有物理隔离，或者以地面颜色进行区分
		64	2020 年度县城新建红线小于 40 米的道路占比（%）	2020 年度县城建成区新建红线小于 40 米的道路长度占县城建成区新建道路总长度的比例。新建按新开工计算
	（十七）住房服务	65	房价收入比	县城每平方米住宅平均销售价格与县农村居民人均可支配收入的比值
		66	县城购房者中农村居民占比（%）	2020 年度购买者为农村居民的县城商品房销售数量占县城商品房销售总数量的比例
		67	2020 年度县城新建建筑中基本级及以上的绿色建筑占比（%）	2020 年度县城建成区新建基本级及以上绿色建筑的建筑面积占县城建成区新建建筑总面积的比例。新建按新开工计算
	（十八）市政设施服务	68	县城污水集中收集率（%）	县城建成区向污水处理厂排水的人口占县城建成区用水总人口的比例，通过集中式和分布式处理设施收集的生活污染物总量与生活污染物排放量之比计算
		69	县城、建制镇污水处理率（%）	县城建成区、建制镇全年污水处理总量占全年污水排放总量的比例
		70	县城、建制镇生活垃圾无害化处理率（%）	县城建成区、建制镇全年生活垃圾无害化处理量占全年生活垃圾清运量的比例
		71	县城人均市政公用设施固定资产投资（万元 / 人）	县城建成区上年度市政公用设施固定资产投资总量与县城建成区常住人口数的比值

2021 年乡村建设评价专家团队

部级专家团队：
中山大学中国区域协调发展与乡村建设研究院
住房和城乡建设部科技与产业化发展中心（住房和城乡建设部住宅产业化促进中心）
清华大学
北京建筑大学

省级专家团队：
河北省：河北工业大学、河北省城乡规划设计研究院、河北工程大学
山西省：太原理工大学
内蒙古自治区：内蒙古师范大学、内蒙古城市规划市政设计研究院有限公司
辽宁省：东北大学、沈阳建筑大学、大连理工大学、辽宁省城乡建设规划设计院有限责任公司
吉林省：吉林建筑大学
黑龙江省：黑龙江省城乡建设研究所、黑龙江省寒地建筑科学研究院、东北林业大学
江苏省：江苏省城乡发展研究中心、江苏省规划设计集团、江苏省乡村规划建设研究会、南京
长江都市建筑设计股份有限公司
浙江省：浙江工业大学
安徽省：安徽省城建设计研究总院股份有限公司、合肥工业大学、安徽省城乡规划设计研究院
有限公司、安徽建筑大学
福建省：福建省村镇建设发展中心、福建理工大学
江西省：南昌大学、江西建设职业技术学院
山东省：济南大学、山东省城乡规划设计研究院有限公司、山东城市建设职业学院
河南省：河南城建学院
湖北省：华中科技大学、华中农业大学
湖南省：湖南省建筑设计院集团股份有限公司、湖南大学设计研究院有限公司、湖南省锦麒设
计咨询有限责任公司
广东省：中山大学中国区域协调发展与乡村建设研究院
广西壮族自治区：广西建设职业技术学院
海南省：海南大学
重庆市：重庆市住房和城乡建设研究会、重庆大学

四川省：四川省统筹城乡研究会、四川省城乡建设研究院

贵州省：中共贵州省委党校（贵州行政学院、中共贵州省委讲师团）

云南省：昆明理工大学

陕西省：西北综合勘察设计研究院、陕西省城乡规划设计研究院、西安建筑科技大学

甘肃省：甘肃省建筑科学研究院（集团）有限公司、兰州理工大学、甘肃农业大学

青海省：青海省规划设计研究院有限公司、青海建筑职业技术学院

宁夏回族自治区：宁夏大学、北方民族大学、宁夏建设职业技术学院

新疆维吾尔自治区：中国科学院新疆生态与地理研究所、新疆建筑设计研究院有限公司

新疆生产建设兵团：石河子大学、新疆生产建设兵团党委党校、新疆兵团勘测设计院（集团）有限责任公司